Diccionario
Náutico y Marítimo

Ignacio Nogueras

e-Diciones

kolab.es

Diccionario Náutico y Marítimo

Ignacio Nogueras

Versión P.O.D. - 1a Edición - Enero 2013

ISBN: 978-84-941028-1-3

Índice

7   Resumen del ibro

9   Datos del autor

11   Diccionario Náutico y Marítimo

Resumen del libro:

Este Diccionario Náutico y Marítimo va dirigido a todos aquellos que quieran prepararse par obtener los títulos de Patrón de Yate, Patrón de Embarcaciones de Recreo (PER), y Patrón de Navegación Básica.

Contiene más de 3500 voces que les van a permitir consultar cualquier duda que surja en la interpretación de las preguntas y el detalle que les dará la compresión de todos los conocimientos exigidos en el programa oficial.

En cuanto a la parte deportiva, existe dentro del Diccionario para todas aquellas personas que sean aficionadas a la pesca, explicación importante de muchos de los peces, que pueden ser capturados en nuestras costas y la mejor forma de pescarlos, todo ello, basada en la experiencia del autor.

Por todo ello, este libro, será de gran utilidad para todos los aspirantes a la consecución de los títulos de Patrón de Yate, Patrón de Embarcaciones de Recreo (PER), Patrón de Navegación Básica y para los que quieran evaluar sus conocimientos náuticos y por último para los aficionados ala pesca.

Datos del autor:

Ignacio Nogueras nació en Lumpiaque, Zaragoza en 1934.

Tras cursar estudios de Peritaje Mercantil, obtuvo un Master en Dirección y Administración de Empresas y otro en Seguros de Vida y Pensiones.

A los veinte y tres años, movido por una gran curiosidad por todo lo relacionado con el mar, se trasladó a Barcelona. Allí se encontró de lleno con el mar; aquello que tantas veces había soñado, se hacía realidad y disfrutaba del placer de navegar, practicar la pesca con caña, al volantín, al curri...

Al terminar su vida laboral se ha dedicado a la confección de material de ayuda para la obtención de títulos náuticos deportivos.

Además del Diccionario Náutico y Marítimo, ha escrito los títulos de Patrón de Yate, Patrón de Embarcaciones de Recreo (PER) y Patrón de Navegación Básica.

Diccionario
Náutico y Marítimo

A

A: Bandera del Código Internacional de Señales, de forma corneta, azul y blanca; izada aisladamente significa: *Tengo buzo sumergido, manténgase alejado de mí y a poca velocidad.*
Es utilizado también en las cartas náuticas españolas para indicar: *Fondo de arena.*

Abadejo: Pez de la familia de los Gálidos frecuente en todas las costas rocosas. Puede llegar a 60 cm, con un peso de 4 a 6 kilos. Es uno de los peces que son ideales par la pesca deportiva por su vigor y resistencia, que desde que se produce la picada intenta meterse en las cavidades de las rocas o entre las algas por lo que se tiene que estar muy alerta para que esto no se produzca.
Su pesca se puede hacer de distintas maneras, curricán, lanzado, fondal, etc. Como cebo artificial uno de los que mejores rendimientos consigue es con la rápala, pero el cebo que da mejores rendimientos es el blanco de la caballa, de unos 12 centímetros de longitud, llevado al arrastre de una embarcación a remos siempre maniobrando con sumo cuidado puesto que el pez es muy desconfiado. Si fondeamos

la embarcación se utilizará gusano el conocido como *tita* y también da unos buenos resultados la quisquilla viva. El montaje de la linea debe ser con un aparejo fuerte que pueda soportar la fuerza del pez.

Pesca al curricán. La pesca se debe hacer con buen tiempo y brisa muy suave. Es muy parecida a la pesca de la caballa, pero utilizando liñas más fuertes y pescando con rápalas o cucharilla larga y dando mayor velocidad a la embarcación.

La línea debe llevar unos plomos pequeños repartidos cada 70 o 90 centímetros, ya que los plomos grandes le asustan, o bien montar rápalas que bajen lo máximo de profundidad.

Pesca desde una embarcación fondeada. Los abadejos habitan entre las masas rocosas. Si el lugar de pesca no es conocido será conveniente realizar varios sondeos para poder saber a que profundidad debemos pescar y procurando que la pesca se realice al volantín.

Grumeo. El mejor cebo para el grumeo del abadejo y para casi todos los peces, es la cabeza de sardina, chafada y mezclada con arena.

La plomada debe quedar de forma que marque un ángulo de 30 o 40º con el fin de que no se vea y el anzuelo estará a una distancia de entre 3 o 4 metros del plomo.

Abadejo negro: Su ubicación se sitúa en el Mar del Norte y la Mancha. Se distingue del abadejo amarillo por su coloración más oscura, su línea lateral es recta y su mandíbula inferior no supera la superior. Es de una talla superior a la del abadejo amarillo pudiendo alcanzar 1 metro de largo y un peso entre los 8 y 10 kilos.

Abalandrar: Dícese cuando se da forma de balandra o balandro.

Aballestar: Tirar, cobrar o halar de un cabo.

Que ya está tenso.

Abanderado: Se llama así al buque inscrito en los registros de un país determinado.

Abanderar: Anotar en los registros del país a un buque de procedencia extranjera.

Abandonar: Renunciar a todo dominio sobre un buque o mercancía.
Dejar la embarcación utilizando los botes, saltando a tierra, haciendo transbordo a otro barco por cualquier otra acción.

Abandono: Renuncia o dejación hecha por el armador o capitán de una embarcación de todos los derechos sobre la misma.
Acto o voluntad de abandonar algo o alguien.

Abanico: Se trata de una cabria formada por un palo o percha vertical y otro en ángulo, con sus correspondientes vientos y trincas. Se armaba a bordo de los veleros con los palos y vergas mayores, para la maniobra de grandes pesos.

Abanico de la amura: Curva hacia fuera y hacia arriba de cada una de las amuras de un buque a fin de darle a este una superficie de elevación adicional cuando recibe las olas.

Abarbetar: Amarrar algo con cabos delgados, piolas o barbetas.

Abarloar: Poner un buque con uno de sus costados junto a otro o un muelle.

Abarrancar: Varar, embarrancar, encallar.

Abarrotar: Completar la capacidad de carga de las bodegas de un buque.

Abatido: Cuando un barco se encuentra a sotavento de su rumbo verdadero.

Abatimiento: Desvío de la embarcación a sotavento de su rumbo por efecto del viento y mar, o ángulo entre el rumbo real y el rumbo aparente.

Abatir: Desmontar alguna cosa para reducir su volumen o altura.
Separarse un buque hacia sotavento del rumbo que llevaba.

Inclinar lo que está vertical y hasta ponerlo horizontal.

Abertura: Acción de abrir.

Abra en sus dos acepciones.

Abertura de rumbo: Angulo de un rumbo nuevo diferente al que se llevaba anteriormente.

Abierto: Dicese de la embarcación sin cabina ni cubierta... También recibe este nombre la playa o bahía que no tiene abrigo.

Abierto. Viento: Es aquel que recibe una embarcación bajo un ángulo mayor de seis cuartas con el rumbo que lleva.

Abisal: Relativo a los abismos marinos.

Nombre atribuido a todos los organismos animales que habitan en la zona marina de profundidad superior a los 500 metros.

Abismo: Gran profundidad submarina. En los océanos, los abismos comienzan al borde de la plataforma continental.

Abitar: Amarrar un cabo o cable a las bitas. También puede decirse cuando se amarra o toma vuelta a un palo.

Abitón: Hierro o madero colocado en posición vertical a la cubierta que sirve para amarrar a él cables o cabos.

Abocar: Acercarse a la entrada de puerto, canal o fondeadero.

Abonanzar: Percibir una mejoría del tiempo, estado de la mar o del temporal.

Abordable: Que se puede abordar. Playa, costa o lugar al que pueden acercarse las embarcaciones sin peligro.

Abordar: Arrimar una nave a otra.

Entrar en colisión dos o más barcos.

Atracar una embarcación a un muelle, llegar a un puerto, costa o bahía.

Aborrascarse: Dicese cuando el tiempo se vuelve tormentoso.

Aborregarse: Dícese cuando el cielo se cubre de nubes pequeñas y blancas en forma de vellones de lana.

Abotonar: Cuando unimos una boneta a su vela, toldos o redes mediante una forma de enlace.

Aboyar: Dícese cuando se colocan boyas para marcar la posición de un barco u otro objeto que esté sumergido.

Abozar: Se dice cuando sujetamos algo por medio de bozas al atracar o desatracar.

Abrigo: Lugar donde las embarcaciones están protegidas en caso de mal tiempo.

Abriolar: Cobrar hacia proa de la relinga de barlovento de una vela mayor cuadra para que coja viento y no flamee.

Abrir: Aumentar ángulos o distancias con un objeto determinado. Permitir la entrada o salida de un puerto, prohibido antes por temporal u otras causas.

Abrirse: Desviarse del rumbo por ser el mismo que sigue otro barco.

Abrojos: Dícese de los peñascos a flor de agua y con forma de aguja que representan un peligro para la navegación.

Abromado: Buque de madera atacado de broma.

Abroquelar: Virar las velas de forma que les llegue el viento por su cara de proa.

Abrumarse: Dícese cuando el cielo, la mar o el horizonte se cubren de bruma.

Absoluto, Estado: Diferencia entre la hora del cronometro y la del primer meridiano.

Acaecimientos: Título que reciben las páginas del diario de navegación en el que se plasman las incidencias del viaje.

Acalabrotar: Hacer un calabrote con nueve cordones colchados, tres a la derecha y tres a la izquierda.

Acantilado: Costa de corte vertical al igual que el fondo marino con escalones o cantiles.

Acantilar: Limpiar y dragar una parte del fondo del mar para ganar profundidad.

Acastillaje: Conjunto de accesorios y herrajes que facilitan la maniobra en los veleros y embarcaciones movidas por vela.

Actinopterygii: Subclase de peces óseos, que incluye a la mayoría de peces modernos de *aspecto normal*. Poseen aletas espinosas, en contraste con los crosopterigios, que las tienen lobuladas.

Acedía: Se trata de un tipo de lenguado muy común en San Lúcar de Barrameda y otras zonas de Andalucía. Se consume gran cantidad en la zona y se cocina generalmente frito.

Acervo: Dícese cuando existe aglomeración de arena en los fondos de los puertos o de los ríos.

Acimut: Arco de horizonte contado de 0 a 360º a partir del norte y en el sentido del giro de las agujas del reloj, hasta la vertical que pasa por el astro.

Aclarar: Desenredar y poner en orden los cabos y aparejos de un buque.

Dejar libre cualquier espacio de abordo.

Limpiarse el cielo de nubes.

Acoderar: Dar una codera a la cadena del ancla, a una boya o a cualquier lugar fijo con el fin de mantener una parte del barco en la posición deseada.

Acollador: Beta de hilo alquitranado que pasa por los ojos de las vigotas para mantener tensos los obenques u otros cabos. Ahora en lugar de acolladores se usan tensores.

Acollar: Dícese cuando se introduce estopa en las costuras o juntas de maderas en las embarcaciones.

Halar de los acolladores para el tesado de la jarcia.

Acompañante: Dícese del cronometro auxiliar que lleva el personal que tiene que hacer alguna observación astronómica y también los de funcionamiento menos regular si los hay, distinguiéndoles así del magistral.

Acon: Embarcación de poco calado y fondos planos utilizada para carga y descarga de barcos.

Embarcación de fondos planos usada en aguas poco profundas.

Aconchar: Empujar el viento o la corriente a un barco hacia una playa, muelle, etc.

También se dice que se aconcha, cuando el barco se asienta más en el fondo que está varado o acosta a otra embarcación suavemente.

Acopar: Dicese cuando se da a una tabla la concavidad justa para poderla acoplar a una pieza de forma convexa.

Acopejar: Dícese cuando se levanta lentamente el fondo del copo de la almadraba para poder reunir los atunes en un lugar determinado.

Acorazado: Buque de la marina de guerra con los costados y cubiertas protegidos con un grueso blindaje.

Acostar: Acercar, abarloar, atracar una embarcación a un muelle o a otro lugar.

Acuartelar: Dirigir más al viento la superficie de una vela de cuchillo, llevando su puño hacia barlovento.

Acuatizar: Se dice cuando un avión se posa en el agua.

Aculado: Dícese de la embarcación que cala mucho de popa.

Acular: Ciar, ir hacia atrás una embarcación.

Tocar con la popa o codaste sobre un bajo, piedra, etc.

Aculebrar: Aferrar una vela a la verga o palo correspondiente por medio de un cabo largo denominado culebra.

Acuñar: Sujetar mediante cuñas.

Achicador: Paleta pequeña de plástico, metal o madera que se emplea para extraer el agua del fondo de las embarcaciones.

Achicador automático: Se trata de un mecanismo que permite la salida del agua en el plan del barco por efecto del vacío creado por la marcha. Va montado en algunas embarcaciones de vela ligera.

Achicar: Sacar el agua del interior de una embarcación, utilizando bombas, achicadores diversos u otros medios.

Achubascarse: Dícese cuando el cielo se cubre de nubes que presagian agua y viento.

Adelantado de mar: Responsable y jefe de una expedición marítima al que se le otorgaba el gobierno de lo que conquistase.

Adelanto: Diferencia por más existente entre la hora del reloj con relación a la del primer meridiano.

Adrizar: Poner derecho lo que está inclinado, ya sea una embarcación u otro objeto.

Aduja: Vuelta de forma circular de una cadena, cable o cabo recogido de ese modo.

Aduja plana: Aduja decorativa, en la que el cabo se enrolla plano, sobre cubierta, formando una espiral.

Adujar: Recoger en adujas un cable, cabo, cadena o vela enrollada.

Aeronaval: Dícese de las operaciones que participan aviones y barcos.

Afelpar: Poner estopa en una vela o pallete cuando se pretende que tape una vía de agua.

Aferrar: Agarrar, sujetar fuertemente.

Recoger una vela en su verga, botavara o percha por medio de tomadores para que no coja viento.

Agarrar el ancla fondeada.

Aferravelas: Tomador o cabo delgado, que se hace firme junto a los amantillos de la verga mayor y del trinquete, que se utiliza para llevar al medio los penoles de las vergas y aferrarlas.

Afinamiento: Se llama coeficiente de afinamiento de la flotación, a la relación entre el área de flotación de un buque y la superficie del rectángulo circunscrito.

Coeficiente de afinamiento de la cuaderna maestra.

Es la relación del área sumergida de la cuaderna maestra a la del rectángulo circunscrito.

Afirmar: Cuando en los aparejos de cruz se trata de cobrar de las brazas de barlovento para que al ceñir las vergas no trabajen por la cruz.

Disparar un cañonazo sin proyectil al propio tiempo que se iza la bandera en señal de se arbola legítimamente.

Dícese cuando el viento se muestra fijo y constante en una dirección determinada.

Afloramiento: Fenómeno oceánico por el cual el agua profunda es conducida a la superficie. El afloramiento se puede producir por el viento y por las corrientes superficiales. Las aguas profundas son ricas en nutrientes por lo que las zonas de afloramiento son de una gran productividad biológica.

Aforrar: Cubrir un cabo para evitar su desgaste.

Afoscarse: Dícese cuando la atmósfera comienza a cargarse de brumas o nubes que disminuyen la visibilidad.

Afragatado: Se dice del barco que tiene forma de fragata escaso de obra muerta o costado.

Agarrar: Afirmarse bien en el fondo un ancla.

Agarrarse: Continuar el mal tiempo.

Se dice cuando un barco varado cala mucho en el fondo siendo necesario para ponerlo a flote una gran fuerza.

Agarrochar: Bracear por sotavento las vergas y también halando al máximo las bolinas de barlovento con objeto de ceñir al máximo.

Agitado: Estado de la mar, corresponde a fuerza de grado 4 con olas de 1.25. a 2.50 metros de altura.

Agnatha: Organismos de aspecto parecido al de los peces, desprovistos de mandíbulas. Estas clases de animales incluyen a las lampreas, los mixinoideos y los extintos ostracodernos.

Agregado: Dícese del alumno que después de cursar los estudios teóricos, se embarca en un buque mercante para hacer las practicas reglamentarais.

Agregado naval: Se trata de un Oficial o Jefe de la Marina de Guerra, que es destinado a una embajada para hacerse cargo de los asuntos navales de la misma.

Agua: Se dice con el significado de la marea, *menguar, crecer, entrar, salir, subir o bajar*, el agua.

Vía, grieta o agujero por el que penetra a bordo de una embarcación el agua del mar.

Aguada: Recibe este nombre la cantidad de agua potable que lleva para su consumo una embarcación.

Aguada. Lugar en tierra: Lugar en tierra donde se puede abastecer de agua potable.

Acción y efecto de abastecerse de agua una embarcación.

Aguaje: Mareas vivas.

Estela de una embarcación.

Corriente intensa y periódica en algunos lugares.

Aguantar: Tirar de un cabo afirmándolo hasta que haga fuerza y mantenerlo en esa situación.

Capear un temporal.

Aguantar.

Aguante: Se dice cuando un buque opone resistencia a escorar cuando el viento actúa sobre las velas y la obra muerta.

Condiciones de una embarcación para aguantar marejadas y fuertes vientos.

Aguila marina: Especie de raya de un tamaño grande llamada también murciélago por su forma de nadar en rápidos giros que recuerda el vuelo de este animal.

Este pez recibe el nombre de *gallarón* en Cantabria; *chucho* en Andalucía; *milá* en Valencia; *milana* Cataluña

y *viuda* en Baleares.

Aguja: Instrumento para indicar el ángulo de la proa de una embarcación con el meridiano magnético, permitiendo así que este siga el rumbo convergente. Está formado por uno o varios imanes que hay debajo de un círculo graduado, la rosa de los vientos, en condiciones de girar sobre la punta de un estilo, dentro de un mortero con tapa transparente y suspensión cardánica. Las agujas pueden ser secas o de líquido. Las agujas grandes se montan sobre bitácoras que son armarios de forma cilíndrica para soporte del mortero y contener los elementos de compensación de los desvíos.

Aguja, Pez: Pez perteneciente a la familia de los Singnátidos, junto con el caballito de mar y el pez alfiler. Este pez de boca minúscula situada en el extremo de un hocico tubiforme es de sección hexagonal, su cuerpo es muy alargado y su cola está terminada por una aleta que tiene forma de un abanico.

Este pez es uno de los pocos no comestibles, además, presenta una curiosa particularidad: el macho está provisto de una bolsa ventral ancha en la que gracias a un oviducto, en el que la hembra viene a ovar. En esta bolsa los óvulos son fecundados e incubados. Las pequeñas agujas nacen allí y el macho no las expulsa hasta que han nacido. En el Mediterráneo son comunes y se encuentran entre las algas.

Ahogar: Llevar navegando a un buque con muy poco costado fuera del agua.

Ahogarse: Se dice de aquella embarcación que por exceso de vela, carga o velocidad le entra mucha agua.

Ahorcaperro: Nudo corredizo para recuperar objetos que se hace partiendo del as de guía. Se puede hacer sencillo y doble.

Ahorcar: Templar o cobrar demasiado las cadenas o cabos de las anclas, dificultando el borneo del buque en los cambios de viento y marea.

Aireador: Manguerote orientable con relación al viento que permite la entrada y salida del aire a la embarcación.

Alacha: Se trata de una especie mediterránea muy próxima a la sardina, pero de carne menos apreciada.

Alargar: Se dice del viento cuando cambia de dirección hacia proa.

Alarma: Señal emitida por radio por una embarcación en peligro. Puede hacerla por radiotelefonía o radiotelegrafía.

Alba, Calada de: Cuando raya el alba, en el claroscuro, cuando los peces empiezan a moverse, su pesca es relativamente fácil, de aquí, se dice hacer la calada del alba.

Albacora: Pez del grupo de los Escómbridos. La albacora se caracteriza por tener las aletas pectorales muy alargadas y en forma de hoz. Es el atún que se emplea para llenar los botes de conserva. A la pesca de la albacora se dedica la mayoría de las flotas atuneras del Cantábrico. Tiene una forma muy parecida a la del atún, pero de talla más pequeña. Le distingue del atún las aletas pectorales que ya hemos señalado y que alcanzan la longitud casi total del cuerpo, y están recortadas en forma de hoz puntiaguda.

Es muy voraz, se nutre de anchoas y sardinas. Se mantiene casi siempre a gran profundidad, y sólo se acerca a la costa en la época de puesta. Su presencia es fácil de descubrir porque cuando no son perseguidos nadan muy cerca de la superficie. Aparecen por el mes de junio para desaparecer por lo general a finales de octubre.

Para que la albacora aparezca en la zona costera, el agua debe tener una temperatura superior a los 15º siendo la sonda donde se encuentran con una profundidad siempre superior a los 50 metros.

Pesca. Cuando se alcanzan más cantidad de capturas es con el cielo cubierto, viento ligeramente fresco y poco oleaje. Los vientos más favorables son los del NW y SW.

Si se pesca al currican la línea debe ser de gran solidez, el bajo liña al ser posible será de acero resistente, y le fijaremos un anzuelo de buena calidad que aguante la fuerte tracción del pez.

Cebos artificiales.

Los más eficaces son, la rapala y la cucharilla larga y ondulada, a sí como pulpitos artificiales de color rojo y sobre todo que lleven un buen anzuelo.

Lo aconsejable al currin sobre embarcación, es utilizar cuatro aparejos a la vez, dos a cada costado del barco y los otros dos a cada lado de la popa.

La velocidad de la embarcación debe estar entre 4 y 5 nudos, nunca pasar de los 5, puesto que el ataque de la albacora es de una gran violencia y si se va muy deprisa se puede romper el aparejo. Cuando se sienta la picada se deberá dar un fuerte tirón para que se enganche bien ya que este pez tiene la boca muy dura, una vez se haya enganchado se puede maniobra con él según convenga.

Siempre que se divise una banda de albacoras o atunes se debe adelantar a la misma entre 20 y 40 metros, porque en la cabeza de la banda van siempre los atunes mayores.

Si el atún muestra pereza para picar lo conveniente será reducir la velocidad del motor y plomar la línea a fin de que gane profundidad. Cuando el cebo este hundido arrancar a bastante velocidad para que el cebo salte a la superficie, esta maniobra es muy eficaz.

El atún en cuanto pica sale en una carrera que puede llegar a 100 metros o más, se tendrá que tensar el hilo para que la pieza la tengamos siempre controlada.

Una vez que tengamos controlado el atún procurar de recogerlo suavemente, y mientras tanto se deberá ir tirando sardinas o caballas si llevamos a bordo, ya que los otros atunes siempre siguen al compañero, siendo muy eficaz irlos cebando, con la seguridad de que sentiremos nuevas picadas en las otras cañas.

En el norte de España, llaman a la albacora, por error, bonito del norte o atún del norte.

Albaraque: Red de deriva que se emplea en las rías gallegas para la pesca de la sardina.

Alcance: Distancia máxima a que puede verse un faro. Se considera el alcance luminoso y el alcance geométrico, el primero dependiente de la potencia del faro y el sentido atmosférico, y el segundo de la elevación del foco y el observador.

Distancia máxima a que puede oírse un faro o estación radioeléctrica.

Alcachofa: Filtro situado en la manguera de aspiración de la bomba de achique.

Alcazar: Dícese de la parte de la cubierta alta entre el palo mayor y la entrada a la cámara o coronamiento.

Alcoholar: Dícese cuando se embrean fondos, costuras, cabezas de clavos, pernos, etc. después del calafateado...

Alefriz: Canal o ranura que se practica longitudinalmente en el codaste, roda y quilla para encastar las tablas del forro exterior en los barcos de madera.

Alegrar: Amarrar o lascar un cabo, cadena o cable que está muy tenso y pude romperse.

Aleta: Maderos curvos de la última cuaderna de popa, unidos a los extremos de los yugos.

En los barcos antiguos, es la parte comprendida entre la popa y la primera porta de la batería y en los nuevos la parte que aproximadamente correspondía o los otros.

Cada una de las zapatillas de goma alargadas como palmas, empleadas por nadadores y buceadores.

Alerón: Extremidades laterales del puente de mando.

Alfabeto morse: Fue inventado por el norteamericano Samuel Morse. Las letras y números están representados por rayas y puntos. Quedó en desuso en el año 1999.

Alfaques: Bancos de arena o tierra en la desembocadura de los ríos, diferenciándose de la barra por adentrarse más en la mar.

Alambre: Hilo de metal. Cada uno de los hilos de acero que dan forma a los cables de la jarcia firme.

Aleta adiposa: Se llama así a la segunda aleta dorsal del salmón, la trucha y algunos otros peces, en los que además de ser pequeña y de carecer de radios, está constituida por materia adiposa.

Aleta anal: Esta aleta está situada entre el ano y la cola.

Aleta caudal: Es la que forma la cola de los peces. Puede ser asimétrica o simétrica.

Aleta Dorsal: Es la aleta vertical que poseen casi todos los peces, situada en medio del dorso por detrás de la cabeza. Esta aleta puede ser única o discontinua, presentándose en este último caso como dos o tres aletas dorsales.

Existe una sola en la sardina, dos en la lubina y tres en el abadejo.

Aletas abdominales: Son las aletas que la mayor parte de los peces tienen por debajo de los pectorales.

Aletas pectorales: Estas aletas están situadas, en los peces, justo detrás de la región cefálica, unas veces en el plano central del cuerpo, como sucede en los escualos, y otras en los flancos del mismo, como ocurre en el mújol o lisa. En la morena no existen.

Aletón: En los barcos de madera, tablón con roldana por el que pasa el cabo que prende el ancla..

Alimentador: Bombas usadas en alimentar las calderas de vapor.

Conductor que suministra a un aparato la energía necesaria para funcionar.

Algar: Lugar cubierto de algas en el fondo del mar.

Algas: Término genérico empleado para designar la mayor parte de las plantas marinas.

Las algas son una parte muy importante del medio marino presentando grandes variedades de tamaño, coloración y forma.

Existen algas microscópicas como las peridíneas y otras que sobrepasan los 300 metros de longitud como el género Macrocystis.

Solamente entre las algas pardas, llamadas diatomeas, encontramos tal variedad de formas y dibujos en sus caparazones, que superan cuanto cabria imaginar en ornato y belleza.

Las algas se agrupan, dentro de su inmensa gama de colores, en cuatro grandes grupos, ateniéndose el color que presentan, algas verdes (clorofíceas), algas pardas (feofíceas), algas rojas (rodofíceas) y algas azules (cianofíceas).

En los fondos de algas existen infinidad de especies vivientes que entre ellas tienen protección y refugio contra la cantidad de animales carnívoros que merodean en sus cercanías esperando el mínimo descuido para atacarles.

Algazos: Cantidad importante de algas muertas que la mar lleva a las playas.

Alidada: Regla con pínulas en los extremos que puesta sobre una aguja náutica sirve para la toma de marcaciones.

Aliada acimutal: Aparato que va junto a la aguja que sirve para la toma de marcaciones a puntos de la tierra o astros y que está auxiliado por un prisma de reflexión movible.

Aligerar: Reducir al máximo los cabos de una maniobra, como por ejemplo las amarras de un buque al muelle, dejándolo en condiciones de efectuar la salida siguiente más rápidamente.

Alijo: Géneros de contrabando transbordados o desembarcados.

Alisios: Son vientos regulares que soplan todo el año en los océanos Atlántico, Pacífico e Índico entre los trópicos y el Ecuador, en el hemisferio norte de dirección nordeste y en el hemisferio sur del sureste.

Alistar: Aligerar, preparar con prontitud o disponer algo como el aparejo o las anclas de una embarcación.

Aliviar: Arrojar carga al agua, reducir el aparejo o hacer una maniobra para que el barco padezca menos cuando se navega con mal tiempo.

Aljerife: Se da este nombre a un arte de playa muy primitivo que es empleado en el río Miño para pescar salmones y sábalos.

Alma: Pieza central de un palo cuando está formado por varias piezas a su alrededor.

Haz de filásticas que se pone en el centro de un cable o cabo.

Almadía: Canoa construida en un solo tronco, de mucha eslora y con dos proas que es usada en costa y ríos de América y África.

Almadraba: Conjunto de redes colocadas en el agua verticalmente y con orientación hacia la costa con el fin de conducir los atunes en sus movimientos migratorios a un lugar donde se les captura.

En España la almadraba ya era conocida en el tiempo de los fenicios, griegos y cartagineses.

Almanaque náutico: Publicación donde vienen las efemérides de los astros o los datos precisos para resolver problemas de navegación astronómica.

Almeja fina: (*Tapes decussatus*). Se trata de un delicioso molusco, universalmente conocido, que se encuentra en todas las playas, siempre que tengan cierta proporción de fango.

Su pesca se realiza en las playas, puertos y entre las rocas. En las playas o bancos arenosos la almeja manifiesta su presencia por la formación de dos pequeños orificios muy cercanos el uno del otro, que utiliza para respirar, y que los produce por medio de dos sifones que puede prolongar fuera de la concha. La pesca es muy sencilla, se trata de caminar lentamente por la playa, y procurar descubrir los mencionados orificios. Para poderla coger, utilizaremos una pala pequeña o una cuchara con un mango suplementario de unos 40 centímetros que clavaremos en la arena.

Cuando la queramos pescar en las rocas hay que tener la seguridad de que la arena depositada entre las mismas sea fangosa, nunca las encontraremos donde haya arena limpia. Cuando pesquemos entre las rocas no encontraremos los agujeros mencionados como cuando lo hacíamos en la arena, aquí tendremos que remover el fango y la arena, con una pala, azada u otra herramienta.

Alojamiento: Dícese del espacio habitable, como un camarote o cámara.

Alta mar: Lugar lejos de la costa, en aguas libres y sin resguardo.

Alteroso: Se dice del barco que tiene la obra muerta muy alta así como la proa y la popa para navegar en lugares de olas altas.

Altura: Elevación de algo sobre la superficie terrestre.

Altura angular: Angulo formado por las visuales a la base y al tope de un objeto.

Altura de marea: Es la distancia entre el nivel del mar y el cero hidrográfico.

Altura de un astro: Es el arco de vertical comprendido entre el horizonte y el centro del astro; se llama *meridiana* cuando se encuentra el astro en el meridiano.

Altura aparente: Es la observada corregida de depresión de horizonte.

Altura verdadera: Es la aparente corregida por semidiámetro.

Alunada: Se dice de la vela que tiene alunamiento o curva en el pujamen.

Alunamiento: Se dice de la curva del pujamen de las velas cuadras que se encuentra generalmente hacia el grátil. Las velas Marconi suelen tener alunamiento conveso hacia fuera de los tres lados.

En los foques de los veleros deportivos las curvas de sus lados pueden ser convexas.

Alunar: Dar alunamiento a las velas.

Alzado de varenga: Es la altura de la línea de arrufo de astilla muerta.

Alzar: Levantar, izar una vela o levar un ancla.

Amainar: Aminorar la fuerza de la mar o del viento.

Amallarse: Engancharse los peces en las mallas de la red.

Amante: Nombre en general de cualquier cable, cabo grueso, cadena etc., que pueda soportar mucha fuerza, y que esté firme por un extremo a un palo, verga o punta y por el otro a un aparejo. En los aparatos de carga y descarga, el amante trabaja por una roldana en la cabeza de la pluma o del puntal y portando en el chicote libre un gancho para suspender pesos.

Amantero: Palangre que se usa en las costas de Alicante para la pesca del mero y peces de gran dentadura.

Amantillar: Cobrar de un amantillo y arriar del opuesto lo necesario para que una verga esté horizontal. También se dice a la maniobra de levantar o aguantar una botavara.

Amantillo: Cable o cabo utilizado para mantener las botavaras, vergas, puntales o cualquier otra percha.

Amarar: Descender un hidroavión y posarse sobre la mar.

Amarinado: Dícese cuando algo está hecho o acostumbrado a la mar.

Amarra: Nombre genérico que se da al cabo, cadena o cable que se emplea en sujetar una embarcación a una boya, muelle o cualquier punto firme.

Amarradero: Lugar donde pueden amarrar las embarcaciones.

Amarraje: Cuota que pagan las embarcaciones por la maniobra de amarrar a un muelle y utilizar los servicios del puerto.

Amarrar: Hacer firme un cabo, cadena o cable.
Sujetar la embarcación a un muelle o lugar determinado.

Ambar gris: Concreción aromática, que se encuentra en el intestino del cachalote y que se utiliza en perfumería.

American Boat And Yacht Council: Esta asociación deportiva norteamericana que fue fundada en Nueva York en 1954, al que se pueden adherir cuantas personas y agrupaciones están interesadas en las mejoras de seguridad de las embarcaciones de recreo. Dispone de cinco departamentos o secciones: Cascos, máquinas, instalaciones eléctricas y armamento en general.

Amerizar: Cuando un hidroavión se posa en la mar.

Amoldar: Dícese cuando se hace el dobladillo al canto de una vela para formar la vaina, sin utilizar refuerzos ni relinga.

Amollar: Arriar un cabo en banda.

Amorrar: Hacer calar demasiado la proa de una embarcación.

Amortiguar: Ir disminuyendo la velocidad de una embarcación hasta pararla poco a poco.

Amparar: Dar protección y resguardo a una embarcación.

Amplitud: Arco de horizonte desde uno de los puntos cardinales de este u oeste, hasta el vertical que pasa por el centro del astro en el instante de nacer o ponerse.

Cuando se encuentra en el este se llama *amplitud oriental u ortiva* y cuando se encuentra en el oeste *amplitud occidental u accidua.*

Ampollar: Dícese cuando aumentan las olas en forma de ampollas o crecen solamente en volumen.

Amura: Anchura de la embarcación en la octava parte de su eslora a partir de la proa y parte exterior de cada costado por el mismo lugar, o sea, donde comienza a estrecharse para formar la proa.

Borda, bordo o vuelta.

Amurada: Costado del barco por la parte interior.

Amurado a estribor: Una embarcación navega amurada a estribor cuando recibe el viento por la banda de estribor.

Amurado a babor: Una embarcación navega amurada a babor cuando recibe el viento por la banda de babor.

Amurar: Llevar hacia barlovento los puños de las velas y aguantarlos así para ceñir más.

Ceñir, bolinear, orzar.

Anadromo: Se dice del pez que vive en el mar y que remonta las corrientes de agua dulce de los ríos, para hacer la puesta de huevos; como el salmón, la trucha de río el sábalo, etc.

Anchoa: (Engraudilae). Difiere de los arenques por el cuerpo más esbelto, y boca más grande, que termina muy por detrás del ojo. Se encuentran en las zonas más templadas de todos los océanos. Algunas viven en aguas salobres. Son de una gran importancia económica.

Ancla: Distintas formas, a las que se une una cadena y un cabo y se hace firme al buque. Al ser arrojado al agua y hacer presa en el fondo, sirve para que la embarcación no sea arrastrada por el viento o la corriente.

Ancla flotante o de capa: Se trata de una lona con forma de embudo que nos permite contrarrestar el abatimiento y poder capear el temporal.

Ancla principal: Se dice del ancla que mejor funciona. Por lo general su cable es de cadena en los barcos grandes y cadena y cabo en los pequeños.

Anclar: Fondear o echar las anclas al fondo.

Anclote: Ancla pequeña utilizada en embarcaciones menores.

Ancón: Ensenada pequeña y resguardada donde pueden fondear embarcaciones.

Andana: Línea, fila o hilera de ciertas cosas. Se dice que una embarcación está amarrada en andana, cuando se halla paralela a otra.

Andar: Dicese cuando una embarcación avanza sobre el agua en la dirección deseada.

Andarivel: Cabo colocado a manera de pasamano con objeto de dar mayor seguridad a los marineros durante el trabajo o acceso a los barcos.

Andén: Lugar en los muelles para el movimiento de pasajeros y la distribución de mercancías.

Anegado: Dícese de objetos cubiertos por el agua como piedra, bajo, etc.

Anegar: Espacio cubierto por el agua.

Dícese, cuando el horizonte de la mar oculta una embarcación u otro objeto y también del barco que al alejarse pierde de vista la costa.

Anelidos: Gusanos anillados que se utilizan como cebos excelentes para la pesca de muchas especies de peces.

Anemómetro: Se dice del aparato que sirve para medir la fuerza del viento, la dirección con referencia a la proa, y o rumbo.

Anémona de mar: Estos animales son del grupo de los celentéreos y se presentan con muchas variedades.

Cuando abren sus tentáculos dentro del agua parecen grandes flores que en lugar de pétalos tuvieran una especie de tentáculos que mueven constantemente. Estas prolongaciones están provistas de células urticantes con sus vesículas llenas de veneno. Cuando algún pez toca los tentáculos, recibe la descarga de los órganos urticantes, cuyo líquido paraliza a la presa. Cuando esto ocurre, los tentáculos se van cerrando sobre ella. Pasado algún tiempo, la flor se abre otra vez expulsando el esqueleto al exterior.

Angelote: Se trata de un escualo de forma aplastada, que se encuentra entre el escualo y la raya.

Es mal nadador y se esconde en la arena, donde se pone al acecho de sus presas, particularmente de rodaballos, solletas, etc. que se ponen al alcance de su gran boca. Su piel se ha empleado para la fabricación de estuches, también fue empleada para pulimentar el marfil y la madera.

El angelote es un pez ovovíparo, es decir, que sus huevos hacen eclosión en su vientre, dando nacimiento a los pequeños angelotes.

Pesca. Única forma de pescarlos es con redes de arrastre en fondos fangosos, como la raya.

Recibe distinto nombre dependiendo de la zona donde se pesca. En Huelva se le llama *pardón,* en Valencia, Cataluña y Baleares, *escat,* etc.

Aneroide: Barómetro aneroide. Está formado por unas cápsulas cerradas herméticamente, que se les ha hecho el vacío, llamadas de Vidi.

Anfibio: Embarcación que puede penetrar en la tierra. Vertebrado tetrápodo que pasa parte de su vida dentro del agua y parte fuera de ella, y cuya fase reproductora depende por completo de su vuelta al agua. Las formas larvarias suelen estar provistas de branquias, que han desaparecido en los adultos, como en el caso de las ranas.

Anfora: Medida de capacidad utilizada para el arqueo de buques en la antigüedad. La ánfora griega equivalía a 38 litro y la romana solo a 25 litros.

Angarelo: Arte de pesca en el que se ponen piedras en la relinga inferior en lugar de plomos, muy usado en Galicia para la captura del mero, pargo y cazón.

Angazo: Rastrillo utilizado para la captura de ostras.

Angla: Dícese del cabo o punta de tierra que se adentra en la mar.

Angostura: Paso muy estrecho de un canal donde es peligroso pasar por su violencia, cuando hay mareas.

Anguila: *(Anguilla Anguilla:)* Es a la vez pez marino y de agua dulce. Vive lo mismo en uno que en otro ambiente; es catadromo, es decir, que vive normalmente en el agua dulce y desciende al mar para hacer el desove.

Sobre la reproducción de la anguila ha habido un enigma durante siglos, hasta que hoy el misterio está perfectamente aclarado, Las hembras viven en las aguas dulces en ríos, acequias, estanques, etc. e incluso en grandes charcas. Crecen

---

y engordan con la excepción de sus glándulas genitales, que permanecen indiferenciadas. Después, al cabo de un número de años, hay algo que les impulsa a abandonar su morada. Para esto, eligen las noches oscuras salen de las charcas deslizándose por los campos hasta encontrar los ríos por donde descienden hasta el estuario, donde encuentran las machos que han permanecido en aguas salobres, renunciando a remontar los cauces de aguas dulces. Muchas hembras se dirigen al mar, alcanzando las profundidades abisales hasta llegar al mar de los sargazos que está situado en el centro del gran anillo del *Gulf Stream*. En el transcurso de este largo viaje sus órganos genitales se ha ido desarrollando. Cuando llega el momento de la puesta la hacen a mediana profundidad. Cuando las anguilas han realizado el desove, desaparecen para siempre.

Los alevines de la anguila no muestran el aspecto vermiforme de sus padres. Son verdaderos pececitos, con formas alargadas, llamados *leptocéfalos;* estos pececillos se ponen en camino a través de los océanos, hasta alcanzar la costa para poder inicial el remonte de los ríos. Cuando están en esta fase ya cuentan con tres años de edad. Pero en el curso de su viaje se han ido adelgazando o haciéndose más cortos, y se han transformado en las deliciosas angulas.

Anguila de caucho: Es uno de los mejores cebos artificiales para la pesca al lanzado, o con currican, de los peces cazadores como el atún, la lubina, la caballa, la corvina, etc.

Angula: Nombre con el que se conoce a la anguila pequeña, que llega a nuestras costas para penetra en las aguas dulces.

Angulo azimutal: Es el medido entre un cuerpo celeste y el extremo de un meridiano.

Angulo de seguridad: Se llama al plano medido con el sextante, que deben formar dos puntos de tierra conocidos para que la embarcación navegue libre de peligro.

Angulo de posición: Es el que con vértice en el astro está formado por el vertical y la semicircunferencia horaria del mismo.

Angulo horario de Greenwich: Es el ángulo en el polo formado entre un cuerpo celeste y el meridiano de Greenwich. Se mide siempre en grados oeste.

Angulo horario local: Es la distancia angular entre el meridiano celeste local y el meridiano de Greenwich.

Angulo sidéreo: Es el suplemento a 360° de la ascensión recta de la estrella considerada.

Angulo vertical de seguridad: Es el que forma la base y la cumbre de un objeto para mantener la embarcación a una distancia del mismo.

Ánima.

Cabo delgado que va por dentro de la vaina de la baluma de algunas velas.

Anomalía magnética local: Es un efecto local en el campo magnético de la tierra; la diferencia existente con el campo general puede ser muy considerable.

Ansa: Ensenada de poco calado y forma redondeada que se forma en una costa brava o acantilada.

Antagalla: Faja de rizos que va en las velas triangulares, latinas y cangrejas, que va paralela al pujamen.

Antagallar: Tomar rizos para poder disminuir la superficie de vela en una vela triangular, cangreja o latina.

Antedique: Lugar ante una escollera o dique de abrigo.

Antena: Forma de conducción que se emplea en las emisiones o recepción de ondas eléctricas.

Antepecho: Dicese de la obra muerta de una embarcación que va por encima de la última cubierta.

Anteojo: Aparato óptico que está formado por un tubo convergente y un ocular para ampliar la imagen utilizado para ver objetos a distancia.

Antepuerto: Lugar abrigado que existe frente a la boca de un puerto donde las embarcaciones pueden fondear para su resguardo o estar en situación de espera para la entrada al puerto.

Anticiclón: Se dice de una zona que tiene un sistema de isobaras cerradas con la presión más alta en el interior.

Antiincrustante: Pintura basándose en sales de plomo, estaño, mercurio o cobre que por su toxicidad es buena para la protección de vegetación y parásitos submarinos, se emplea para proteger los fondos de las embarcaciones.

Antimeridiano: Semicírculo de la esfera terrestre pasando por los polos y por las antípodas del punto considerado. El antimeridiano Internacional es la línea de cambio de fecha, o sea, el meridiano a 180° del de Greenwich.

Antitola: Nombre que se les da a las anclas que en la almadraba aguantan las redes en su plano vertical.

Anuario de mareas: Libro con las horas y alturas de las bajamares y pleamares de todos los días del año en algunos puertos llamados *patrones*, así como las diferencias en horas y alturas para deducir iguales datos para otros puertos llamados *secundarios*.

Anzuelo: Arpón curvado de acero que unido a un hilo sirve para pescar.

Apagapenol: Dícese del cabo que va unido a los puños de una vela cuadrada para poder recogerla de forma que el viento salga por los penoles de la verga.

Apagar: Hacer que una vela despida el viento por medio de cabos guarnidos a este fin.

Apantocar: Hacer fuerza por el pantoque, mediante palancas o con las manos, a una embarcación que está varada y se pretende ponerla a flote.

Aparar: Dar forma con la azuela a los tablones de forro de los fondos, costados, cubierta, etc., de una superficie.

Aparadura: Dícese de la tabla o tablón del casco de madera que está en contacto con la quilla.

Aparejar: Dotar a un barco de todos los palos, perchas, vergas, jarcia y velas, en condiciones de que pueda navegar.

Aparejo: Conjunto formado por las velas, palos, y jarcias de un barco.

Aparejo de fortuna: Dicese de cualquier aparejo temporal que sustituye a un mecanismo que ha fallado o se ha roto.

Aparejo de pesca: Arte formado por hilo o cordeles con uno o varios anzuelos montados. Son *manuales, de caña, currican, etc.*

Apartamiento de meridiano: Distancia en millas del arco de paralelo comprendido entre dos meridianos.

Apeada: Dícese del ancla suspendida o a la pendura preparada para poder fondearla.

Apeadero: Dicese del sobre forro de madera o plancha metálica utilizada en las embarcaciones de madera colocada a popa de la serviola para resguardar el costado de las anclas en las maniobras de arriar e izar.

Apear: Bajar el ancla del escoben dejándola en disposición de ser fondeada.

Aperos de pesca: Totalidad de todos los útiles que son necesarios para pescar.

Aplacerado: Dícese cuando el fondo del mar es plano y de poca profundidad.

Aplanar: Sacar las bolsas a la vela tensando la driza y el pujamen o el rizo de fondo.

Aplomar: Colocar verticalmente un palo u otra pieza.
Ir colocando las cuadernas en planos completamente perpendiculares a la quilla.

Apocar: Ir recogiendo el número de velas.

Apopar: Cuando se refiere a un buque fondeado, presentar la popa al viento o a la corriente.
Hacerlo calar más de popa que de proa.

Aportar: Dícese cuando se arriba a un puerto.

Apóstol: Apóstol o apóstoles, nombre que se les da a los extremos de las guías del bauprés.

Apostolado del mar: Organización católica internacional para la asistencia tanto material como espiritual de la gente de la mar.

Apretar: En las embarcaciones de madera cuando se calafatean las costuras con mucha estopa.

Aproar: Aumentar el calado de proa de una embarcación.
Poner el barco proa al viento, corriente o lugar determinado, por medio de una maniobra o actuando sobre el ancla.

Aprovechar: Orzar lo máximo posible cada vez que el viento se alarga al aumentar su intensidad en las rachas, para ganar de este modo barlovento.

Apuntador: Dicese así a la persona que se encarga de anotar y controlar la carga que se embarca o desembarca en una embarcación.

Apuntalar: Acción de poner puntales en un lugar determinado.
Apuntalar un costado, por ejemplo, cuando se produce una vía de agua.

Aquillado: Diceses del buque que tiene mucha quilla.

Araña, Pez: Se trata de un pez venenoso de la familia de los *Traquínidos.* Existen dos especies. La araña víbora *(Trachinus vipera),* de pequeña talla, que hundida en la arena, pica el pie de los pescadores o de la gente que está en las playas. La araña grande *(Trachinus draco),* pez de arrastre que a veces se captura con aparejo de liña.

El pescador debe desconfiar de los opérculos, que están en relación con glándulas venenosas y de las espinas de la aleta dorsal. Lo primero que haremos cuando se capture una araña es matarla procurando que no te roce con la aleta dorsal, y después cortarle las espinas venenosas.

El antídoto del veneno de este pez es el amoniaco, que debemos tener siempre a bordo. También es muy eficaz, aplastar el hígado de la misma araña y hacer una compresa que nos aplicaremos al lugar de la picada. En caso de que la picada sea importante lo aconsejable será consultar a un médico.

Arboladura: Conjunto de palos, vergas, perchas y masteleros de una embarcación.

Arbolar: Poner vertical un objeto, por ejemplo un palo.

Poner a una embarcación los palos principales.

Izar una bandera...

Aumentar mucho la altura de las olas.

Arbolada, Estado de la mar: Según la escala de Douglas para medir el estado de la mar, pertenece al grado 7 de la misma y la altura de las olas es de 6 a 9 metros.

Arbotante: Suplemento metálico o de madera que sale del barco para sostener algo.

Arcada: Mamparo de separación de madera que se arma en la bodega de una embarcación cuando se transporta alguna mercancía sin empaquetar o ensacar.

Ardentía: Situación de fosforescencia de las aguas del mar que indica la existencia de un banco de sardinas.

Ardiente: Se dice del barco propenso a virar hacia el viento.

Ardora: Arte de acero que se usa en la pesca de sardinas, anchoas y distintos peces que marchan en bancos.
Fosforescencia que indica la existencia de un banco de sardinas.

Arena: Trozos desprendidos de las rocas de diámetros muy distintos que están entre las gravas y el limo.

Arenal: Playas o espacios cubiertos de arena en ríos, ramblas, etc.

Arenque: *(clupea arengus).* Pez teleósteo, de la familia de los Clupeidos.
Universalmente conocido, se pesca en masas enormes sobre todo en el Mar del Norte y la Mancha, ya sea con arte de arrastre o de deriva.
Para ciertas pescas como liñas o palangres, resulta un cebo de primer orden. Tanto ahumado como seco es de gran consumo. No tiene ningún interés para el pescador deportivo.

Arenquera: Arte de deriva de malla más clara que el de la sardina.

Arenquero: Embarcación destinada exclusivamente a la pesca del arenque.

Arfa: Nombre que se le da en el Guadalquivir a una bolsa o copo de varias redes.

Arfar: Dicese cuando se levanta la proa del barco por efecto de la marejada.

Aries: Estrella considerada estacionaria para los fines de la navegación, aunque se cree que se ha movido considerablemente en los últimos 1000 años.

Arganeo: Argolla o grillete situado en el extremo de la caña del ancla para poder instalar la cadena o cabo.

Argolla: Anillo metálico empleado en los puertos o abordo, para amarrar los barcos.

Armador: Dícese del naviero o del que por su cuenta arma una embarcación.

Armadura: Armazón o conjunto de piezas que comprenden el esqueleto de cualquier embarcación.

Armamento: Armar un buque, es ponerlo en condiciones de navegar. Su armamento consiste en el conjunto de todos los aparejos, utensilios, etc. que son necesarios. Quien arma el barco es el armador.

Armaza: Conjunto de útiles de pesca y redes.

Armazón: Esqueleto de un buque compuesto por la quilla, varengas, cuadernas, etc.

Arnés de seguridad: Correas sujetas el cuerpo a especie de chaleco unido a un mosquetón a una línea de vida, que se usa con mal tiempo como seguridad para la tripulación.

Aro: Dícese de las anillas de madera que se emplean para envergar velas de cuchillo a los palos.

Aros salvavidas: O guíndola formado por un flotador de plástico que se lanza al agua cuando ha caído una persona, para ayudarle a mantenerse a flote hasta que se pueda rescatar.

Arpeo: Dícese de un artefacto de hierro que lleva cuatro ganchos que se emplea para rastrear o recuperar objetos del fondo del mar.

Arpón: Instrumento de hierro o acero constituido por una barra en forma de flecha para que pueda clavarse y hacer presa.

Arponear: Lanzar y clavar el arpón a los peces o cetáceos.

Arqueo: Volumen o capacidad de una embarcación.

Arqueo total: O tonelaje de registro bruto, es el volumen total del buque.

Arqueo neto: O tonelaje de registro neto, es el que se obtiene restando los espacios destinados a servicios del barco.

La unidad de arqueo es la tonelada Moorsom que equivale a 2,83 m3.

Arqueología naval: Parte de la arqueología que se dedica a estudiar los barcos antiguos y sus pertrechos.

Arraigadas: Cabos, cadenas, o cabillas de hierro que aguantan las obencaduras de los masteleros.

Arraigado: Se dice del extremo de un cabo hecho firme de la propia amarradura o punto en que se afirma.

Arranchar: Pasar lo más cerca posible de la costa o de un bajo.
Poner algo en orden.
Cazar mucho una vela.

Arrastre: En la pesca, arte de arrastre.

Este arte puede ser llevado por un barco solo o por una pareja de barcos.

Es un sistema de pesca destructor que a pesar de estar reglamentado no está debidamente vigilado.

Estas artes son una de la causa principal de la extinción progresiva de los bancos pesqueros, y mayormente de las mejores especies: lenguados, rodaballo, lubina, etc.

Los peces ponen, casi todos, huevos de tipo pelágico, es decir, flotantes. Desde su desarrollo, los alevines se reúnen por millares en las praderas de algas cercanas a las costas donde encuentran el agua más templada y más cantidad de plancton. Otras especies ponen los huevos directamente en las algas.

Aquí es donde los arrastreros vienen a tender sus aparejos con el fin de capturar a los reproductores. Las artes de arrastre arrancan la vegetación de algas, revuelven el fondo, aplastan a los alevines por millones y espantan a los reproductores que no consiguen capturar, que emigran de la costa para no volver jamas.

A pesar de las medidas tomadas con el fin de que los

arrastreros desarrollen su labor a determinadas millas de la costa. Con todo esto, no es raro de ver como las barcas de arrastre pescan dentro de las bahías, en las playas y en las praderas de algas de escasa profundidad, sin que se den cuenta que están labrando su propia ruina y miseria.

A todo esto las administraciones, por lo general, miran para otra parte sin poner ningún remedio al desastre.

Arrastrero: Embarcación destinada a la pesca de arrastre.

Arreciar: Dícese cuando aumenta la fuerza de la mar o del viento.

Arrecife: Banco de piedras que puede o no estar cubierto por las aguas, cerca de la costa o en alta mar.

Arrejear: Dícese cuando se fondea con tres anclas, una por la popa y dos por la proa.

Arriar: Aflojar, algo, un cabo, cable o cadena.

Bajar las velas, vergas u otros objetos.

Arriada a la australiana: Es una forma de arriar el spinnaker tras quitar el tangón. La vela se mantiene completamente hinchada sin el tangón mientras se traslucha y se arría dejándola en bandera al orzar y ganar arrancada en el nuevo tramo de ceñida.

Arribada: Llegada de una embarcación a un puerto.

Arribar: Meter el timón a la banda para que el barco vire hacia sotavento.

Virar el barco hacia sotavento o aumentar el ángulo de su proa con el viento.

Arridar: Tesar o halar la jarcia.

Arriero: Dícese del viento frescachón que recibe un velero a un largo durante unos días.

Arronzar: Dícese cuando una embarcación cae mucho a sotavento.

Arrufo: Curvatura de la cubierta o la quilla de modo que proa y popa queden más altas que el centro.

Arrumbamiento: Rumbo siguiendo la dirección de una costa.

Arrumbar: Maniobrar para tener dos puntos de la costa enfilados.

Navegar en paralelo a una costa.

Arsenal: Ensenada, puerto o recinto portuario destinado a construir, armar, reparar, etc. los barcos de guerra.

Arte: Redes y útiles empleados en la pesca.

Artimón: Nombre que recibe el palo de mesana y su vela de cuchillo.

Ascensión recta: Dícese del arco de ecuador celeste contado desde el primer punto de Aries hasta el máximo de ascensión que pasa por el astro.

Se cuenta de occidente a oriente y de 0 a 24 horas.

As de guía: Nudo muy practico por su sencillez y seguridad, empleado generalmente en amarras y distintos usos.

As de guía para lazo o ahorca perros: Se construye sobre el as de guía normal pasando el firme por dentro del seno.

As de guía por seno: Se realiza doblando el cabo por su seno y dando un cote alrededor de este pasando ambos chicotes por dentro del seno.

Asegurarse: Amarrar bien el buque para que no se suelte.

Asidero: Cabo o sirga que se emplean en hacer ir una embarcación, cerca de la orilla y a lo largo de la misma, halando desde tierra.

Asiento: Dicese de la diferencia entre los calados se popa y proa.

Asistencia: Ayuda prestada por un barco, o un remolcador, a otra embarcación en peligro. La diferencia que existe entre la asistencia y el salvamento es que el auxilio cuenta con la colaboración del barco en peligro y que este, durante el mismo, mantiene la capacidad de maniobra.

Asocairarse: Ponerse al socaire o abrigo de algún lugar como cabo, cala o punta que ofrezcan resguardo.

Asta: Palo con poca inclinación o vertical que se emplea para izar banderas, insignias, gallardetes, grimpolas, etc.

Astilla muerta: Subida de las ramas de las varengas sobre el canto alto de la quilla.

Astilla viva: Dícese de la parte de las cuadernas que van por encima de la línea de arrufo de astilla muerta, y en particular en los delgados de proa o popa.

Astita: Dícese cuando se trata del mastelero de juanete de sobremesana.

Astillero: Lugar dedicado a la construcción y reparación de embarcaciones.

Astro matutino: Es un planeta, generalmente Venus, cuyo orto sucede justo antes del amanecer.

Astronomía náutica: Rama de la astronomía que permite al navegante a través de su conocimiento determinar la situación de la embarcación por la observación a los astros, así como el rumbo a seguir.

Atagallar: Navegar una embarcación con la mayor cantidad de vela posible.

Atajaaguas: En los barcos de madera, cuña que se pone a presión en alguna junta de la obra viva con el fin de tapar una vía de agua.

Ataque, De los peces: En el mar, el ataque de los peces es brutal. Ciertas especies como la lisa y la chopa, chupan en lugar de morder. Se precisa, pues, conocer bien el toque para esperar el momento oportuno de tirar, pues sin su conocimiento se producen muchos fracasos. Para los demás peces más o menos voraces, el enganche suele coincidir con el toque a veces de un modo brutal como el congrio, lirio, etc.

Atarraya: Dícese de una red circular que se lanza y cobra a mano, que se emplea en capturar peces pequeños desde la playa.

Atarazana: Astillero, arsenal.

Atemporalado: Dícese cuando el viento sopla con toda la fuerza propia de un temporal.

Aterrada: Recalada.
Atracada o aproximación a tierra.

Aterrado: Se dice a la embarcación que navega muy cerca de tierra.

Aterrar: Recalar y acercarse a tierra.

Atoaje: Dícese cuando una embarcación es llevada a remolque por uno o varios botes de remo.

Atolón: Arrecife de coral con forma anular que dispone de una laguna de agua dulce o salda.

Atorarse: Dícese cuando un cabo se atasca en la cajera de un motón o por otro lugar por donde pasa. También se aplica al atascamiento de un cable o cadena.

Atormentar: Se dice de la acción perjudicial que pueden producir en las embarcaciones la altura y fuerza de las olas, la fuerza e intensidad del viento, el exceso de vela y alguna otra causa.

Atracada: Dícese a la acción de atracar de una embarcación a cualquier parte.

Atracada holandesa: Es aquella violenta que se realiza por defecto de maniobra.

Atracada a la rusa: Es aquella que por mala maniobra realizada, la proa de una embarcación queda en dirección de la popa a cuyo costado se ha atracado.

Atracadero: Lugar, donde sin peligro, pueden atracar las embarcaciones pequeñas.

Atracar: Arrimar el costado de una embarcación a un muelle, al de otro barco o a cualquier parte que sea posible.

Atraque: Lugar en un pantalan, muelle u otra instalación donde pueda amarrarse una embarcación.

Atraso: Intervalo de tiempo que se encuentra atrasado el cronómetro respecto a la hora del primer meridiano.

Atravesado: Dícese del barco que recibe el viento o la mar por el través.

Viento a la cuadra o de través.

Atravesar: Se dice cuando se pone la embarcación en facha o de modo que recibe por el través el mar o el viento.

Atravesarse: Poner la embarcación con el costado o perpendicular a una dirección.

Poner en facha, al pairo, a la capa etc., u orzar hasta que las velas flameen.

Cambiar el viento en una dirección perpendicular a la que llevaba.

Atreverse: Maniobra que consiste en situar el barco de modo que su costado quede perpendicular a una dirección determinada.

Atún: *(Thunnus thynnus)*. Llamado también atún rojo. Este pez es el más bello de la familia de los Escómbridos, Alcanzan en el Mediterráneo pesos superiores a los 300 kilos.

Estos escómbridos son muy comunes en el Mediterráneo y sus movimientos migratorios dan lugar a grandes pesquerías. Desgraciadamente estas migraciones cada vez son menos numerosas y las almadrabas que antiguamente existían gran cantidad de ellas han ido desapareciendo poco a poco.

Aunque sea también común el atún grande *(Thynnus*

thynnus) la especie más extendida es el atún de aletas cortas *(Thynnus brachypterus)*, de talla francamente menor, como máximo de I, 20 metros de largo.

Parece ser, que los atunes mediterráneos no son los mismos que los del Atlántico, o sea, que no se establecen intercambio entre los dos dominios. Se cree que los atunes mediterráneos se reproducen siempre en las mismas zonas, como por ejemplo la del estrecho de Messina y que viajan en grandes bandas a la busca de bancos de peces pequeños y en particular de las sardinas de los que se nutren. Es así como van desfilando los pequeños individuos, de entre dos y 20 kilos, por las costas del golfo de León, siguiendo por la costa española, pasando a las de Africa del Norte, donde los ejemplares de entre 200 y 250 kilos no son ninguna excepción. Los mayores ejemplares de más de 400 kilos, parecen encontrarse en el Mediterráneo oriental del lado del Bósforo. Estos peces, por enormes que parezcan, son aún muy inferiores a los atunes gigantes que se hallan en Nueva Escocia y en la costa noratlantica, donde se han llegado a capturar ejemplares de hasta 600 kilos.

Aurora austral: Se produce en el sur y consiste en un tenue resplandor causado por partículas del espacio cargadas eléctricamente.

Aurora boreal: Se produce en el norte y consiste en un tenue resplandor causado por partículas del espacio cargadas eléctricamente.

Autoadrizante: Cualidad que tienen ciertas embarcaciones de salvamento, particularmente aquellas adscritas el servicio costero. que al volcar se adrizan automáticamente y se encuentran en condiciones de proseguir la marcha en un tiempo de 6 a 8 segundos.

Autonomía: Distancia que puede recorrer una embarcación sin necesidad de abastecerse.

Auxilio: Socorro en el mar.

Ayuda que se presta a una embarcación en peligro.

Avante: Adelante o delante.

Voz de mando para que se empiece a mover la máquina para hacer avanzar la embarcación.

Aventar: Arriar o aflojar las escotas de las velas en viento.

Avería: Daños sufridos por el buque o su carga.

Avería simple: Gastos y perjuicios hechos en el barco y su cargamento que no hayan redundado en beneficio de todos los interesados en la expedición marítima.

Avería gruesa: Se trata de gastos causados deliberadamente para salvar la embarcación, su cargamento o ambas cosas a la vez, de un riesgo conocido y efectivo.

Aviar: En los barcos de madera, preparar los cantos de los tablones para calafatearlos.

Hacer el último repaso de calafatearía a las costuras.

Aviso a los navegantes: Publicación periódica con noticias sobre estado de la mar, balizamiento, naufragios, peligros y todo aquello que pueda contribuir a la seguridad de la navegación.

Aviso de temporal: Mensaje meteorológico que advierte a cerca del riesgo que existe en una determinada zona debido a los fuertes vientos existentes.

Avistar: Alcanzar con la vista un objeto distante.

Avurnave: Contracción de la frase A*viso urgente a los navegantes*.

Ayustar: Unir dos cables, cadenas o cabos por medio de costuras o nudos.

Azafrán: Todo el conjunto de la pieza que forma la pala del timón.

Azimut: Angulo del horizonte contado desde el meridiano hasta el semicírculo vertical que pasa por el astro.

Azocar: Apretar bien un nudo, trinca o cualquier clase de amarre.

Azorrarse: Dicese cuando una embarcación navega tumbada por llevar demasiada vela o carga.

Azote: Liña que consta de un fuerte anzuelo empatado en tanza de alambre o cadena, que se usa en el Cantábrico en la captura de marrajos y peces de gran fortaleza.

Azuela: Especie de hacha de mango largo que es utilizada por los carpinteros de ribera.

B

B: Bandera del Código Internacional de Señales. Es corneta de color rojo e izada significa: *Estoy embarcando o desembarcando explosivos. Llevo líquidos inflamables*.

Babor: Banda o costado izquierdo de la embarcación mirando de popa a proa.

Babystay: Estay corto que va anclado a medio palo. Su función es la de ajustar la flexión del palo y la posible bolsa de la mayor.

Bacaladero: Embarcación dedicada a la pesca del bacalao.

Bacalao: Sobrenombre que recibe la vela de estay de mesana.

Bacalao, Pez: *(Gadus callarias o gadus morhua)*. No es el pescado plano, sin aletas y salado, que conocen nuestros cocineros.

Este pez es el mayor de los gádidos. No es frecuente más que en las aguas frías. En los puertos del canal de la Mancha y del Mar del Norte, no se pescan más que ejemplares de pequeñas tallas, como máximo de 2 kilos de peso. Dependiendo de su talla, los bacalaos visitan los puertos del canal de la Mancha y del mar del Norte en diferentes épocas el año. Las tres estaciones previstas son:

De noviembre a marzo: bacalaos pequeños.

De abril a junio: Bacalaos medianos.

De julio a octubre bacalaos más grandes.

El aparejo será conveniente adaptarlo a la talla del bacalao.

Cebos: Los más apreciados son los gusanos arenícolas, cangrejo blando que se tendrá que sujetar al anzuelo, pulpa de navaja, berberecho, etc.

La pesca se realiza sobre embarcación fondeada, levantando un poco el anzuelo del fondo y dando pequeños tirones para que el cebo parezca vivo.

La pesca al currican no es productiva.

Backstay: Es un cable de acero hecho firme en popa que aguanta el palo en el sentido proa-popa e impide que caiga hacia proa. Debe estar siempre bien ajustado para el buen comportamiento del palo.

Bacoreta: *(Euthynnus allethynnus)*. Pez de la familia de los escombridos, y por lo tanto de pescado azul como el atún la caballa etc.

Las características son: pedúnculo caudal con 7-8 pínulas en el borde superior e inferior y todas muy próximas. Cuerpo con bandas irregulares en el dorso y con 3-4 pintas oscuras.

Mide aproximadamente un metro y su peso es de unos 10 12 kilos. Vive cerca de la costa.

Su pesca es al currican.

Badaza: Nombre que reciben cada una de las piolas cosidas en la relinga del grátil de las bonetas y que servían para unir a su correspondiente vela cuando se quería agregar más trapo a la misma.

Badila: Salabre pequeño con malla muy fina y mango largo utilizado para la pesca del camarón.

Pala redonda que se emplea par marisquear.

Bahía: Extensión importante de mar que penetra en la costa y tiene una boca de anchura muy variable.

Las bahías pueden ser cerradas o abiertas, dependiendo el abrigo que ofrezcan a las embarcaciones.

Bajamar: Altura mínima de la marea. Se llama *Bajamar escorada* a las mareas de sicigias.

Bajamar escorada: Es la que se produce en las mayores mareas sicigias cuando el Sol y la Luna tienen sus respectivas declinaciones. Es el *Datum* o cero hidrográfico en las cartas náuticas españolas siendo su coeficiente el 1,18.

Bajar: Dícese cuando la costa es más baja con relación a otros puntos inmediatos.

Cuando la marea desciende.

Descender en latitud.

Bajel: Nombre genérico de cualquier embarcación.

Bajo: Lugar donde se eleva el fondo del mar hasta muy cerca de la superficie donde el paso sea peligroso o incluso lo impida por su pequeña sonda.

Bajo liña: Trozo de cordel o hilo que se pone en algunos aparejos entre la línea principal y la tanza.

Bajura, Pesca de: Tipo de pesca que se realiza muy cerca de la costa.

Balance: Movimiento alternativo de una embarcación hacia uno u otro de sus costados.

Balanceador: Embarcación que tiende a moverse de costado.

Balanceo: Dícese cuando una embarcación se balancea.

Balancera: Aparejo a modo de columpio que se usa a veces en las embarcaciones para evitar los balances de una mesa, una cama, etc.

Marco por lo general de madera que se usa para impedir que se caigan de las mesas los objetos depositados en ellas, con los movimientos del barco.

Balancero: Embarcación propensa a moverse de costado.

Balancín: Aparejo de mano con liña madre terminada en una varilla que pende horizontalmente y en cuyos extremos van las tanzas que llevan sus anzuelos. La plomada siempre es central.

Anillo de la suspensión cardán de la aguja náutica.

Arte de pesca formando por un alambre o aro metálico del que penden los anzuelos...

Balandra: Barco de cubierta con palo, vela mayor cangreja, escandalosa y varios foques.

Chalana utilizada en holanda con vela cangreja, foque y palo abatible para que pueda pasar por debajo de los puentes.

Balanza: Arte de pesca formado por una red cuadra sostenida por sus ángulos por dos varillas flexibles cruzadas, que se emplea en la desembocadura del río segura.

Balandro: Embarcación deportiva o yate de recreo con aparejo compuesto de una vela mayor Marconi y un foque. Este género de aparejo está muy extendido y es muy corriente su utilización en los veleros de regatas.

Balanza: Arte de pesca formado por una red cuadra sostenida por sus ángulos por dos varillas flexibles cruzadas, que se emplea en la desembocadura del río Segura.

Balanza de inclinación. Artilugio montado con una aguja magnética en libertad de oscilar alrededor de un eje horizontal, que se utiliza a bordo de las embarcaciones en la compensación del desvío de escora.

:

Balcón: Armazón de acero que forma una barandilla de

protección en la proa de una embarcación.

Balde: Cubo bajo y ancho que se emplea a bordo para baldear.

Baldear: Arrojar agua a la cubierta para limpiarla de sal y suciedad.

Baliza: Señal fija y flotante que se emplea en señalar peligros, puntos de recalada, márgenes y ejes de canales y otras indicaciones de interés para la navegación.

Balizamiento: Dícese del conjunto de señales fijas y flotantes destinadas a facilitar la navegación.

Balón: Vela embolsada y muy ligera que se larga por la proa en especial en regatas y con vientos portantes, amurándola a un tangón guarnido a la cara de proa del palo.

Balsa salvavidas: Balsa o flotador neumático al que se le coloca un toldo de protección que en caso de tener que abandonar el barco, se tira por la borda hinchándose automáticamente al contacto con el agua.

Baluma: Lado de una vela o caída de popa de una vela triangular o de cuchillo, como un foque o una Marconi.

Ballena: Gran cetáceo que comprende numerosas especies: ballena boreal *bal. Mys. Borealis.)*, Ballena Austral *(bal. Mys. Austyralis.)*, cuya variedad es la ballena del Japón *(bal mys. Japónica)* y que tiene una mancha blanca en el cuello.

Ballenas: Son grandes láminas que los cetáceos *mistacocetos.* Poseen en la cavidad bucal, para retener y filtrar los pequeños organismos marinos de que se nutren.

Ballenato: Gran cetáceo algo diferente a las ballenas. Este cetáceo tiene la piel estirada, en la cara ventral, tiene también una aleta dorsal, se sumerge a más de 100 metros, es más rápido y vivaz que las ballenas y de tipo más alargado. El mayor de los ballenatos es el Sibbald *(balenoptera* *sibbaldi),* que puede medir hasta 30 metros de largo por solo 2,5 metros de ancho.

Existe otro tipo de ballenatos más comunes en casi todas las costas como por ejemplo el ballenato megáptero de *Boops,* que tiene una cola y unas aletas formidables el hocico ornamentado con gruesos tubérculos peludos.

El más pequeño de los ballenatos es el ballenato con hocico apuntado *(bal. Rostrata);* que se ven con frecuencia y a veces en manadas en muchos mares.

El nombre de ballenato se aplica tanto a los ejemplares jóvenes de ballena, como a las especies del género Balcenoptera, completamente distintos y que son del género Balcena.

Ballenero: Embarcación dedicada a la pesca de la ballena.

Ballestilla: Antiguo instrumento náutico que se empleaba en medir las alturas de los astros sobre el horizonte. Se componía de una barra de madera graduada a lo largo de la cual corría perpendicularmente otra de menor longitud que formaba cruz.

Ballestrinque: Ligada que se realiza con una vuelta redonda, dejando el seno por encima de uno de los chicotes; luego con el otro y en igual sentido se da una segunda vuelta redonda, metiéndolos por debajo del seno.

Banana: Vela de estay muy embolsada, en el triángulo proel y amurada en la borda de barlovento, entre el balón y la vela mayor de los barcos de regatas.

Bancada: Piezas que sirven de apoyo a un motor u a otra máquina.

Banco: Cantidad de peces que van juntos y que pueden ocupar extensiones de varias millas.

Bajo alargado de arena, conchas fango, etc.

Banda: Dícese a cada una de las mitades de una embarcación partiendo del plano vertical que pasa por el centro de la quilla llegando a los extremos de proa y popa.

Banda de escora: Lonas o tablas que se colocan en las literas para que la tripulación no caiga cuando esté durmiendo y el barco escora.

Bandazo: Balance brusco, inesperado y de bastante amplitud que da una embarcación.

Bandera: Insignia de tela sujeta por un asta izada sobre algún sitio visible y que por sus colores, escudo o dibujo expresa y representa al país de la embarcación que la arbola.

Bandera blanca con un aspa de color rojo: Significa aisladamente: *Necesito auxilio*.

Bandera cuadra y debajo una bola: Señal de peligro y necesidad de ayuda.

Bandera cuadra y encima una esfera o bola negra: Señal de peligro y necesidad de ayuda.

Bandera de corneta con colores azul y blanco en vertical: Es la que se emplea cuando se trabaja con buzos para que las embarcaciones naveguen con atención y no se acerque.

Bandera de corneta color rojo: Se emplea para la carga y descarga de materias explosiva o peligrosa.

Bandera de práctico: Cuadra con dos franjas verticales, blanca roja y blanca, la blanca al lado de la vaina. Izada aisladamente significa: *Tengo práctico a bordo*.

Bandera N sobre **C**: Señal de peligro, que necesita ayuda.

Bandera nacional: En los yates lleva una corona real en su centro negra o azul.

Bandola: Arboladura de fortuna que se arma con las perchas disponibles después de haber desarbolado.

Bañera: Espacio existente a popa de las embarcaciones donde va el timoner y la caña del timón.

Bao: Cada uno de los maderos o perfiles metálicos dependiendo del tipo de fabricación que a cierta distancia, atraviesan de babor a estribor, las embarcaciones, sosteniendo las cubiertas y reforzando los costados.

Barajar: Dícese cuando una embarcación navega muy cerca de la costa y en paralelo, separándose si existe peligro y volviendo a navegar otra vez de la misma forma.

Barandilla: Conjunto de candeleros y pasamanos en los costados de una embarcación, toldilla o puente, para salvaguardar las caídas al agua.

Barbas de gato: Uno de los métodos de fondeo de una embarcación realizada con dos anclas dispuestas a cierta distancia una de la otra de modo que sus cadenas formen un ángulo entre 90 y 120°.

Barbiquejo: Cables o cabos gruesos empleados en afirmar el bauprés desde varios sitios.

Barboten: Dícese a la rueda cuya corona lleva una serie de ranuras en las que engarzan los eslabones de la cadena del ancla para tener mayor facilidad al elevarla.

Barbotin: En los cabrestantes y molinetes, corona de acero moldeado en la que se engranan sucesivamente los eslabones de la cadena del ancla.

Barca: Nombre genérico que se da a una embarcación menor dedicada a la pesca, trafica portuario etc.

Barcaje: Dícese del transporte realizado por una barca y también del coste del mismo.

Barcarola: Canción marinera que tiene un ritmo que imita el movimiento de las olas.

Barbillas: Pequeñas extensiones pilosas de la mandíbula inferior de ciertos peces, tales como el bacalao. Contienen receptores sensitivos para el gusto u olfato y el tacto.

Barcaza: Embarcación grande empleada en la carga y descarga de buques o en servicios portuarios y que generalmente no tiene propulsión mecánica.

Barco: Nombre genérico de toda clase de embarcaciones.

Bárdago: Cabo grueso y fuerte que hace de amante en el aparejo de contra de la botavara.

Barloa: Cabo que se emplea para amarrar por la popa y por la proa a dos barcos abarloados.

Barloar: Abarloar.

Barloventear: Dícese cuando se navega de bolina en bordadas sucesivas.

Avanzar en contra de la dirección del viento.

Barlovento: Lugar de donde viene el viento con relación a un punto determinado. En una embarcación, costado o banda que está encarada al viento.

Barógrafo: Aparato que registra la presión barométrica.

Barómetro: Aparato que mide la presión atmosférica. Se dividen en dos grupos, de mercurio y aneroides o metálicos.

Barómetro aneroide: Es el que funciona con fuerzas elásticas en lugar del mercurio para medir la presión. No tiene tanta exactitud como el mercurio, pero resulta más práctico.

Barquear: Dícese cuando en los ríos o en los puertos se hacen traslados de una aparte a otra de los mismos.

Barquero: Nombre que se da al que gobierna una embarcación dentro de un puerto o ensenada.

Barra: Banco de fango o arena de un río o ría, que dificulta la navegación, en especial cuando la marea está baja.

Barra de escota: Carril por el que se desliza el escotero de la mayor.

Barra de Flinders: Barra de hierro blando que, colocada en la bitácora, sirve para contrarrestar el compás, contrarrestando el magnetismo del barco. Matthew Flinders, descubrió que todo barco tiene una carga de magnetismo inducido y la barra tomó el nombre un su honor.

Barrer: Dícese cuando el viento barre las nubes y deja claro el cielo.

Barriga: Saco que se forma en una vela por haber dado mucho de sí o defecto del corte.

Barrilete: Nudo que se hace en forma de diminuto barril, que se utiliza para que un cabo no se escape por el agujero que ha sido pasado.

Barrón: Escotero que va afirmado en las proximidades del espejo de popa para guarnir el aparejo de escota de la botavara.

Basada: Instalación sobre la que descansa la embarcación cuando está en grada dispuesta para la botadura.

Base media: Zona marítima limitada por enfilaciones que dan una distancia muy exacta y que se utiliza para efectuar las pruebas de velocidad de las embarcaciones.

Base naval: Puerto abrigado donde las fueras navales están durante los períodos de instrucción o inactividad.

Bastarda: Vela mayor latina que llevan las embarcaciones que navegan con este aparejo.

Bastardo: Dícese del cabo que une las dos quijadas de una boca de cangrejo.

Batafiolar: Nombre que se le da al aferrar velas en un aparejo latino.

Batea: Embarcación de forma rectangular que se emplea en trabajos portuarios o de ríos, con los fondos, costados de popa y proa completamente planos.

Batel: Bote de dos proas utilizado en los puertos de Vizcaya y Guipúzcoa, se utilizaba también en la pesca de bajura.

Batemar: Tablas que en los veleros se ponían desde el canto exterior de guarnición a los costados para protegerlos de los golpes de mar.

Batería: Deposito de energía que utilizamos para poner en marcha el motor y otros aparatos de a bordo que necesiten de su energía eléctrica.

Batículo, ala de: Especie de ala, por fuera de la botavara, a popa.

Batidor: Cabo pequeño utilizado en las velas de los faluchos que iba desde la pena al puño de escota, dentro de la misma lona.

Batir: Dícese cuando la mar o el viento chocan contra el barco, muelle o la propia costa.

Batiscafo: Embarcación completamente estanca dedicada a reconocimientos en grandes profundidades.

Batisfera: Esfera estanca diseñada para descender a grandes profundidades.

Batoideos: Grupo de peces que comprende las diversas variedades de torpedos y rayas.

Bauprés: Palo grueso que sale de la proa en mayor o menor ángulo con relación al horizonte. A él se hacen firmes los estays del trinquete y amuran los foques. Dada su importancia se le llama llave de la arboladura.

Bautismo de mar: Ceremonia tradicional a bordo de los barcos, cuando pasan el ecuador, y en la que se bautiza al que lo cruza por primera vez.

Bautizo de un buque: Ceremonia y fiesta que se realiza al imponer al barco su nombre antes de botarlo al agua.

Bazo: El bazo de buey, y en su falta, el del cordero, salado, es un cebo de gran interés para ciertas pescas, a causa de sostenerse bien sobre el anzuelo y mantener un aspecto apetitoso a pesar del acoso a que lo somete la morralla. Se emplea con mucho éxito para la pesca de la chopa.

Beaufort, escala de: Ideada por el almirante inglés Sir Francis Beaufort para expresar la fuerza del viento.

Beber: Dícese del barco que embarque agua por encima de la borda.

Bene: Fuertes garfios de acero, que emplean los pescadores de atún; se fijan el garfio a la muñeca con un cordel, y una vez hecha la leva y los atunes encerrados, los hieren con fuerza, guiando el salto producido por el dolor para meterlos a bordo.

Bengala: Artefacto de pirotecnia que produce la luz de este nombre. Las de color rojo se utilizan para pedir auxilio en la mar.

Berberecho: *(Cardium edule).* Molusco muy común, que se encuentra en casi todas las costas. La concha tiene las balbas semejantes, con costillas. Su talla máxima es de 5 centímetros. Marisqueo. Al igual que la almeja, el berberecho hace pequeños orificios en la arena, por los cuales aspira. Con frecuencia quedan tan cerca de la superficie, que se le descubre por los abombamientos que se producen en la arena, pudiéndolos coger fácilmente con la mano.

A veces es tan abundante, que con un rastrillo se pueden recoger grandes cantidades. Para marisquear provechosamente, lo mejor es enterarse de las zonas de playas que fueron explotadas y abandonadas luego en los años anteriores; los supervivientes habrán tenido tiempo de repoblarlas y de hacerse hermosos. Al aficionado, más que coger muchos, le interesa encontrar ejemplares bellos...

Los berberechos tienen el inconveniente de contener arena en su interior. Antes de cogerlos, por tanto, conviene dejarlos en agua de mar durante veinticuatro horas, para que se limpien. No es conveniente dejarlos más tiempo, porque, una vez extraídos de la arena viven poco tiempo.

El berberecho también es un buen cebo para muchas especies. Dos son las especies lo bastante abundantes para ser mariscadas con utensilios especiales, en las playas que son fangosas, el berberecho propiamente dicho y el marolo *(Cardium aculeatum),* muy parecido al berberecho pero de mayor talla.

Bergantín: Velero de dos palos que va aparejado con velas cuadras.

Bermudina: Vela triangular más conocida por Marconi que va envergada al palo mayor y a la botavara.

Bermudino: Aparejo con los palos preparados para envergar velas del tipo Marconi o bermudino.

Berreadero: Fondeadero sin abrigo en el que ruge el viento y la mar.

Besar. A: Se dice de la acción de acercar un objeto a otro hasta que llegue a tocarlo y a unirse a él.

Besuguera: Recibe este nombre una embarcación utilizada en Galicia para la pesca del besugo, por medio de palangres.

Besugo: *(Pegellus bogarabeo).* Esta variedad de besugo de pequeña talla, común en el Atlántico, parecido al *besugo de Laredo,* del que solo se distingue por la falta de una mancha negra al comienzo de la línea lateral.

El besugo ofrece al aficionado una pesca entretenida; Se captura casi siempre desde una embarcación, y muy pocas veces se acerca a la costa.

En otros tiempos constituyó una fuente de riqueza entre los pescadores, su abundancia era tanta, que, aún con pequeñas embarcaciones se lograban pescas magníficas. Hoy ha disminuido mucho debido a la pesca intensiva de las artes de arrastre. No obstante, y a pesar de su gran disminución, aparecen aun en bandadas bastante numerosas, y proporcionan al aficionado una pesca muy divertida.

Pesca a flote. El besugo se captura a flote, pero solo con el tipo de pesca estacionaria. No hay que pescarlo al azar, sino dedicarse a reconocer las zonas que frecuenta; si se carece de informes, buscarlo en los bajos, arrecifes submarinos y remolinos.

Cebado. Como casi siempre, lo mejor para el cebado o grumeo es la cabeza de sardina macerada. En este caso, operar a profundidad. Hacerlo con una red de malla muy fina, o mejor aun, una arpillera, de tejido flojo, en la que se introduce la papilla de las cabezas de sardina con una piedra de lastre. Se hace descender el saco a media profundidad por la proa, si se pesca por la popa con lo que uno se encuentra en la zona de grumeo, sin correr peligro de enganchar con el saco durante la pesca. De vez en cuando se sacude un poco el saco, con el fin de facilitar salida del cebo por entre las mallas de la red.

Aparejos. La caña es el aparejo por excelencia, tiene que ser corta y bastante rígida.

Cebos de anzuelo. El mejor sin discusión es la tripa de sardinas, es conveniente vaciar la tripa de la raba que le acompaña. No hay que poner mucho. A continuación la cabeza de sardina, luego los gusanos de arena, la lengüeta de caballa y o en su defecto el blanco de besugo. A falta de otra cosa mejor, puede servir la mecha de atún o, como último recurso, un cangrejo blando. También se puede emplear de cebo el primer besugo pescado que da grandes resultados.

Laboreo de pesca. Si se está sobre un bajo de rocas pequeñas, fondear en cualquier sitio; pero si las rocas son muy grandes, procurar que la embarcación quede fondeada pasando un poco la zona rocosa por la parte costera. En efecto detrás de estas rocas se producen remolinos, donde suelen acogerse las bandadas de besugos para estar al abrigo de las corrientes.

Montar la liña y cebarla, e ir calando metro a metro hasta que el toque final se produzca. Cuando llegue este momento arriar las liñas a la misma profundidad.

Cuando el besugo mordisquea y no tiene ganas de picar, es conveniente montar unos anzuelos muy pequeños y con muy poco cebo.

Besugo de Laredo: *(Pegellus cantabricus).* Es un pez que alcanza los 60 centímetros con un peso de 2 a 4 kilos que se reconoce por la presencia de una mancha negra al comienzo de la línea lateral, único detalle que permite distinguirlo del besugo propiamente dicho.

Es un pez de arrastre, de grandes fondos, que no se acerca a la costa más que cuando es joven, y entonces es cuando se puede coger.

Beta: Nombre que se da a un cabo que no tiene nombre definido y que es usado en los aparejos.

Arte de pesca que consiste en una red de fondo, utilizada en Provenza en las marismas para la pesca de bogas y caballas.

Betis: Nombre que antiguamente tenía el río Guadalquivir.

Betún: Nombre que recibe una mezcla de brea, alquitrán, etc. que se utiliza para conservar los fondos de las embarcaciones de madera y la arboladura.

Bígaro: *(Littorina littorea).* Este pequeño caracol de mar, universalmente conocido, es uno de los mejores moluscos. Se cuece en agua muy salada muy pocos minutos.

El marisqueo es muy sencillo, pues se recoge directamente. Se encuentra a veces en las rocas peladas, pero en estos lugares suele ser muy pequeño, donde mejor se encuentran es en las grandes praderas de algas, principalmente *zosteras.* En estas praderas es fácil encontrar grandes colonias de bígaros que se alimentan de las algas.

Bigotes: Nombre que reciben las olas cubiertas de espuma que se levantan a proa de una embarcación cuando navega a velocidad muy elevada.

Bichero: Asta larga con un gancho de hierro, latón o plástico en uno de los extremos, que se utiliza en las embarcaciones menores para atracar, desatracar y otros usos.

Bioluminiscencia: Luz emitida por organismos vivos, vista por las noches en aguas tropicales.

Biso: Fuerte material en forma de hebras segregado por algunos animales marinos, como los mejillones y algunos bivalvos, que les ayuda a adherirse a las superficies sumergidas.

Bitácora: Armario o caja de madera o latón, en general de forma cilíndrica o prismática fija en cubierta y en la que va montada la aguja náutica mediante suspensión cardán.

Bitas: Columnas de acero sobre una basada firme a cubierta y a ella se toma vueltas a los cabos de amarre.

Bitón: Nombre que reciben abordo todas las bitas pequeñas y en especial las bitas que se usan en las embarcaciones menores.

Bitorta: Arte de copo, que se utiliza en Málaga, que tiene una malla muy tupida y que se utiliza en la pesca del chánquete.

Biturón: Arte de forma cónica que se emplea en el río Miño para la pesca del salmón y sábalo.

Bizcocho: Pan especial sin levadura para que se conserve durante mucho tiempo llevado a bordo de las embarcaciones cuando hacen largas travesías.

Bivalvo: Molusco provisto de dos valvas. Las almejas, los mejillones, las vieiras, las ostras y los berberechos son buenos ejemplos de ellos. También se denominan pelecípodos o lamelibranquios.

Blando: Dicese de la embarcación que escora con mucha facilidad y tiene tendencia a caer a sotavento.

Boca: Dícese de la entrada a un puerto, río, canal etc.

Bocana: Canal estrecho entre una isla y tierra firme por el que se llega a una bahía espaciosa o puerto grande.

Bocina: Megáfono o especie de trompeta metálica que permite aumentar la voz cuando se desea hablar a distancia.
Pieza metálica a modo de revestimiento para proteger el eje de la hélice.

Bocina de niebla: Aparato que va accionado por aire comprimido, que emite señales de ruido y es empleado en embarcaciones, faros, semáforo y boyas cuando hay niebla.

Bodega: Lugar interior del barco que se destina generalmente a la carga. Se les suele distinguir por el número.

Boga: *(Box vulgaris)*. Pez muy abundante en el Mediterráneo, pero muy poco apreciado.

Bogar: Acción de introducir y sacar alternativamente los remos en el agua, apoyando en ella las palas y halando de la otra extremidad del remo en el sentido de popa a proa con intención de impulsar la embarcación hacia delante.

Bogavante: *(Homarus gammarus).* Uno de nuestros mayores crustáceos, y al propio tiempo uno de los mejores y más conocidos. Puede alcanzar una talla de unos 50 centímetros y un peso de 2,5 kilos.
Los bogavantes se pescan con nasas cebadas con diversos peces, y también, a veces, con red...
Este crustáceo existe en el Mediterráneo.

Boguera: Redes que se calan en el Mediterráneo a dos millas de la costa y en fondos de 80 metros para la pesca del salmonete.

Bola: Esfera de color negro que se emplea para prevenir los abordajes en el Reglamento Internacional de Abordajes.

Bola bicono bola: Señal de color negro colocada en vertical en las embarcaciones que tiene capacidad de maniobra restringida.

Bola de fondeo: Esfera de color negro que se coloca de día en las embarcaciones y en la parte de proa para indicar que está fondeada.

Bolardo: Pieza metálica, de fundición o acero moldeado, empotrada en la masa de un muelle y que sirve para amarrar las embarcaciones.

Bolero: Arte de pesca que se cala cerca de la costa en una línea ondulada.

Boletín meteorológico: Información sobre meteorología en general, estado del tiempo y su previsión, que se habla y escribe periódicamente para información de los navegantes.

Boliche: Arte de playa parecido a la jábega aunque de menor tamaño.

Bolinche: Arte de cerco de jareta utilizado en un principio en el país vasco y que ahora se usa en todo el Cantábrico...

Bolina: Posición que toma el buque al ceñir el viento.

Bolinear: Halar o cobrar las bolinas de todo el aparejo, después de que este esté bien braceado por sotavento.

Navegar de bolina o ceñir al viento.

Bolsa de sable: Bolsas largas y estrechas cosidas en las velas y que sirven para insertar los sables.

Bolso: Hinchazón de parte de una vela o de toda ella cuando recibe el viento por una de sus caras.

Bomba: Máquina destinada elevar o desplazar líquidos.

Bomba de achique: Bombas instaladas en las sentinas y bañeras de los buques para poder achicar el agua que pueda entrar en esos lugares.

Bonancible: Que está sereno, tranquilo, suave, apacible, refiriéndose al tiempo, a la mar o al viento.

Dícese del viento de grado 4 de la escala de Beaufort cuya velocidad o intensidad es de 11 a 16 nudos.

Bonanza: Apacibilidad, tranquilidad del tiempo o de la mar.

Bonitera: Arte de deriva que se emplea en el sur de España para la pesca del bonito.

Bonito: *(Euthynnus pelamis).* Escómbrido que alcanza una talla de hasta 1 metro de largo con el dorso azul y el vientre plateado y con trazos oscuros en los costados. Este pez antes era muy común en el Mediterráneo, pero está escaseando lamentablemente.

Es como el atún muy voraz por lo que los pescadores deportivos lo aprecian cuando hacen la pesca al curricán.

Boquerón: *(Engraulis encrasicholus).* Pequeño pez de la familia de los Clupeidos. Se conoce fácilmente porque es el único de la familia que tiene la mandíbula superior muy prominente con relación a la inferior. Se emplea en la industria conservera. Se pesca con jábega. No existe un método o arte de pesca para el aficionado.

Aunque se encuentra en el Atlántico, llegando hasta el Báltico, el boquerón es más bien un pez mediterráneo. Navega junto a las costas españolas y las del norte de África, en primavera y principios de verano. Es muy voraz.

Boqueronera: Arte de mallas tupidas destinado a la pesca del boquerón.

Boquidulce: *(Heptanchus cinereus).* Este escualo es un pez Mediterráneo por excelencia. Tiene el dorso completamente gris, con alguna mancha puntiforme con un gris más oscuro. La cara ventral es blanca. Posee un morro muy puntiagudo. Suele alcanzar los 3 metros de longitud. Es temido por los pescadores porque se enreda en las artes formando grandes desgarros en las mallas. No es objeto de pesca especial.

En Andalucía recibe el nombre de bocadú y en Cataluña xovato.

Bora: Viento del NE que se produce en el Adriático y sur de Italia.

Borda: Canto superior del costado de cualquier clase de embarcación.

Bordada: Trecho recorrido por una embarcación en posición de ceñida por cualquiera de sus amuras.

Borde: Bordo, costado exterior de la embarcación.

Bordear: Dar bordos o bordadas, navegar alternada y sucesivamente de una a otra banda o vuelta.

Bordo: Costado exterior de una embarcación que va desde la superficie del agua hasta la borda.

Bornadera: Son pies de gallo que se aplican a las rabizas que aguantan las que mantienen a flote las redes.

Boreal: Correspondiente al polo o al hemisferio norte.

Borneadero: Distancia del círculo que puede describir una embarcación que está fondeada cuando hace su giro alrededor del ancla.

Bornear: Giro que hace un barco sobre un ancla cuando está fondeado.

Cuando hacemos girar un objeto sobre un eje real o imaginario. Cuando abatimos, caemos o giramos hacia sotavento la proa de una embarcación.

Borrasca: Temporal excesivamente violento de muy corta duración.

Borrascoso: Aplícase al viento, mar y en general al tiempo tormentoso.

Borriquete: *(Serranus anthias)*. Se trata de un pez de roca que se encuentra entre los 40 y 80 metros de profundidad especialmente en el Mediterráneo. La aleta dorsal es muy cortante y su carne muy apreciada. Tiene una talla aproximada de 25 centímetros.

En Cataluña se le conoce por cabezudo o cabrit y en las Baleares se le conoce como dentó.

Booster: Vela simétrica de gran volumen y ligera, que izada en ambas amuras del estay de proa se emplea para empopadas. Es muy apropiada para empopadas largas.

Botadura: Acción de echar al agua una embarcación, instalación o aparato flotante, desde la grada en que se ha construido.

Botalón: Palo o pieza metálica larga que colocado sobre el bauprés si lo hay, sale por fuera de la proa de la embarcación en sentido longitudinal sirviendo para largar el foque siendo su nombre completo botalón de foque.

Botar: Lanzar una embarcación al agua haciéndola resbalar por la grada de construcción.

Botavara: Percha redonda o rectangular guarnida por un extremo al respectivo palo, en general paralela a la cubierta a la que se enverga una vela Marconi o cangreja que así puede ser cazada u orientada por la escota o aparejo de escota.

Bote: Embarcación menor sin cubierta siendo su propulsión a remo, vela o motor.

Bou: Barco dedicado a la pesca de arrastre con el arte de este nombre.

Boutakot, Maniobra: Maniobra de recogida de un náufrago que consiste en meter todo el timón a la banda de la caída, y cuando la embarcación haya caído unos 70º, se cambia el timón a la otra banda hasta quedar a un rumbo opuesto al primitivo.

Bovedilla: Dícese de la parte baja del casco que se encuentra entre el timón y el espejo.

Boya: Cuerpo ligero que puede mantenerse flotando en un lugar determinado para señalar un peligro, la posición del ancla, la entrada de un puerto o cualquier otra indicación.

Boya de amarre: Boya utilizada en aguas abiertas.

Boya de babor: Son las boyas que marcan el extremo izquierdo del canal y que en la zona A son rojas. En la zona B estas boyas son verdes.

Boya de cable: Es la boya que señala la posición de un cable sumergido.

Boya de campana: Boya que lleva una campana incorporada y que puede localizarse por su sonido en condiciones de mala visibilidad.

Boya de canal principal: Boya que indica cual es el canal principal cuando existen más canales.

Boya de gong: Boya que lleva un gong y que va sonando constantemente particularmente en los sitios de mucha niebla.

Boya de silbato: Boya que lleva incorporado un silbato para avisar de su presencia.

Boya esférica: Boya de forma esférica que advierte de peligros especiales.

Boya de recalada: Es la que se encuentra delante de la entrada de un puerto o canal y que sirven de referencia para entrar en ellos. Se emplean para marcas de aguas navegables.

Boya troncónica: Boya formada por dos conos, base contra base, fondeados de tal forma que un cono apunta verticalmente.

Boyarín: Boya pequeña o flotador.

Boza: Dícese de un cabo corto, firme por un chicote a un cáncamo, argolla cornamusa o cualquier otro punto de la embarcación, usado en sujetar con varias vueltas un cabo de maniobra que de otra forma pudiera escurrirse.

Trozo de cabo que se emplea en afirmar grandes anclas u otros objetos de peso.

Braceaje: Dícese cuando la profundidad del mar es medida en brazas.

Bracear: Halar de las brazas por una u otra banda para hacer girar las vergas horizontalmente hasta situarlas en la dirección que más interese de acuerdo con el viento.

Bramar: Dícese del ruido fuerte que producen el viento, la mar, la costa o la playa cuando la mar bate con furia.

Bramido: Dícese del ruido fuerte producido por el viento y la mar cuando está agitada.

Branquias: Las branquias son el aparato respiratorio de los animales marinos. También se le puede decir en las peces, agallas.

Bravo: Se dice del mar cuando está muy agitado.

Braza: Cabo o aparejo firme al penol de una verga para hacerla girar horizontalmente sobre la cruz, siempre en el sentido que convenga.

Medida inglesa de longitud que equivale a 1,829 metros y se emplea para medir las profundidades.

Brazola: Especie de marco delgado de madera, metal o plástico utilizado en la abertura de una escotilla para evitar la entrada de agua.

Bretona: Dícese cuando se capea un temporal sin ninguna vela, con el aparejo de proa en cruz y el de popa por sotavento y con el timón metido de orza.

Bricharca: Velero de tres palos con vergas en cruz, pero con la vela cangreja en la mesana.

Brisa: Se usa a menudo para indicar un viento flojito, pero se dice del viento constante del nordeste en la región atlántica tropical del norte, y del sudeste, en la misma región del sur.

Brisote: Brisa dura con mar muy fuerte y grandes chubascos. En las costas del norte de España y en Canarias, se traduce en una brisa frescachona del nordeste.

Broa: Ensenada de muy poco fondo y costa baja en la que no es conveniente internarse.

Broquer: Puerta pequeña que tienen las nasas en la parte superior.

Brótola de fango: *(Phycis phycis).* Pez que tiene una talla de entre 30 y 40 centímetros que se pesca accidentalmente en los palangres que se colocan de noche.

Vive alejado de la costa y donde lo podemos encontrar es en el Mediterráneo, en las costas Andaluzas y de Marruecos. Su carne es muy apreciada.

Brújula: Aguja náutica o compás. Aunque a bordo de las embarcaciones no se usa nunca esta voz por considerarla impropia de un marino.

Bruma: Niebla, en especial la que se forma sobre la mar.

Brumazón: Dícese cuando existe gran cantidad de bruma en el horizonte.

Brumoso: Dícese de la atmósfera y del horizonte cuando están muy cargados de bruma.

Brusca: Dícese de la forma convexa de la cubierta y de los baos en el sentido transversal que se hace para aumentar la resistencia y dar facilidad al agua para que marche en las embarcaciones.

Buccino: *(Buccinum undatum).* Bígaro muy grande, muy bueno, pero muy raro de encontrar. En Terranova lo utilizan como cebo para la pesca del bacalao. Es especie muy rara en el Mediterráneo.

Buey: Nombre que reciben en Andalucía las embarcaciones que pescan con el arte de pesca de arrastre llamado bou en

Levante.

Buey, Cangrejo: *(Cancer pagurus).* Cangrejo de excelente calidad, que vive y se desarrolla en los lugares rocosos. Su talla es superior a los 30 centímetros de ancho.

Como la mayoría de los cangrejos crece a base de mudas. Resultando un bocado estupendo cuando está lleno y muy malo cuando está vacío.

Para poder distinguir en que situación se encuentra el cangrejo, tendremos en cuenta lo siguiente:

Lleno. El cangrejo cuando está lleno se ve sucio, mate y de un color oscuro en el dorso. Algunas veces el caparazón tiene un aspecto musgoso y la base de las patas es opaca.

Vacío. Cuando el cangrejo está vacío es bonito, limpio. Sus colores son muy vivos y frescos; en algunas ocasiones la base de las patas es casi transparente.

Pesca. Este tipo de cangrejo se pesca mediante *Nasa*. Se tiene que pescar, preferentemente donde la roca descansa en la arena. La presencia del buey esta muchas veces señalada por un playita junto a la grieta donde se refugia. Si se cogen con la mano se hará por el dorso procurando que no nos coja con sus pinzas, ya que estas son de una fuerza tremenda.

Bufada: Dícese de los chubascos de viento de poca duración.

Buitrón: Arte de pesca de forma cónica y manga de malla fina usado en la pesca de albuferas y ríos.

Bulárcama: Cuadernas muy reforzadas montadas en los barcos metálicos que van intercaladas para reforzar la estructura del casco.

Bulbo: Quilla que lleva un lastre de hierro fundido o plomo que se monta para aumentar la estabilidad del velero.

Bullabesa: Extraordinario plato de pescado, Mediterráneo. La base de este plato está en el pescado de roca, siendo las especies de: *Congrio, escórpora, rascacio, serrano, gallineta, etc.*

Este plato fue en su origen un plato de pescadores de la costa. Las especies reseñadas son las que más abundan cerca de la costa. En estos momentos se le esta agregando al plato el *rape,* ya que este pescado le da un gran sabor y es agradable encontrar trozos del mismo en la sopa.

Receta. Para que la bullabesa salga buena son necesarios entre 2 y 3 kilos de pescado, del citado anteriormente.

Como condimento, pondremos entre 7 y 10 dientes de ajos, un buen manojo de perejil, 4 o 5 cebollas grandes, unas briznas de hinojo seco, cascara de naranja seca, 1 kilo de tomates frescos, pimienta, un poquito de azafrán, sal, y 1 vaso de aceite de oliva. Con estas cantidades puede salir una bullabesa para 10 personas.

Estos pescados, los limpiaremos, escamaremos, trocearemos el congrio y el rape, los meteremos en una cacerola de base ancha metiendo a la vez, los dientes de ajo, el tomate, el hinojo, el perejil, las cebollas, etc. lo rociaremos con el vaso de aceite de oliva y lo dejaremos a fuego medio durante 1 hora o más, removiéndolo con frecuencia.

En otra cazuela, pondremos a cocer 2 litros de agua, que en el momento que el pescado esté hecho, vertiremos sobre el mismo. Lo pondremos a fuego fuerte para hacerlo hervir inmediatamente y hacerlo cocer lo más rápidamente posible. Se retira del fuego vivo y se deja unos 25 minutos a fuego lento para que hierva despacio.

Pondremos el pescado sobre una fuente y echaremos el caldo hirviendo a través de un tapiz sobre unos trozos de pan frito que habremos preparado a parte.

La bullabesa está estupenda con un buen vino blanco y seco.

Buque: Vaso flotante, resistente e impermeable, dotado de medios para navegar con seguridad. A efectos del Reglamento de Abordajes, designa a toda clase de embarcaciones, incluidas las de sin desplazamiento y los hidroaviones utilizados como medio de transporte en el agua.

Buque de propulsión mecánica en navegación: Es todo buque movido por una máquina.

Buque de vela: Toda embarcación navegando a vela siempre que su máquina propulsora, caso de llevarla, no se esté utilizando.

Buque a la vista uno del otro: Se entenderá que los buques están a la vista uno de otro únicamente cuando uno pueda ser observado visualmente desde el otro.

Buque con capacidad de maniobra restringida: Todo buque que debido a la naturaleza de su trabajo, tiene reducida su capacidad de maniobra de la forma exigida en el Reglamento de Abordajes, por tal motivo, no puede apartarse de la derrota de otro buque.

Se consideran buques con capacidad de maniobra restringida los buques siguientes:

Buques dedicados a colocar, reparar o recoger marcas de navegación, cables o conductos submarinos.

Buques dedicados a dragados, trabajos hidrográficos, oceanográficos u operaciones submarinas.

Buques en navegación que estén haciendo combustible o transbordando carga, provisiones o personas.

Buques dedicados al lanzamiento o recuperación de aeronaves.

Buques dedicados a operaciones de limpieza de minas.

Buques dedicados a operaciones de remolque que por su naturaleza restrinjan fuertemente al buque remolcador y a su remolque en su capacidad para apartarse de su derrota.

Buque dedicado a la pesca: Según el Reglamento, significa todo buque que esté pescando con redes, líneas aparejos de arrastre y otros artes de pesca que restrinjan su capacidad de maniobra, esto no incluye a los barcos que pesquen con curricán.

Buque en navegación: Se aplica a un buque que no esté ni fondeado, ni amarrado a tierra, ni varado.

Buque que alcanza: Se considerará buque que alcanza a todo buque que se aproxime a otro viniendo desde una marcación de 22,5 grados a popa del través de este último, es decir, que se encuentre en una posición tal respecto al buque alcanzado, que de noche solamente le sea posible ver la luz de alcance de dicho buque y ninguna de sus luces de costado.

Buque que cede el paso: Se trata del buque que según el reglamento, está obligado a apartarse de la derrota de otro buque.

Buque sin gobierno: Según el Reglamento, se considera *buque sin gobierno,* a todo buque que por cualquier causa no pueda maniobrar como exige el mismo y por lo tanto no se pueda apartar de la derrota de otro buque.

Buque restringido por su calado: Esta expresión significa un buque de propulsión mecánica que, por razón de su calado en relación con la profundidad y la anchura disponible del agua navegable, tiene una capacidad muy restringida de apartarse de la derrota que está siguiendo.

Burda: Cada uno de los cabos o cables que en los veleros bajan desde la encapilladura de los masteleros de juanete o sobre, hacia popa y se hacen firmes a la mesa de guarnición, a las bordas o al trancanil.

Burel: Pasador de madera que se utiliza para separar los cordones de un cabo al hacer una gaza o una costura.

Burret: *(Lesueurifriesi).* Las características del burret están marcadas por una cabeza puntiaguda, papilas sensitivas entre los ojos y tiene unas pintas amarillentas en el cuerpo. Tiene una longevidad de unos 10 años. Vive en profundidades que oscilan entre los 10 y 100 metros y salvo cuando encuentra en los puertos que puede estar entre 2 y 5 metros. Se entierra en el lodo. Mide entre 12 a 15 centímetros de longitud.

Busanera: Arte de mariscar en forma de red rectangular arrastrada por una embarcación utilizada en la pesca del busano o cañadilla...

Butanero: Buque tanque que se dedica al transporte de butano y de otros gases licuados.

Buys-Ballot. Ley de: Es la que en meteorología da la dirección de rotación de los ciclones. En el hemisferio norte si el observador da la espalda al viento tiene el centro de bajas presiones a su izquierda y en el hemisferio sur, el centro de bajas presiones está a su derecha.

Buzo: Es el que se mete en el agua provisto de un aparato respiratorio.

Buzarda: Se le da este nombre a cada una de las grandes piezas curvas de refuerzo de la proa, a la que se empernan de babor a estribor. Sus ramas alcanzan hasta por lo menos la primera cuaderna.

C

C: Letra del Código Internacional de Señales representada por una bandera cuadra con cinco franjas horizontales, azul, blanca y azul, izada aislada significa *Si* (afirmativo).

Cavador: O azadilla, usado en las playas del norte de España en la pesca de la almeja.

Caballa: *(Scomber scombrus).* La caballa es un pez muy conocido por los aficionados a la pesca.

Hay una variante de la caballa la *(scomber colias)*, también llamada caballa Española. Tiene la misma talla que la otra, pudiéndola reconocer por tener sobre el dorso y los flancos, rayas negras, y manchas a base de puntos negros. Este pez es muy abundante en el Mediterráneo y escaso en el Atlántico y está sujeto a grandes desplazamientos estacionales.

La caballa siempre va en busca de aguas claras y limpias, no la encontraremos en las ensenadas con aguas turbias.

En el invierno emigran del Mediterráneo, donde la encontraremos durante el verano.

Su pesca se hace de distintas maneras, desde embarcación fondeada, al curricán e incluso desde la costa.

Pesca con curricán. La pesca con currican es una de las más entretenidas. Se puede realizar a vela y a motor a la vez que se da un paseo por el mar.

El aparejo utilizado debe ser; cucharilla, pulpitos, rápala pequeña, etc., también es muy eficaz un trozo de tela blanca. Con todos estos aparejos es conveniente montar un quita vueltas.

Cuando la caballa no quiere picar, será conveniente montar un trozo de tela blanca con dos anzuelos, el normal y otro en la misma punta de la tela y al menor toque el pez será enganchado.

Pesca. Para pescar este pez, es conveniente madrugar, para poder estar en los bancos de pesca a las primeras horas del día.

La caballa siempre se encuentra en bancos de más de media milla de largo. Cuando cesan de picar conviene dar media vuelta y seguir sin salirse del banco.

Pesca con embarcación fondeada.

Siempre se hará el brumeo con materias grasas como por ejemplo con sardinas troceadas mezcladas con arena, o tirando trozos de sardina pequeños, lo que atraerá a toda la caballa que haya por aquel lugar llegando a comer casi en la mano del pescador.

Cebo. El cebo comúnmente empleado es la sardineta pequeña, la cabeza de sardina o la propia caballa troceada o el jurel si se tiene, también troceado.

También es tremendamente eficaz, machacar sardina bien menuda y mezclarla con arena. La pondremos en una arpillera o saco de rejilla muy tupida que fondearemos por la proa para que no se enrede con los anzuelos.

Será conveniente ponerse a pescar allí donde sepamos que hay un banco de caballa que nos lo marcarán las gaviotas o las propias caballas si las vemos comer.

Empezaremos calando entre 6 a 8 brazas hasta que tengamos las primeras picadas, si no fuera así, iremos calando cada vez más profundo hasta encontrarlas.

La caballa mediterránea y su carne no son tan finas como la atlántica. Su longitud es de 35 centímetros.

En algunas regiones se le llama verat, estornino o viso.

Caballera: Arte de pesca a la deriva, de forma rectangular, con corchos en la relinga. Tiene unos 450 metros de largo por 3 de alto y malla de 2 centímetros y se usa para pescar la caballa.

Caballete: Se da este nombre al soporte usado en puerto para que la botavara cuando la embarcación está en puerto no gravite sobre el amantilllo y la parte alta del palo.

Caballo de vapor: Unidad de potencia representada con la notación internacional HP.

Caballera: Dícese del arte de deriva formado por redes rectangulares y de malla más clara que el arte de la sardina utilizado para la pesca de la caballa.

Cabeceador: Recibe este nombre la embarcación que es propensa a cabecear, sea por la estiba o por defecto de construcción.

Cabecear: Movimiento de una embarcación en el sentido proa popa al subir o bajar cada una de estas partes.

Cabeceira: Arte de pesca empleado en el río Miño para la pesca del salmón o sábalo que tiene un solo embudo interior y de forma cónica.

Cabecera: Lugar de la costa situado en el interior de cualquier bahía, ensenada o puerto y que está más lejano de la entrada a las mismas.

Cabestrera: Dícese de la cuerda que mantiene amarrada a cierta distancias las nasas u otras artes de pesca.

Cabestrillo: Cabo de unos dos centímetros de grueso, cincuenta centímetros de longitud, y as de guía en uno de sus chicotes, estando el otro firme a un cáncamo, usado por los veleros para algunos trabajos.

Cabeza: Cada una de las extremidades de las piezas de construcción de la embarcación, como el timón, codaste, palos etc.

Cabezada: Movimiento que hacen las embarcaciones en la dirección proa-popa de forma alternativa.

Cabillero: Tabla situada en las amuradas u otros lugares, que está llena de orificios donde se pasan las cabillas para amarrar los cabos.

Cabilla: Pieza metálica o de madera, con la que se encoramentan y forran, así como también, unen piezas como si fueran un clavo.

Cable: Antigua denominación del cabo de cáñamo de once a treinta y dos pulgadas de mena, y ciento veinte brazas de longitud, empleado en fondear las anclas.

Medida de longitud equivalente a 185 metros o décima parte de una milla.

Cabo compuesto por cordones de hilo de acero, que se emplea en la jarcia firme y en la volante.

Cable submarino: Usado en las transmisiones submarinas tanto telegráficas como telefónicas.

Cablegrama: Dícese del mensaje transmitido por cable submarino.

Cablero: Embarcación que está acondicionada para tender y reparar cables submarinos.

Cabo: Cualquiera de las cuerdas empleadas a bordo.

Porción de tierra que se adentra en el mar.

Cabo de boya: Cualquier cabo empleado para marcar un objeto en el fondo que esté unido a una boya. Este cabo será siempre fuerte con el fin de poder recuperar el objeto marcado.

Cabo de lanzar: Cabo muy ligero con un pequeño peso en el chicote que pueda lanzarse bastante lejos, Este cabo es utilizado cuando una amarra es demasiado pesada lanzándose en primer lugar.

Cabo trenzado: Se trata de un cabo suave y flexible con cordones trenzados que se emplea como escota.

Cabotaje: Navegación costera o tráfico de puerto a puerto por las cercanías de las costas, y tomando como guía principal los puertos y lugares conocidos de estas.

Cabotera: Se trata de pequeños trasmallos que son usados en Baleares para la pesca del chaparrudo.

Cabracho: *(Scorpena scrofa).* Este pez tiene los mismos caracteres de un mero asociados a los más salientes de la gallineta, pero con las crestas cefálicas más ricas en puntas. Su color es rojo. Su hábitat son los fondos rocosos de todo el litoral español. Se pesca generalmente con trasmallo.

Se tendrá sumo cuidado al cogerlo, porque las heridas producidas por el cabracho pueden tener cierta importancia, puesto que las espinas están bañadas por una mucosidad venenosa, este veneno desaparece al cocerlas.

Es una especie muy apreciada por que su carne es de gran calidad y sabor, siendo muy buscada en los mercados costeros. Tiene distintos nombres dependiendo de la región. En Cataluña se llama *escórpara*, en Andalucía, *rascacio* y en Baleares *cap roig*.

Cabrer: Dícese de un arte de pesca utilizado en Cataluña en la pesca de la centolla.

Cabrestante: Torno vertical para hacer mucha fuerza al levar anclas, cobrar amarras, y otras maniobras que se tengan que realizar.

Cabria: Máquina empleada en los puertos destinada al movimiento de grandes pesos.

Cabrillas: Pequeñas olas coronadas de espuma que se forman cuando el viento empieza a soplar con alguna intensidad.

Cabrillear: Dícese cuando se forman pequeñas olas coronadas de espuma blanca.

Cabullería: Conjunto de todos los cabos de una embarcación.

Cacea, A la: Método utilizado para la pesca de atunes, bonitos, caballas y otras especies desde una embarcación en marcha lanzando por la popa un curricán u otro arte.

Cacimba: Pozo que se hace en las playas para extraer agua filtrada y potable.

Cachalote: *(Physeter macrocéphalus).* Gran cetáceo, cuya cabeza contiene una gran cantidad de *espermaceti*. Se alimenta de grandes cefalópodos. Se le encuentra accidentalmente en el Mediterráneo.

Cachete: Cualquiera de las amuras de una embarcación.

Cachola: En la construcción de los veleros antiguos, cualquiera de las dos piezas curvas que formaba el cuello del palo.

Cachones: Olas que rompen en la playa.

Cachucho: *(Dentex macrophthlmus).* Es una especie muy parecida al dentón, pero de menor tamaño. Suele medir entre 25 y 30 centímetros. Tiene los ojos extremadamente grandes y el color ligeramente rojo. Se pesca al arrastre.

Cadela: *(Scrobicularia piperata).* Es un molusco bivalvo que vive en la arena fangosa de las playas. Es muy apreciado tanto crudo como cocido.

La cadela se esconde en un pequeño orificio de 4 o 5 milímetros de diámetro, que está rodeado de una superficie de largas líneas, que parten del centro como los radios de una rueda. Estos radios son producidos por el sifón del animal, que lo va moviendo en todas direcciones. Se encuentra a una profundidad de entre 8 y 10 centímetros y para extraerlo se emplea la fisga.

A este bivalvo también se le da el nombre de margarita de mar.

Cadena: Conjunto de eslabones de hierro o acero unidos entre sí.

Las cadenas de las anclas están compuestas de ramales llamados grilletes que tienen 25 metros.

Cadenas del timón: Cadenas conectadas al timón que permiten gobernar cuando falla el sistema principal de caña o rueda de timón.

Cadenotes: Son planchas metálicas que van firmes al casco a las que se guarne el tensor del obenque, burda, etc.

Caer.

Abatir, en su acepción de apartarse la embarcación hacia sotavento del rumbo que se pretende hacer o por evitar cortar la proa a una embarcación.

Caída: Ángulo de un objeto respecto a la vertical.

Disminución de la fuerza del viento o de las olas.

Caja: Espacio a proa donde van estibadas las cadenas de las anclas.

Cajera: Abertura que se practica para que tengan sitio y juego las vergas, palos, roldanas, etc.

Cala: Ensenada pequeña y estrecha que forma la mar al internarse en tierra.

Parte más baja del interior de una embarcación.

Calabazo: Dícese del aparejo de pesca parecido al palangre, que se utiliza en el norte de España para la pesca del besugo.

Calabrote: Cabo muy grueso que utilizan los barcos de gran tonelaje para amarras.

Calada: Dícese del arte de pesca utilizado en la albufera de Valencia. Tiene forma rectangular y se aguanta en estacas en ambas orillas de un canal, de tal forma que cierran el paso a los peces.

Calado: Distancia existente entre la línea de flotación y el extremo de la orza.

Calar: Hacer sumergir en el agua las redes o artes de pesca.

Caladera: Dices de las redes para la pesca de lisas que son utilizadas en las costas de Murcia.

Caldera: Cala o puerto natural muy abrigada y con mucho fondo que se utiliza por los barcos para amarrar con seguridad en sus orillas.

Caldereta: Dícese del puerto o cala natural muy pequeño y con mucho fondo que ofrece socaire y abrigo de todos los vientos.

Calado en rosca: Es el que corresponde al buque recién

botado, sin carga o arboladura.

Calafatear: Función de llenar de estopa las juntas de las tablas cubriéndolas luego con brea para hacerlas estancas.

Calar. Las redes o los aparejos: Es el momento de sumergir las redes o los aparejos. Se llama calada al tiempo que pertenecen sumergidos, unas redes, un aparejo o un anzuelo.

Calamar: *(Loligo vulgaris)*. Cefalópodo blanco rosado, que posee la pluma endoesqueleto transparente y tiene una gran aleta de forma romboidal.

Es muy apreciado y sabroso, ya sea frito, rebozado, asado, etc. También se emplea de cebo para los palangres.

Sus mayores capturas las consiguen los arrastreros. En otoño e invierno se capturan con la potera en unas profundidades que oscilan entre los 20 y cincuenta metros.

Cuando es pequeño recibe el nombre de chipirón.

Calamera: Arte para la pesca de cefalópodos que lleva un uso de plomo para que pueda bajar rápido, pintado de colores llamativos para llamar la atención de los mismos y que llevan varios anzuelos.

Calamento: Conjunto de artes que se utilizan a la vez y juntos.

Calandracas: Especie de potaje o comida que era habitual en los galeotes.

Calderada: Cuando ha finalizado la pesca, los pescadores acostumbran a condimentar una comida a base de pescado que llaman caldereta o calderada.

Existen infinitas recetas para su condimento, vamos a dar una de las que tiene mucha aceptación.

Cortaremos en rodajas unas cebollas, dependiendo de la gente que vaya a comer, que se vayan dorando en aceite de oliva. Cortar las cabezas de pescado y el pescado cortarlo a rodajas. A parte en una cazuela de tierra hacer una capa de cebollas, una capa de pescado y otra capa, con hierbas, como laurel, perejil, tomillo, romero, etc. ir haciendo sucesivas capas hasta completar la cantidad que se quiera cocinar. Rociar todo con vino blanco seco, pero que no sea ácido, salar y pimental a gusto. Cocer la calderada a fuego lento durante una hora aproximadamente.

Calderón: *(Globicephalus melas)*. Es un cetáceo que ignora el peligro, se deja que las embarcaciones se acerquen para poder arponear. Frecuenta las aguas del mar del Norte y mar de Irlanda, también es bastante común en el Mediterráneo alcanzando hasta 7 metros de largo.

Se capturan cercando los bancos de calderones y obligándoles a varar en las playas.

Caleta: Cala pequeña.

Calima: Nubes blanquecinas que oscurecen la atmósfera con tiempo seco y viento en calma.

Calimoso: Dícese del horizonte cuando está con calima.

Calma: Es el nombre que recibe el grado 0 de la escala de Beaufort para medir el viento, cuya velocidad en nudos es de 2 nudos y el estado de la mar es: La mar se encuentra como un espejo y completamente plana.

Calmar: Disminuir la fuerza del viento o del mar bien sea en todo o en parte.

Calmas ecuatoriales: Son zonas de calma y altas presiones.

Calmoso: Dícese cuando el viento es flojo e incapaz de mover una vela.

Calón: Palo de madera que se utiliza para medir el fondo de un puerto.

Calzo: Dícese de los maderos cóncavos donde se apoyan los masteleros y vergas de respeto.

Calzones: Bolsas que se forman por la vela mayor y el trinquete.

Lona utilizada en taponar una vía de agua en el casco de una embarcación.

Callar: Refiriéndose al viento o a la mar, es calmar en toda o en gran parte de su fuerza.

Callianasa: *(Callianasa laticauda)*. Es el nombre científico de una de las especies de langostino pequeño, que vive entre la arena de la playa. Es un crustáceo decápodo macruro, de la familia de los Callianásidos.

Cámara: Lugar de la embarcación que se destina al alojamiento de pasajeros.

Cámara de la muerte: Es la parte final de la almadraba, en la que quedan encerrados los atunes sin posibilidad de escaparse.

Camareta: Cámara pequeña.

Nombre que recibe el camarote de proa.

Camaronera: Arte de pesca de forma rectangular que se utiliza en la captura del camarón. Tiene 10 metros de largo por 3 de alto, y una malla de unos 4 milímetros.

Camarote: Habitación o pequeño espacio del barco destinado a dormitorio.

Cambera: Tipo de salabre destinado a la pesca de cámbaros.

Cambiar: Refiriéndose a las velas o aparejo, bracear y orientar alguna parte o su totalidad, a la banda contraria.

Camello: Armazón flotante con dos cuerpos destinado a suspender una embarcación cuando tiene que pasar por lugares de poco fondo.

Camino: Rumbo o derrota.

También sinónimo de velocidad.

Camisa: Revestimiento interior de los cilindros de los motores de combustión interna.

Campana: La que están obligadas a llevar algunas embarcaciones para hacer señales de peligro.

Campanear: Dícese cuando un objeto suspendido se mueve de un lado a otro.

Campaña: Porción de tiempo empleado por una embarcación para cumplir una función, por ejemplo pesquera.

Canal: Estrecho y comunicación entre dos océanos.

Dícese de los distintos canales que se pueden utilizar desde la emisora de VHF y las costeras.

Canales angostos: Los buques que naveguen a lo largo de un paso o canal angosto, se mantendrán lo más cerca posible del límite exterior del paso o canal que quede por su costado de estribor, siempre que puedan hacerlo sin que ello entrañe peligro.

Canasta: Receptáculo donde se recogen bien adujados los cabos de una embarcación.

Cáncamo: Cabilla metálica con un ojo en un extremo y tornillo con tuerca y un pasador, en el otro, que se afirma en cubierta, en el costado u otra parte, para enganchar aparejos, guarnir motones, etc.

Candela: Dícese del palo u objeto en posición vertical.

Candelero: Puntal de madera o barra metálica fijada verticalmente para formar barandillas o sostener toldos.

Candil: Lantía alimentada con aceite que servía para alumbrar la embarcación.

Cangreja: Vela trapezoídal con la caída de proa envergada al palo, el gratil al pico y el pujamen a la botavara.

Cangrejo común de mar: *(Carcinus moenas)*. Es el más común de todos los cangrejos; se encuentra en rocas, puertos, ensenadas, etc.

Se captura de distintas formas. Con red de mano: se le pone al copo una cabeza de pescado, tripas, un trozo, cualquier cosa, el cangrejo se come cualquier parte del pescado. Se baja al fondo la red lastrada por un plomo o piedra. Se deja 5 minutos y se levanta rápidamente.

Cangrejo Ermitaño: *(Espagurus bernardus).* Crustáceo de cola blanda, que se ve obligado a protegerla buscando asilo en una concha o caparazón vacío. Constituye un cebo de gran calidad para pescar con caña.

Canoa: Embarcación de una sola pieza o tronco de árbol movida por medio de canaletes.

Cantil: Escalón que ha sido formado por la parte del mar cortada prácticamente perpendicular.

Caña: Parte del ancla que va desde la cruz hasta el arganeo. Palanca que hace mover el eje del timón.

Caña de pescar: La selección de una caña de pescar marítima dependerá siempre para el tipo de pesca que se quiera realizar, Se puede elegir una caña para pescar el pequeño serrano o del gran atún que puede pesar más de 200 kilos.

Vamos realizar la elección de la caña dependiendo del tipo de pesca que vamos a realizar.

Pesca con caña a flote. De esta forma se pesca por el aficionado en el Mediterráneo. Para ello se utiliza caña de bambú de una sola pieza de 4 a 6 metros de longitud, montando una línea fina con anzuelos pequeño y un plome de 10 a 20 gramos.

Caña para lanzado desde la playa.

Será muy ligera para poder lanzar, cebo, cucharillas, mosca, etc...

Caña para lanzado a grandes distancias. Será una caña fuerte, con una longitud aproximada de unos 3 metros.

Caña para la pesca del atún.

Será una caña corta, fuerte lo más reforzada posible de una longitud de entre 2 y 3 metros y que pueda soportar un buen carrete.

Cañabota: *(Hechanchus griseus).* Se trata de un pez elasmobranquio de la familia de los hexánquidos, muy afín a los escualos. Tiene una talla considerable que puede alcanzar los tres metros. Es muy frecuente en el Mediterráneo y vive en aguas profundas.

Cañadilla: *(Mures brandaris).* Son caracoles marinos que tienen las dos primeras espiras largos pinchos, y cuya parte inferior se prolonga en un largo sifón.

Es un molusco común en el Mediterráneo y bastante apreciado por su sabor.

Cañal: Se trata de una red fija, para engaño y captura de los peces. Su uso es muy antiguo, se emplea desde hace siglos en el paso y salidas de albuferas, estanques, etc.

Esta instalación está compuesta de un recinto triangular, dividido en numerosos compartimentos hechos con tabiques de encañizada, que conducen a una cámara, que se semeja a una gran nasa.

Este ingenio está destinado a la captura de peces que realizan migraciones estacionales, pasando del mar a los estanques o viceversa, y permiten la captura de grandes cantidades de peces, como doradas, mujoles, caballas etc.

El tipo que hemos descrito es en general el denominado cañal español, pero dentro del mismo tipo se emplean en España, otras construcciones de formas variadas y nombres distintos como, los cercotes, corrales o entalladas.

Caño: Canal muy estrecho que del mar se interna en tierra y que permite el paso de embarcaciones.

Cañón: Canal largo, estrecho y de mucha profundidad que desemboca en un lugar espaciado y abrigado.

Capa: Disposición del aparejo de un barco de vela de modo que pese a la fuerza del viento apenas avance consiguiendo un remanso a barlovento que consiga que el mar rompa contra él, con el fin de capear un temporal. Cuando se trata de embarcaciones a motor hay que amurarse a la mar con muy poco motor avante.

Capa corrida: Se emplea cuando el temporal es moderado.

Capa cerrada: Se pone el timón a barlovento para que el barco orce disminuyendo su velocidad.

Caparazón: Dura concha protectora que cubre una parte o la totalidad de un animal.

Capilla: Posición de un aparejo en facha o de una vela encapillada.

Capitel: Chapitel o pequeña caperuza con una piedra dura encastada. Montado en la rosa de los vientos de un compás, sirve para suspender esta del estilo en condiciones de girar libremente con el mínimo roce.

Capuzar: Poner peso o cargar en la proa de una embarcación para que se sumerja esta.

Carabela: Nave con casco y aparejo diseñado para barloventar que navegaba con aparejo latino empleada por españoles y portugueses para sus viajes a América.

Carabela. Molusco: *(Solen ensis).* Es una especie muy parecida a la navaja, pero que tiene la concha curvada y la encontraremos en la arena limpia.

Pesca. La carabela debido a su forma no puede hundirse verticalmente en el suelo, haciendo una galería con forma de un círculo de radio.

No la pescaremos con la sal como las navajas, solo utilizaremos la fisga. Al estar entre la arena fina el agua brota y llena el agujero. Pero esta agua se absorbe debido a la galería, lo que nos permite adivinar la situación del agujero, por lo que

en ese momento actuaremos con la mano para poder pescarla.
Pesca al claro de luna. Cuando están las grandes mareas, y
en noches de luna clara se pueden recolectar de la siguiente
forma:

Las carabelas sobresalen de la arena algunos centímetros, y su
sombra al proyectarse sobre la arena, las descubre. Se tendrá
que caminar ligero para no darles tiempo que se escondan y
cogerlas rápidamente sacándolas con mucha suavidad.

Caracola: Molusco parecido al caracol, en espiras festoneadas
que se consume principalmente en el litoral mediterráneo.

Características de una luz: Son las que nos muestran la
descripción del número de destellos, las ocultaciones, el color,
su elevación, etc., y que resultan de gran utilidad para el
navegante.

Cardan: Sistema de suspensión mediante el cual se consigue
que muchos objetos se mantengan en posición horizontal
mientras la embarcación se mueve.

Cardinal: Nombre de los puntos cardinales o rumbos principales:
Norte, Sur, Este y Oeste.

Carena: Dícese de la obra viva o la parte sumergida de una
embarcación.

Carenar: En las embarcaciones de madera, reparar y calafatear
un barco dejándolo estanco e impermeable al agua.

Carenote: Dícese de cada uno de los maderos o tablones
colocados en las bandas de las quillas de los barcos para que
se aguanten adrizadas mientras están en el varadero.

Cargar: Embarcar y estibar a bordo de una embarcación para su
transporte efectos y mercancías.

Cargarse: Cuando queda cubierto de nubes la atmósfera,
horizonte, tierra o costa,.

Carguero: Embarcación destinada al transporte de mercancías en general.

Cariz: Aspecto que toma el horizonte o el cielo.

Carlinga: Asiento en el que descansa la extremidad inferior de un palo, bitón, cabrestante, asta de bandera, etc.

Carpintero de ribera: El carpintero que se dedica a la construcción de las embarcaciones de madera.

Carneiro: (*Cardium echinatum*). Se trata de una especie de berberecho grande, de hasta 7 centímetros, de un color anaranjado.

Es una especie bastante rara, que se marisquea en las grandes mareas, y se vende fraudulentamente como vieira, siendo muy inferior a esta.

Carrete: Aparejo empleado para pescar con caña en el que se coloca el sedal pudiendo girar libremente en un sentido u otro.

Carretel: Trozo generalmente de madera en el que se enrolla el cordel de la corredera de barquilla.

Carril: Pasamano afirmado a la botavara y al palo, por el que se deslizan los garruchos del pujamen de una vela.

Carro: Nombre que recibe la figura que forman las siete estrellas de la Osa Mayor.

Carta náutica. : Mapa o representación de las costas, aguas y sus peligros, especialmente adaptada para su uso por los navegantes. Los dos tipos más empleados a bordo son, uno en proyección mercatoriana para la navegación proyección loxodrómica y otro en proyección gnomónica para la navegación por círculo máximo o derrota ortodrónica.

Cartografía náutica: Arte de trazar las cartas especialmente concebidas para uso de los navegantes.

Cartucho: En las cartas náuticas, representación de una zona ampliada que requiere de mayor detalle.

Cascajo: Calidad del fondo del mar compuesto de piedrecillas mezcladas con arena.

Cascarón de nuez: Dícese de una embarcación pequeña y frágil.

Cascajo viejo. Embarcación vieja y en mal estado.

Casco: Cuerpo del barco en rosca, o sea, sí consideración de máquinas, arboladuras ni pertrechos.

Cualquier parte del barco después de un naufragio.

Catadromo: Recibe este nombre el pez que viviendo en aguas dulces, se dirige al mar para efectuar la puesta, como por ejemplo la anguila.

Catalejo: Anteojo de larga vista.

Catamarán: En sus orígenes, balsa de la costa de Coramandel construida por troncos de pino o coco unidos por otros palos transversales.

En la actualidad también reciben este nombre las embarcaciones de recreo con dos cascos acoplados y propulsión a vela y motor.

Cataviento: Pedazo de hilo de velas con ruedecitas de corcho rodeadas de plumas, de trecho en trecho, unido al tope de un asta para indicar la dirección del viento.

Castillo: Parte de la cubierta alta comprendida entre el trinquete y la proa.

Catboat: Embarcación de un solo palo situado a proa, que iza una sola vela. Es muy popular en Estados Unidos.

Catenaria: Es la curva que forma un cabo o una cadena.

Cuando se trata de cabo de remolque actúa como amortiguador de los tirones que se produzcan.

Cauri: *(Cypraea moneta)*. Molusco cuya concha fue utilizada como moneda en Africa. Las conchas procedían de las Islas Maldivas y eran transportadas a Zanzíbar, de donde partían grandes expediciones que se internaban en el continente con el fin de cambiar los cauris por objetos y productos africanos.

El valor monetario del Cauri estaba perfectamente establecido en las transacciones considerándose como ricos aquellos que lograban reunir 30 millones de conchas.

La mayor parte del comercio de esclavos, que tanto incremento adquirió en la costa oriental de Africa, se efectúo utilizando el Cauri como signo monetario.

Caviar: Preparación especial de los huevos de esturión.

Los huevos son extraídos inmediatamente después de la pesca. Se eliminan las membranas y filamentos que los mantienen aglomerados. Después, se lavan; se les sala dentro de baldes perforados, por donde se escurre el exudado provocado por la sal y la presión que sobre ellos se ejerce. Se les somete seguidamente a un secado al sol, para ser enlatados después.

Cavitación: Fenómeno de formación de un vacío o cavidad en el agua, en la parte activa de la hélice, produciendo en la embarcación una pérdida de empuje y grandes vibraciones.

Cazaescota: Botavara muy corta a la que cazan la mesana los faluchos y otras embarcaciones.

Cazar: Cobrar las escotas de las velas para que estas queden orientadas al viento, esta maniobrase puede expresar indistintamente con la frase de *cazar la escota y cazar la vela*. Extender cuanto se pueda el pujamen de una vela cuadra y sujetar con los escotines los puños bajos o los penoles de la verga inmediatamente inferior.

Cazón: *(Galeus canis)*. Escualo de talla mediana, de unos 2 metros de largo, con dientes pequeños, pero muy cortantes. Frecuenta todas las costas españolas y las de Marruecos, y en ciertas épocas aparece en bancos bastante numerosos. Se realizan entonces pescas considerables con los palangres, siendo individuos de pequeña talla los que se cogen, y constituyen una verdadera plaga para los palangreros.

Pesca. En general, la pesca del cazón es accesoria de otras. Por ejemplo: El pescador esta fondeado a la captura de caballas; estas pican bien. De pronto no se produce ni un toque; el banco de caballas se ha largado. Sin duda alguna, un pez gordo, anda rondando por debajo. Se coge entonces un aparejo de atún, al que se le pone al final de la línea hilo de acero inoxidable de 100 a 120. Se coge un buen ejemplar de caballa, se abre por el dorso en canal, se dobla dejando la carne al exterior y se ceba el anzuelo, atando la caballa con un hilo. Lastrar el aparejo con un plomo bajando la línea a unos 10 a l5 metros de profundidad. No pasa mucho tiempo Sin que el cazón o el atún se enganchen por sí solos. El animal es muy vigoroso y cuesta mucho meterlo a bordo una vez a bordo hay que rematarlo enseguida y luego cortarle la columna vertebral a la altura del bulbo; de no hacerlo así, con sus coletazos, romperá todo lo que esté a su alcance, y produciendo grandes heridas en las piernas del pescador.

Material a emplear. Se dispondrá de una caña muy fuerte, muy rígida, y armada con gruesas anillas. Carrete grande con por lo menos un centenar de metros de hilo grueso.

Cebo. Cebar siempre con un pescado abierto en canal, con la carne fuera. Fondear en los lugares donde haya cazones largando el hilo hasta el fondo. Si el toque o señal no se produce, levantarlo medio metro y dejarlo caer lentamente. Si sigue sin picar, elevar la línea 6 u 8 metros o más hasta que se produzca la picada. Si en media hora no se ha producido, cambiar de sitio y empezar de nuevo. Cobrar el pez con la mayor brevedad posible y una vez en la superficie, para ayudar a elevarlo utilizar el gancho sin ninguna contemplación.

Para distinguir el cazón de los marracos y de las pintarrojas miraremos si tiene un reborde en el borde inferior del ojo.

Cazonal: Conjunto de artes y embarcaciones utilizadas en Andalucía en la pesca del cazón.

Cebado: Es el acto de esparcir en el agua materias que sabemos, apetecidas por los peces, para atraerlos.

Los cebos principales son: la *raba*, huevos de bacalao, *la cabeza de sardina,* o de un pez cualquiera, estrujada y a menudo mezclada con harina de cacahuete, el *cangrejo triturado,* los *desperdicios de atún*, y en ciertos sitios, los cebos a basado en pan remojado y amasado.

La raba es sobre todo un cebo para la pesca profesional. Está constituida por los ovarios de las hembras del bacalao, ovarios grandiosos que se extraen al vaciar el pescado para salarlo. Las rabas se sirven en barriles a los pescadores profesionales, que las emplean mayoritariamente para el cebado de la sardina. Dado el sistema de venta de barriles, el aficionado se encontrará con muchas dificultades para adquirirla.

Para utilizar la raba, se rasgan con las manos las bolsas fibrosas que contienen los huevos, depositando estos en un recipiente semilleno de agua. Si se desea se puede añadir harina de cacahuete. El conjunto debe alcanzar la consistencia de una papilla algo clara.

Esta materia es ideal para el cebado de salmonetes y de peces de pequeño tamaño.

La cabeza y las tripas de la sardina las podemos adquirir en los mercados o comprando la sardina y utilizando las cabezas y las vísceras con este fin.

También podemos triturar las cabezas y las vísceras y mezclar con arena metiéndolas en una arpillera y dejándolas fondeadas. Residuos de atún. A veces es posible obtenerlos en las fábricas de conserva, si se vive cerca de alguna.

Pan. En el Mediterráneo se ceba el salmonete y la lisa con pan remojado.

Cebar: Enganchar el cebo en el anzuelo. También podemos utilizar esta expresión en la operación de esparcir el cebo en el agua.

Imantar la planchuela de la aguja náutica frotándola con la piedra imán.

Cebos: Los cebos pueden ser de: Pescado, Crustáceos, moluscos y gusanos.

Cebos artificiales. Artilugios que se ponen al anzuelo para hacerlo efectivo a los peces sin empleo de cebos de origen animal.

Cedazo: Salabre con la malla muy tupida que se usa en Galicia para la pesca de la angula.

Ceder: Refiriéndose al viento es disminuir de intensidad, y si es a la mar, bajar el volumen y velocidad de las olas.

Cefalópodos: Clases de moluscos provistos de tentáculos que se extienden a partir de la cabeza. Nadan libremente y tienen los ojos muy desarrollados. Poseen concha que puede ser externa o interna. Como ejemplo de ellos son los pulpos, calamares, sepias, etc.

Cefalotoxina: Es la sustancia tóxica que se encuentra en los picos de diversos cefalópodos, y en particular en, los pulpos.

Cegar: Refiriéndose a un puerto, obstruir su entrada por medio de buque u objetos que aminoren total o parcialmente el calado.

Cenit: Lugar de la esfera celeste situado directamente encima de la cabeza del observador.

Centro de carena: Centro de gravedad de la obra viva.

Centolla: También se le llama cabra. Es uno de los mejores crustáceos. La hembra es la que más se aprecia, sobre todo cuando lleva el *coral*, materia granulosa de color rojo vivo, formada por una gran masa de huevos en formación. La pesca se suele hacer hurgando las rocas con la marea baja, y también extendiendo sobre las rocas redes viejas fuera de uso, que la centolla le gusta deshilachar.

El nombre de cabra se le da en el Mediterráneo.

Ceñida: Distancia que un barco navega de bolina ciñendo.

Arte de pesca que se calaba en círculo.

Ceñir: Cuando se refiere al aparejo, bracearlo todo lo posible por barlovento.

Navegar con el menor ángulo posible con el viento o de bolina.

Cepo: Barra que pasa perpendicularmente por la parte superior de la caña del ancla.

Cerco de jareta: Red armada con dos relingas y un cabo central llamado jareta a través del cual se cobra la red.

Certificado de navegabilidad: Refleja los elementos de seguridad que debe llevar a bordo la embarcación.

Cerrado: Dícese del cielo y horizonte completamente oscurecido por nubes que presagian chubascos o por estos mismos.

Cuando se trata del tiempo, se dice del cielo y horizonte oscurecido por nubarrones o por chubascos.

Cerrarse: Cerrarse de nubes, nieblas o vapores, la atmósfera, costa, horizonte o puerto.

Cerrazón: Aglomeración de nubes densas y negras.

Cesta palangrera: Cesta de forma circular y muy plana, generalmente de esparto, en la cual se adujan los palangres.

Cetáceo: Son los pertenecientes a un orden de mamíferos acuáticos, principalmente marinos como, las ballenas, marsopas, delfines, etc. Sus apéndices son reducidos, y la cola expandida formando una *Aleta caudal*.

Cetaria: Vivero de crustáceos que se establecen en las

ensenadas y resguardos que ofrecen las rocas del litoral, donde penetra el agua del mar y forma depósitos más o me nos espaciosos, de los que se van extrayendo los crustáceos a medida de que se vayan necesitando. Las cetarias son muy abundantes en Cantabria y Galicia.

Ciaboga: Maniobra que se realiza para hacer girar la embarcación en redondo, en el menor tiempo y espacio posible.

Ciar: Bogar al revés para que la embarcación vaya atrás, y también lograr el mismo efecto por inversión del giro, de la hélice o hélices.

Ciclón: Dícese del centro de bajas presiones hacia el que se dirigen los vientos.

Cielo: Bóveda celeste, firmamento y atmósfera.

Cigala: *Nephrops norvegicus.* Decápodo nacruro muy apreciado. Su pesca se hace con artes de arrastre sobre fondos de 30 a 40 metros. Frecuenta los fangales y las praderas de algas y es muy común en el Mediterráneo.

Cigarra de mar: (*Scyllarus latus*). Es un crustáceo pariente de la langosta, a cuyo grupo pertenece. Las antenas son completamente distintas de las de las cigalas, en vez de tener el fuerte y largo flagelo, tiene una especie de escama ancha que le imprime un aspecto muy particular. Es de excelente paladar y se pesca con redes langosteras.

Cierzo: Viento del NE.

Cigarro: Cebo artificial de madera o plástico al que se le colocan uno o dos anzuelos en el extremo y se utiliza para hacer curricán.

Cimbreo: Vibración de cualquier parte de la embarcación motivada por la velocidad del barco.

Cinchas: Cintas fuertes que sirven para sujetar los pies de los tripulantes cuando se cuelgan por la borda para hacer contrapeso cuando la embarcación escora.

Cinta: En las embarcaciones de madera, tabla o forro exterior que se coloca de proa a popa para reforzar la construcción. En las embarcaciones de construcción metálica, conjunto de planchas a la altura de las cubiertas. Estas constituyen la primera cinta, las inferiores la segunda y así sucesivamente.

Circulación termohalina: Movimiento del agua pausado por la diferencia de salinidad y temperatura. En la región antártica, por ejemplo, el agua salada fría, que tiene una gran densidad, se hunde y fluye hacia el norte a lo largo del fondo marino.

Círculo acimutal: Aparato para tomar marcaciones a los astros, buques u objetos en tierra. Consta de un platillo graduado con pínulas.

Circulo de borneo: Circulo que necesita la embarcación para poder bornear sin ningún obstáculo dentro de los 360º de un fondeo.

Circulo de franquicia: Se llama así al círculo trazado por el navegante en la carta para dejar un margen de seguridad cuando tiene que pasar un peligro.

Círculo máximo: En una esfera, los círculos cuyos planos pasan por el centro de la misma. El ecuador es un círculo máximo y también lo es cualquier círculo que pasa por los polos, como los meridianos.

Círculo menor: Es el círculo en la superficie de una esfera cuyo plano no pasa por el centro.

Círculo vertical: Es el círculo que pasa por el cenit y el nadir de la esfera celeste. El equivalente celeste de la longitud.

Clíper: Velero de líneas finas y palos caídos que se emplea en el comercio del té.

Circunnavegar: Navegar en torno o alrededor. Dar la vuelta a la tierra navegando.

Cirrocúmulos: Se dice a las nubes agrupadas en forma de pequeños copos blancos unas veces y en forma de fajas otras. Cuando se extienden a través de mucho espacio y ofrecen el aspecto de la lana cardada se dice que el cielo está aborregado. Su altura media es de 7.000 metros.

Cirroestratos: Nubes en forma de velo blanquecino llamado velo cirroso que no impide por completo la visión del sol o la luna y dan al cielo aspecto lechoso. A veces muestran una estructura fibrosa. Su altura media es de 8.000 metros.

Cirros: Nubes altas, estriadas, blancas y sin sombras, unas veces aisladas y otras en grupo que cruzan el cielo como plumas o penachos.

Cirrópodos: Orden de crustáceos en la que se cuentan los percebes y las bellotas de mar.

Clara: Claridad en una parte de la espesa aglomeración de nubes propia del tiempo cerrado.

Hueco entre dos cuadernas contiguas.

Clarear: Dícese cuando se disipan las nubes y el cielo queda claro.

Claro: Tramo de la red de copo, que puede alcanzar diversos tamaños dependiendo del tipo de arte de red. Cuando se hace pesca de arrastre corriente, el claro suele alcanzar una longitud de entre 6 y 8 metros; en el se inicia el cuerpo troncónico de la red, que sé continua en el *entreclaro* formándose entre ambas piezas lo que se llama *casarete*.

Clima: Estado meteorológico de un lugar determinado.

Clínometro: Instrumento para medir el ángulo de escora o la amplitud de los balances de una embarcación.

Clíper: Velero de líneas finas y palos caídos que se emplea en el comercio del té.

Cloque: Gancho que sirve para clavar en el pez y ayudar a meterlo a bordo. Está formado por un anzuelo unido a un mango de madera o bien por una pieza de acero que en la punta dispone de un anzuelo. El cloque se debe clavar en la parte dorsal del pez, nunca en el vientre.

Clupeidos: Familia e peces, a la que pertenecen especies importantes, como la sardina, el arenque etc. Generalmente van en grandes bancos.

Cobrar: Recoger la parte de un cabo que forma seno o está en banda, hasta dejarlo teso. Tiene cierta equivalencia con halar.

Coca: Vuelta que por efecto del torcido va tomando un cable o cabo al extenderlo.

Navío de aparejo redondo, casco mangudo y bordas altas, con dos o más cubiertas, originario del norte de Europa. Durante el siglo XIII fue introducido en el Mediterráneo.

Coco: Sedal obtenido de unos gusanos de seda muy apreciado por los pescadores de caña o volantín.

Codal: Dícese de los cordoncillos del pelo llamado coco.

Codaste: Pieza metálica o de madera, según la clase de construcción, en que termina la embarcación por la popa.

Codera: Cabo grueso o estacha que se da por la popa o aleta de una embarcación a otra, a una cadena, boya, ancla o cualquier otro punto, para atravesarlo, mantenerlo abierto al muelle o en otra posición determinada.

Cabo delgado firme al primer banco de popa de una embarcación pequeña u a otro punto similar, que se da a tierra o a bordo de un buque, para mantenerla atracada al muelle o al costado.

Código Internacional de Señales: El adaptado por todas las naciones marítimas y en el cual cada letra o grupo de letras, representadas por banderas, tiene un significado particular.

Cohetes de señales: Pequeño cilindro lleno de pólvora que sirve para hacer señales de petición de auxilio al producir una luz roja brillante a elevada altura.

Codillo: Cada uno de los extremos de la quilla, desde las que arranca por un lado la roda y por el otro el codaste.

Codo: Antigua medida de longitud que se empleaba en el arqueo de los barcos y en la construcción naval. El codo de ribera era su equivalencia a 0,574685 metros.

Coeficiente de bloque: Relación entre el volumen desplazado por el casco y el volumen del paralepípedo circunscrito cuyas tres dimensiones, largo, ancho y alto, sean respectivamente iguales a la eslora, manga de flotación y calado medio de la embarcación. También se llama *Coeficiente de afinamiento de la carena*.

Coeficiente de afinamiento de la flotación: Relación entre el área de la flotación de una embarcación y la superficie del rectángulo circunscrito.

Coeficiente de afinamiento de la cuaderna maestra: Relación del área sumergida de la cuaderna maestra a la del rectángulo circunscrito.

Coeficiente cilíndrico o prismático: Relación entre el desplazamiento de una embarcación y el volumen e un cilindro o prisma de sección recta igual al área de la cuaderna maestra y de arista a la eslora.

Coeficiente de propulsión: Relación entre las potencias efectivas y las indicadas correspondientes a una velocidad.

Coeficiente de escora: Variación del desvío de un compás magnético a rumbos norte o sur con una escora de 1 grado.

Coeficiente de marea: Número que multiplicado por la mitad de la altura de la elevación de las aguas sobre, o bajo el nivel medio. Viene en el *Almanaque náutico* y su valor máximo de 1,18 es el correspondiente a las mayores marcas equinocciales.

Coeficiente de corredera: Se dice de la relación que existe entre la distancia real recorrida y la marcada por la corredera.

Cola: Última embarcación de una línea o columna.

Cola de Atún: Figura de los tablones del forro labrados al mismo ancho por los extremos, y con el máximo posible en el medio, para ajustar los de una hilada con los de la contigua cruzando las respectivas puntas o frentes.

Cola de milano: Figura parecida a la que su nombre indica, dada al corte con que se engastan las maderas.

Cola de pato: Alunamiento convexo del pujamen de una vela.

Cola de almadraba: Cabo amarrado a tierra y a la almadraba que sostiene una red de modo parecido al coarcho. También se conoce por *rabera de tierra*.

Colgarse: Sacar el cuerpo por la borda de un bote de regatas para evitar la escora.

Colisión: Abordaje entre dos embarcaciones. Choque o abordaje entre dos embarcaciones.

Colisión, Rumbo de: Dícese de aquel rumbo que lleva a una embarcación al abordaje de otra.

Coluros: Círculos máximos de la esfera celeste que pasan por los polos y cortan la eclíptica uno en los puntos equinocciales y el otro en los solsticiales.

Collarín: Pieza circular montada sobre la carlinga para asegurar la posición del palo. Angulares que bordean las fogonaduras de los palos y ejes de los cabestrantes para la estanqueidad de las cubiertas. Piezas en forma de U o similar colocadas en los mamparos para hacer estancos los pasos de algunas piezas.

Comensalismo: Relación entre los animales y plantas en la que existen ventajas para algunos de los miembros, no siendo perjudicados ninguno de ellos. Los peces piloto y los tiburones son un buen ejemplo.

Comodoro: Figura que se da en los clubes náuticos y se trata de la persona responsable de todos los servicios de dichos clubes.

En los Estados Unidos y en Gran Bretaña, título que se da la capitana de navío con mando de división.

En algunas compañías navieras extranjeras, nombre que se da al capitán de superior antigüedad o inspector.

Compartimento: Cada uno de los departamentos o divisiones de una embarcación.

Compás: Aguja náutica o instrumento para medir el ángulo de la proa del buque con el meridiano magnético y con el meridiano verdadero si se trata de un compás giroscópico.

Compás cuadrantal: Compás muy poco utilizado actualmente, pero sigue siendo interesante para conocer los rumbos cuadrantales.

Compás de acimut: Antiguo compás que antiguamente se utilizaba para hallar las demoras de los cuerpos celestes.

Compás de cuadrículas: Compás que lleva una flecha giratoria que se hace coincidir con el rumbo que lleva la embarcación. La flecha tiene una cabeza y unos brazos paralelos y la aguja debe permanecer entre los brazos si el barco navega al rumbo correcto.

Compás de marcaciones: Compás empleado para tomar las marcaciones y demoras.

Compás de puntas: Es el que se emplea para medir distancias entre dos puntos de la carta.

Compás magistral: Este compás se instala en el lugar donde las perturbaciones que le puedan afectar sean mínimas y de esta forma nos ofrezca más garantías.

Compás magnético: Es el más conocido y el que se utiliza para marcar el rumbo de las embarcaciones, tienen el inconveniente de los errores propios de un imán que se tendrán que vigilar y corregir.

Compensación: Operación de anular o reducir al mínimo los desvíos de una aguja náutica por medio de imanes y masas de hierro dulce.

Complemento del rumbo: Dícese del ángulo que le falta al rumbo para completar los 90º, cuando dicho rumbo se mide de 0 a 90º.

Concha: Ensenada circular con mucho fondo y de dimensiones distintas.

Parte interior y más resguardada de un puerto.

Pieza de madera, única o en trozos y de forma cuadrada o circular, que se pone en las cubiertas para formar carlingas y fogonaduras.

Conchuela: Calidad del fondo marino compuesta de distintas conchas de marisco.

Condrósteos: Peces pertenecientes al grupo más primitivos de los peces de aletas espinosas. Por ejemplo el esturión.

Congrio: *Leptocephalus conger;* Puede alcanzar una talla de más de 2,5 metros y pesar 40 kilos. Es común en todos los mares y su pesca se realiza con anzuelos cebados con trozos de pescado, o con nasa con pescado dentro. Los jóvenes, como en el caso de la anguila, reciben el nombre de *leptocéfalos.* Existen dos tipos de congrio, aunque se trata de la misma especie, pero mientras el gris vive en la arena o en el fango, el negro vive entre las rocas.

Pesca. Se puede pescar por diferentes procedimientos; sobre embarcación. con palangre y lienza, y a píe, con lienza.

El palangre puede ser de distintas formas vertical u horizontal a más o menos altura y su longitud dependerá de la cantidad de anzuelos que se quieran colocar, teniendo en cuenta que la distancia entre anzuelo debe ser de 3 o más metros. Por orden de preferencia los cebos serán los siguientes:

Sardina o arenque fresco, utilizando cada sardina para dos caladas.

Caballa. Es un cebo que tiene una gran calidad.

Cabezas de sardinas. Se van enfilando en el anzuelo hasta que quede completamente cubierto.

Se dispondrá siempre en la bañera de la embarcación de un cuchillo grande bien afilado y una vara robusta para matar el congrio así que aparezca, ya que este pez una vez a bordo se revuelve violentamente. Levantando el pez con una mano, con la otra el pescador le dará golpes sobre el vientre; cuando esté aletargado, se le secciona la columna vertebral por detrás de la cabeza y se aprovecha para sacarle el anzuelo.

Se buscará siempre situar el salabre sobre los grandes roquedos, que es donde se encuentran los ejemplares mayores.

Conocimiento de embarque: Documento justificativo de la carga embarcada a bordo de una embarcación, siendo también un título para acreditar el derecho a la recepción de la misma.

Consignatario: Persona o empresa que lleva la representación del naviero en el puerto de destino gestionando la carga y descarga de la embarcación.

Construcción en pantoque vivo: Método de construcción en que el casco se forma utilizando superficies planas, y que se une formando ángulos en lugar de superficies curvas.

Contenedor: Recipiente destinado al transporte de mercancías.

Contra: Aparejo usado para aguantar la botavara en sentido contrario a la escota evitando así que se mueva con los balances.

Contraalisios: Vientos que tienen dirección contraria a la de los alisios.

Contrabolina: Cabo que se asegura hacia la mitad de la relinga de caída de una vela cuadrada para ayudar a suspenderla.

Segunda bolina dada en refuerzo de la primera.

Contraamantillo de la cebadera.

Contrabrazola: Pieza que atraviesa las brazolas de una escotilla de babor a estribor para formar con ella el marco de esta abertura. También cualquiera de las dos colocadas de babor a estribor en el canto de una escotilla.

En embarcaciones de construcción metálica, planchas verticales que forman las brazolas transversales que cierran la escotilla en el sentido babor estribor, unidas a las longitudinales.

Contra corriente: Corriente inversa de dirección contraria a la principal.

Contraplacado: Se utiliza para la construcción de embarcaciones menores de madera.

Contramaestre: Hombre curtido en la mar con mucha experiencia en todas las funciones marineras.

Contraste: Cambio repentino del viento a la parte opuesta a la que soplaba.

Contrete: Refuerzo que se pone en los eslabones de la cadena para que no se deforme y evitar que la cadena se enrede. También se llama *mallete o dado.*

Cualquier puntal que sujete horizontalmente una pieza u objeto.

Coordenadas: Líneas que sirven para fijar la posición de un punto determinado.

Coral: Celentereo antozoo solitario o colonial, que característicamente segrega un esqueleto calcáreo. Dichos esqueletos pueden formar arrecifes coralinos.

Coral rojo: Se trata de un animal, no de una planta, come se cree corrientemente, perteneciente al grupo de los *Celentéreos*. Del coral se utiliza su eje calizo, susceptible de pulimento, que se emplea para la fabricación de objetos de adorno. En España se recoge el coral en las costas de Cataluña, Valencia, Baleares y Murcia.

Coralinas, Algas: Son algas que cubren las rocas y se incrustan, a veces de sales calizas, adquiriendo una consistencia que aleja la idea de que dichos seres puedan ser vegetales. A veces se semejan a pequeños corales, por eso se les llama coralinas.

Cordón: Dicese de la unión de varias filásticas.

Cornamusa: Pieza de madera, hierro u otro metal con semejanza a la cabeza o brazos de apoyo de una muleta.

Corn de fel: *(Purpura hemastona)*. Conocida por los pescadores Mahóneses por este nombre, cuya glándula purpurifera fue estudiada en mahón por Lacaze Duthiers, en 1857, con el fin de reconstruir la técnica que los antiguos utilizaban para teñir de púrpura la tela, y que por ahora aun es un secreto.

Corneta: *(Murex trunculus)*. Molusco espiritado como los caracoles, que se utiliza para teñir las telas de color púrpura. Es exclusivamente Mediterráneo.

Coronamiento de popa: Prolongación de la borda en la parte de popa de una embarcación.

Corrección de acimut: La que se aplica para convertir el acimut de la aguja en acimut verdadero (se compone de la declinación magnética y del desvío).

Corrección de altura: Es la conversión en verdadera de la altura de un astro hallada por medio de un instrumento.

Corrección de demora: Se trata de transformar la demora de aguja en demora verdadera.

Corrección de índice: La de un instrumento de reflexión usado en tomar la altura de los astros. Es la distancia entre los ceros del limbo y del nomio, y se cuenta como positiva si el cero del nomio queda a la derecha del limbo y negativa si queda a la izquierda.

Corrección de rumbo: Es la conversión del rumbo de aguja en rumbo verdadero, al sumar al desvío el abatimiento y la declinación magnética.

Corrección total: La suma algebraica del desvío de la aguja más la declinación magnética de la carta.

Corrección total del compás: Angulo que se forma por la línea norte-sur del compás con el meridiano verdadero.

Corrector: Dispositivo utilizado para corregir.

Corrector de escora: Conjunto de imanes suspendido por debajo del centro del compás náutico para corregir el desvío producido por la escora.

Corredera: Instrumento que sirve para medir la velocidad de una embarcación.

Corredera de barquilla: Es el tipo más antiguo de corredera, se utilizaba lanzando al agua una barquilla con un cabo graduado por nudos calculándose los nudos por el tiempo que la barquilla flotaba.

Corredera, Arte: Arte de deriva que alcanzo 500 metros, con una malla amplia de entre 8 y 10 centímetros; se emplea para la pesca de atunes y bonitos, en los mares cálidos, y también como arte de fondo, para corvinas, cazones y otros.

Correntómetro: Aparato para medir la velocidad y dirección de las corrientes submarinas.

Correr un temporal: Se dice cuando se navega con vientos largos y a palo seco o muy poca vela por que la mar no nos permite hacerlo de otra forma.

Corriente marina: Movimiento que siguen grandes masas de aguas marinas en una dirección determinada por diferencias de salinidad, vientos, la fuerza de Coriolis y otras fuentes de energía. Se definen por el rumbo hacia el que se dirigen y su velocidad es en nudos.

Corrientes árticas: Son las que en los mares septentrionales trasladan aguas calientes a las regiones polares y las frías hacia el sur.

Corriente ecuatorial: Estas corrientes trasladan las aguas ecuatoriales en el Atlántico y en el Pacifico, en la dirección de los vientos del oeste.

Corriente de gradiente: Esta corriente es causada por una diferencia en la temperatura y la salinidad del agua. La corriente empieza siempre en la dirección del gradiente y es desviada por el efecto de Coriolis.

Corriente de turbidez: Corriente de agua densa y cargada de sedimentos, que generalmente fluye hacia abajo atravesando aguas menos densas a lo largo de un talud continental. Algunos cánones submarinos pueden haber sido excavados por corrientes de turbidez. En realidad han podido ser observadas muy pocas; su dinámica y efectos sobre la erosión submarina no se comprenden en su totalidad.

Corriente del golfo: Es la rama principal de la corriente ecuatorial que nace en el golfo de Méjico, se desplaza hacia arriba por la costa de los Estados Unidos de América, para girar a la derecha atravesando el Atlántico hacia el Este llegando hasta las costas del noroeste de Europa.

Corriente del labrador: Es la corriente de agua fría que procedentes del mar de Baffin, costas de Canadá y de Estados unidos llegan hasta el cabo de Hatteras, donde pasa por debajo de las aguas calientes del golfo, hasta perderse en el centro del Atlántico.

Corrientes de mareas: Las producen las mareas y tienen su misma periodicidad.

Cortar: Pasar de un lado a otro de determinada línea, atravesándola.

así se dice cortar la proa, el ecuador, el rumbo etc.

Variar el rumbo de modo que siendo lo más aproximado posible al que debe hacerse, la embarcación reciba el viento y la mar en mejores condiciones.

Corvina: *(Scioena aquila).* Este pez proporciona unas pescas muy deportivas. De la familia de los *Esciéndidos,* tiene un gran parecido con la lubina, siendo sus características algo diferentes. Suelen alcanzar los dos metros de largo y hasta 40 kilos de peso.

La corvina se le encuentra siempre en aguas relativamente cálidas, por lo que su pesca se hará siempre en el verano, durante los meses de julio y agosto.

Cucharilla: Cebo artificial, puede ser giratorio o ondulado que al final lleva uno o varios anzuelos. Las cucharillas dedicadas a la pesca en el mar deben ser alargadas y giratorias.

Cuando se pesca con curricán, la cucharilla giratoria da una vibración demasiado regular, lo que es un inconveniente.

La cucharilla ondulante da las vibraciones mucho más heterogéneas, sus movimientos son mucho más bruscos y evocan con mayor certeza la huida de un alevín. Por lo tanto esta última es mucho más conveniente para la pesca al curricán la caballa, lubina melba etc.

Cuando se monte esta cucharilla tendremos que montar dos o tres quitavueltas sobre la pieza intermedia para que no salte.

Costa: Extensión de tierra que bordea el mar.

Costado: Cada uno de los costados de una embarcación.

Costear: Dícese de la navegación que se hace a lo largo de las costas sin perderlas de vista.

Costera: Se dice cuando los bancos de pescado se acercan a la costa y se pueden hacer buenas pesqueras.

Costero: Dícese del barco que se dedica a la navegación de cabotaje y no se aleja de la costa.

Piloto o practico, buen conocedor de una zona del litoral.

Costura: Unión de dos pedazos de lienzo con aguja e hilo.

Unión de dos chicotes de cabo entre sí o de un chicote con el firme.

Junta de dos tablones de forro o de cubierta y también las de planchas metálicas.

Cote: Vuelta que se forma pasando el chicote de un cabo alrededor del firme y por dentro del seno.

Creciente: Dícese a la subida o flujo de la marea.

Cremallera del grátil: Cremallera de plástico que permite aumentar la superficie de la vela en las embarcaciones de 12 metros.

Cresta: Es la parte más alta de una ola, coronada con espuma si hay viento.

Crucero: Viaje que se realiza en una embarcación de acuerdo con un plan previsto de antemano.

Embarcación con medios para poder hacerlo habitable por un tiempo determinado o indefinido.

Cruceta: Cada uno de los perfiles metálicos o maderos que cruzan los palos en sentido babor- estribor sobre los baos de las cofas uno por la cara de proa y otro por la popa del respectivo palo.

En los barcos de vela las crucetas consisten en unas piezas metálicas colocadas a estribor de los palos por medio de herrajes y en groeras en los penoles para dar paso o afirmar a los obenquillos.

Maderos en cruz de las antiguas bitas.

Crujía: Línea central de una cubierta en sentido proa popa y paralela a la quilla.

En las galeras, corredor de popa a proa entre los bancos de los remeros.

Nombre de las velas cuadriláteras.

Envergadas a vergas del tipo anterior.

Porción horizontal y perpendicular a la quilla de cada una de las vergas de cruz.

Nombre que recibe cada uno de los dos cabos que en el aparejo de algunos veleros hacían oficio de brioles, para cerrar los bolsos de los penoles al cargar una vela.

Punto en que se une la caña del ancla con sus brazos.

Cruz: Centro o punto medio de toda verga simétrica y también el del gratil de la vela envergada a ella.

Cruz del ancla: Punto en el cual se une la caña del ancla con los brazos de la misma.

Cruzar: Navegar explorando en todas direcciones una porción determinada.

Poner las vergas en cruz o perpendiculares a la línea proa-popa.

Cortar o pasar de un lado a otro determinada línea como el ecuador, un meridiano una enfilación etc.

Cuaderna: Cada una de las piezas o ramas simétricas que a partir de la quilla suben por banda y banda para formar el esqueleto del casco de una embarcación.

Cuaderna maestra: Es la cuaderna mayor y la que corresponde a la parte más ancha de la embarcación.

Cuaderno de bitácora: Borrador del diario de navegación.

Cuadra: Ancho o manga del buque en la cuarta parte de su eslora contada a partir de proa o popa.

Parte exterior del costado del barco en cualquiera de ambas

mangas citadas anteriormente.

Dirección perpendicular a la quilla o rumbo del barco.

Se dice de las velas de forma rectangular o trapezoidal, así como de la relinga de caída de una vela redonda, cuando es seguida y así, no tiene cuchillo ni derribo.

Cuadra, Vela de: Vela de forma rectangular que va suspendida de una verga.

Cuadrantal: Dícese del desvío del compás náutico a cada uno de los rumbos cuadrantales.

Cuadrante: Cada una de las cuatro partes en que se considera dividido el horizonte y la circunferencia de la rosa de los vientos llamándose primero, segundo, tercero y cuarto, a partir del norte y hacia el este.

Cuarta parte de la circunferencia.

Antiguo instrumento náutico que se utilizaba para determinar la altura de los astros sobre el horizonte.

Cuarentena: Tiempo de incomunicación con la tierra que se deja a un buque cuando procede de un lugar en el que existen enfermedades contagiosas o se ha declarado alguna de estas entre los que van a bordo.

Cuarta: Cada uno de los 32 rumbos o vientos en que se divide la rosa náutica equivalente a un ángulo de 11° y 15′.

Cuartear: Contar o decir en voz alta las distintas cuartas que se divide la rosa de los vientos y su equivalencia en grados.

Cuarterón: Dícese de aquella carta náutica que a gran escala representa una parte de la costa.

En las galeras, cuartel o entablado con el que se cerraba la boca da una escotilla.

Cuartillo: Cada una de las dos guardias de dos horas en que se divide la guardia de mar, de las doce a las cuatro de la tarde, para evitar la repetición de servicio de noche a las mismas horas.

Cubichete: Envuelta, forro de lona, madera o metal con que se cubre un objeto.

Se usa como protección del compás y de la aguja náutica. Caseta para el timoner.

Cubierta: Cada uno de los pisos en que está dividido el barco en sentido horizontal y que van separadas por los baos. Se califican según la posición que ocupan.

Cubierto: Dícese del aspecto del cielo cuando está lleno de nubes.

Manchas de piedras rodadas de arena en el fondo del mar.

Cucharada: Acción de embarcar agua un buque por encima de las bordas de proa.

Cuchilla: Cuchillo o vela triangular o trapezoidal dada a un estay o pico cangrejo.

Cuentarrevoluciones: Dispositivo mecánico utilizado para medir el número de revoluciones de un eje de giro.

Culo: Popa, en sentido figurativo.

Culo de mona: Forma de popa, muy reducida desde las aletas al coronamiento...

Cúmulos: Nubes redondas y apelotonadas que tienen una altitud media de 1000 a 2000 metros.

Cuna: Armazón que se utiliza para dejar un barco en el varadero.

Cunninghan, Ollao>/FONT>: Este nombre lo recibe el ollao practicado en la caída de la proa de una vela Marconi, para poder relingarla sin bajar la botavara. Este ollao se encuentra a una distancia de 15 a 30 centímetros del pujamen, y por el se pasa un cabo para tesar hacia a bajo, regulando así el bolso de la vela según la intensidad del viento.

Currican: Aparejo de pesca formado por un anzuelo protegido por plumas, filamentos de plástico, tela, etc., y también por rápalas metálicas o de madera con forma de pez que se remolca casi a ras de agua para que sea visible y atractivo par los peces de ataque.

Curva de desvíos: Es la que obtiene con los desvíos observados en el compás. Con esta curva se obtienen los desvíos para todos los rumbos posibles.

Curva de evolución: Cuando metemos el timón de una embarcación todo a una banda, trayectoria que describe...

Cúter: Embarcación muy veloz y de un solo palo.
Lleva aparejo Marconi y se diferencia del balandro por la colocación del palo que lo lleva más a popa.

CH

Chafaldete: Nombre que recibe cada uno de los cabos de labor que en las gavias y juanetes sirven para cargar los puños de escota de las velas, hasta que los llevan a la cruz de la verga.

Chaflán: Corte oblicuo que se da en el canto de un madero, o viga metálica.

Chalana: Embarcación menor de fondo plano, de proa y popa vertical, que se usa en el paso de personas y carga, en ríos, puertos y canales, moviéndose generalmente sujeta a la sirga. Bote de proa afilada, popa cuadra y vertical, y fondo plano, empleado en los diques de carena en le transporte de materiales y personas a los buques que hay en reparación. Pontón en el que se deposita el fango y suciedad extraído del fondo.

Chaleco salvavidas: Prenda que te permite mantenerte a flote por medio de una cámara de aire, o panes de resina sintética.

Chalupa: Nombre que se le da en el Cantábrico a la lancha empleada en la pesca del besugo.

Lancha, o sea, la mayor y más robusta de las embarcaciones de un barco.

Chanquete: Pez muy pequeño del género Aphya, muy apreciado en Andalucía, que necesita redes de copo de malla muy fina para pescarle.

Chapa: Dícese de la lámina de madera, metal etc.

Chapapote: Asfalto líquido mezclado con aceite que se emplea para preservar los fondos de algunas embarcaciones de madera.

Chapitel: Cono pequeño de cualquier piedra dura como ágata, rubí o zafiro, embutido en el centro de la rosa de los vientos, en el compás o aguja náutica, apoyándose en la punta de un estilo, en condiciones de que el mortero pueda girar libremente en torno a la rosa de los vientos.

Chapuzar: Meterse de cabeza en el agua.

Charanguero: Barco costero de Andalucía empleado especialmente en el Guadalquivir que arbolaba un palo a proa con vela de tercio, mesana y botalón para el foque.

Charlestón: Bou del litoral Mediterráneo que estaba entre el bou catalán y la ratera.

Charco: En sentido figurado, mar, océano, golfo.

Chato: Embarcación de poca quilla y fondo plano.

Chaveta: Pasador que se coloca en el orificio de una barra para impedir que se salga de donde está colocada.

Chazo: Cada una de las marcas que se hacen en las piezas de las arboladuras a la misma distancia.

Corte de una madera con la azuela para reconocer su estado.

Cortes que hacen los carpinteros con el hacha en cualquier pieza de madera para labrarlos a plan.

Chercha: Arte de pesca de forma rectangular que se usa en las

Baleares para la pesca del salmonete.

Cherna: *(Polyprion americanum).* Serránido de gran talla, puede alcanzar hasta I.5 metros, que vive en le Mediterráneo y en el Atlántico. Es un pez muy apreciado y su pesca se realiza con palangres y trasmallos.

Cherne de ley: (*Espinephenus aeneaus*). Serránido muy abundante en los caladeros africanos y canarios.

Chicha: Dícese cuando la mar está completamente calmada.

Chicote: Extremo libre de un cabo.

Trozo de un cabo que tiene una longitud entre medio y un metro.

Chigre: Máquina que tiene el eje con el giro horizontal destinada para carga y descarga.

Chinchorro: Dícese de la embarcación menor llevada a bordo de un barco.

Balsa hecha con dos rollos de paja amarrados entre si que utilizan los indios de la costa del pacífico.

Red que se aferra al contrafoque en la cabeza del bauprés.

Red de malla muy tupida de hilo muy fino.

Chinfanero: Dícese del arte de pesca que tiene una red alargada y más ancha en el centro que en las extremidades.

Chino: Piedra de canto rodado, pedernal, guijarro, etc.

Chipirón: Nombre popular que se da a las sepias y calamares de tallas pequeñas.

Chiribita: Partículas fosforescentes que en las noches oscuras y de mucha calma aparecen en el agua al ser esta cortada por el paso del barco.

Chirla: (*Donax trunculus*). Moluscos bivalbos que se entierran en la arena. Tiene una concha de color amarillento o blanquecino, con fajas longitudinales pardas. Son muy apreciadas por su excelente sabor.

Chirlata: Tabla con la que se refuerza un palo por el exterior.

Chirretera: Arte empleado en el mar Menor de Murcia en la pesca del chirlete.

Chivo: Liña que se emplea en Galicia con una sola tanza de acero o latón.

Chubascos: Denominación general de los fenómenos atmosféricos que empiezan o terminan repentinamente. Existen chubascos de nieve, viento y agua.

Chubascoso: Dícese del cielo cargado de nubes que auguran agua y viento.

Lluvia de escasa duración.

Nombre que reciben los fenómenos atmosféricos que empiezan y terminan de una forma repentina.

Chubasquería: Dícese del conjunto de chubascos aglomerados en el horizonte.

Chucla: Las chuclas son peces propios del Mediterráneo. Son peces de unos 20 centímetros muy vistosos.

Este pez se acerca a la costa en el verano, luciendo su piel en la que destaca el azul brillante. En invierno se refugia en los grandes fondos siendo pescada al arrastre presentando un color grisáceo. Tiene una gran mancha negra a cada lado. Se le captura con trasmallo o redes muy tupidas muy cerca de la costa.

Chufanera: Tipo de nasa que se emplea en la costa catalana.

Chumacera: Abertura pequeña y circular que se hace en los bordes de algunos botes, en la que se puede introducir un remo para bogar sin tolete ni estrobo.

Horquilla hecha con cualquier material que se mete en un orificio en la regala.

Tabla fija sobre la regala, que forrada de metal sirve para aminorar el rozamiento y proteger la regala.

Chupador: Dícese del extremo de una tubería de achique, rematada por una rejilla que evita el paso de cuerpos extraños.

Chupar: Dícese de la corriente que arrastra la embarcación hacia la boca de un estrecho o canal.

Chusma: Conjunto de forzados que bogaban en una galera.

Chuzo: Hasta que medía entre dos metros y dos metros y medio de longitud, que estaba rematada por una punta de hierro o cuchillo de dos filos.

D

D: Bandera del código Internacional de Señales de forma cuadra con tres franjas horizontales, amarilla, azul y amarilla, que izada significa: *Manténgase alejado de mí; estoy navegando con dificultad...*

Dacrón: Tipo de fibra sintética muy resistente que se usa en la fabricación de tejidos para velas y cabullería.

Dado: Cuadrado pequeño hecho en latón o bronce que se embute en el centro de una roldana para amortiguar el rozamiento con el perno de la misma.

Refuerzo sobre puesto en una vela en los puntos de roce para evitar su desgaste.

Pieza metálica de dos o tres centímetros de diámetro con la superficie punteada como un dedal y que se usa en los veleros para empujar la aguja con la mano al coser. Pequeño cilindro de madera que se embute a la misma profundidad en las dos caras de encoramiento para quitar el juego de las piezas y en ayuda de los pernos con que se afirman.

Dala: Regata o canal de madera que se hace para llevar a los imbornales el agua extraída de las bombas.

Canal de madera que se colocaba en las antiguas embarcaciones casi horizontalmente en la proa del barco con el fin de que los orines y aguas vertidas no ensuciaran los costados.

Dama: Cuñas que en algunos botes sin toletes, se encajan en la regala dejando un espacio para el remo, sirviendo de punto de apoyo para ciar y bogar.

Danforth, Ancla: Ancla de origen norteamericano caracterizada por tener uñas largas y puntiagudas y cepo en la base de estas. Es muy usada en los veleros.

Dar: Permitir, como el viento o la marea etc., dan para hacer cualquier maniobra.

Dar bandazos: Que el barco sé balance fuertemente.

Dársena: Dícese a cada una de las partes en que se divide la parte abrigada de un puerto.

Dátil de mar: *(Lithodomus litophagus)*. Se trata de un molusco específicamente mediterráneo, aunque también se encuentra en el Atlántico. Su nombre científico significa que habita en las rocas y que come rocas. Es un mejillón alargado que perfora las rocas y se instala en ellas. Su carne es muy buena, pero para cogerlo es necesario romper las rocas.

Datum: O cero de la carta, es el plano o nivel de referencia de las cartas náuticas.

Decca: Se trata de un sistema de radionavegación hiperbólica formado por estaciones emisoras, gobernadas por una principal.

Decaer: Abatir o caer a sotavento.

Declararse: Cuando hace referencia al viento, y fija este su dirección e intensidad después de haberse mostrado variable.

Declinación: Declive, caída, descenso, bajada, etc.

Declinación astronómica: Arco menor de semicircunferencia horaria o de máximo de ascensión, entre el ecuador celeste y el centro de un astro. Se cuenta de 0 a 90° teniendo significado positivo si el astro se halla en el hemisferio norte y significado negativo si está en el hemisferio sur.

Declinación magnética: Es el ángulo que forma la dirección del norte magnético con la del norte geográfico. También se llama variación local.

Declinar: Rolar en su primera acepción.

Cuando se refiere a compás o aguja náutica, es separarse esta de la línea norte-sur verdadera, al Este o al Oeste, el ángulo llamado declinación o variación.

Decremento anuo: Es lo que decrece anualmente la declinación magnética.

Defensa: Cualquier artilugio que se utilice para amortiguar golpes en los costados de una embarcación...

Pieza de madera que se colocaba a lo largo de los costados de las embarcaciones con el fin de protegerlos cuando se atracaran a un muelle para realizar operaciones de carga y descarga. Actualmente se pueden ver en remolcadores, gabarras y otras embarcaciones destinadas a los servicios interiores de puertos.

Deflectores: Aletas colocadas en la popa de la embarcación para que el barco navegue lo más horizontal posible.

Degollar: Rascar a propósito una vela por medio de un objeto cortante, con el fin de evitar un grave peligro al aparejo o a la propia embarcación.

Dejar: Incrementar la distancia, entre una embarcación y otro objeto cualquiera.

Delfín: *(Delphinus delphis)*. Pequeño cetáceo muy común en nuestras costas. Acompaña a las embarcaciones, juega ante la proa, pasa bajo el casco y no para de hacer piruetas. Es muy rápido llegando a alcanzar los 40 nudos. Es muy común en el Mediterráneo, donde no se le captura si no es por espíritu de destrucción.

Delfinera: Arpón utilizado en el Mediterráneo en la captura de delfines.

Delgado: Dícese del horizonte cuando se halla bien definido.

Delgados: Son las partes de proa y popa de una embarcación donde se estrecha el pantoque, que forman un ángulo más o menos fino con la quilla.

Delta: Conjunto de islas o isla de forma triangular comprendidas entre los brazos de un río y en las proximidades de su desembocadura.

Demanda, En: Palabra muy usada en las embarcaciones en la acepción de ir *en busca de algo,* como un cabo, un bichero, etc.

Demora: Angulo horizontal formado por el meridiano con la vertical del objeto marcado. Se cuenta de 0 a 360º, desde el norte hacia el este.

Demora de aguja: Es el ángulo formado ente una visual a la costa y la dirección marcada por el norte de aguja.

Demora magnética: Es el ángulo formado entre una visual a la costa y la dirección del norte magnético.

Demora verdadera: Es el ángulo formado entre una visual a la costa y la dirección del norte geográfico.

Demorar: Estar un objeto en determinada demora, rumbo o dirección respecto a otro o a la embarcación desde la cual se observa.

Densidad: La densidad del agua del mar es proporcional a la cantidad de sales que contiene.

La densidad del mar, en general, varía entre los valores de 1020 y 1030. Cuando nos encontramos en la desembocadura de los ríos pasa a valores más bajos. El valor de la densidad es muy importante en el desarrollo y vitalidad de los peces, moluscos y demás animales marinos.

Así por ejemplo, la ostra se desarrolla y adquiere plena vitalidad entre 1020 y 1023, aunque también pude desarrollarse en aguas más saladas. En cuanto las aguas bajan la densidad a 1010, determinan en ella una enfermedad de la que mueren si no aumenta la densidad de nuevo. Por debajo de 1005 ya no pueden vivir.

Dentón: *Dentex dentex).* Magnífico espárido propio del Mediterráneo que puede alcanzar 10 kilos.

Los dentones que viven en las costas mediterráneas pueden pasar los 10 kilos de peso. En primavera, cuando acaban de realizar su puesta, su captura se puede realizar con curricán o con palangres cebados con peces vivos.

Para la pesca al curricán será necesario disponer de una línea muy resistente, pues se trata de un pez de mucha fuerza y en cuanto se siente enganchada busca los fondos rocosos, si se le da cuerda, existe el peligro de que se meta bajo las piedras. El cebo empleado será la caballa o un señuelo que se le parezca mucho. El plomado se hará lejos del cebo artificial, procurando pasar el aparejo lo más cerca posible del fondo de rocas.

Dentrofuerabordo: Dicese de la embarcación que lleva un motor interior y el sistema de transmisión exterior o fuera bordo. El motor va situado dentro de la embarcación y transmite el movimiento a la hélice a través de una cola exterior y orientable. Tiene ventajas como la supresión del eje de la hélice y del timón y puede varar en una playa al poder levantar la cola.

Depósito: Lugar donde se guardan distintas clases de efectos.

Depósito franco: Lugar destinado a almacenar todo tipo de mercancías de cualquier procedencia tanto para la importación como la exportación pudiéndose comercial con las mismas.

Depresión: Efecto o acción de deprimir.

Depresión barométrica: Zona en la que existe una presión inferior a 760 mm o 10l2 milibares.

Depresión del horizonte: Angulo que, en el ojo del observador, forma la línea horizontal con la tangente a la superficie de la mar.

Depresión magnética: Inclinación que adquiera la aguja magnética del compás cuando señala a los polos.

Derecho: Recto, que no se inclina a ninguna parte.
Orden que se transmite al timonel para que mantenga un rumbo determinado.

Derecho marítimo: Conjunto de leyes y costumbres que regulan los aspectos jurídicos que hacen referencia a las actividades marinas y a la navegación.

Derechos de aduana: Impuestos que han de pagar todas las mercancías que son importadas en el país.

Deriva: Ángulo formado por la proa de una embarcación y el rumbo de su desplazamiento efectivo respecto al fondo.
Orza.

Deriva, Pesca a la: Pesca que se practica dejando arrastrar por el fondo un ligero peso o bien echando un ancla de capa por la proa con el fin de seguir la corriente a menos velocidad gracias al lastre.
La mejor plomada para esa pesca de fondo será la esférica que se dejará ir al fondo hasta tocar, entonces se levantará algunos centímetros.

Deriva, A la: Cualquier embarcación u objeto flotante que se mueve a merced de los elementos existentes en ese momento.

Deriva, Centro: Punto de aplicación de la fuerza de abatimiento.

Deriva, Plano de: Es la superficie vertical longitudinal de la carena que se opone al abatimiento.

Deriva Continental: La teoría, actualmente aceptada, de que los continentes de la Tierra han derivado hacia sus posiciones actuales después de haber estado unidos formando una o más masas de tierra.

Derivar: Abatir, caer a sotavento, aunque por lo general se aplica al efecto producido por una corriente marina.

Derivómetro: Dícese del instrumento que mide la deriva. El más elemental es un semicírculo graduado con el que se aprecia el ángulo de la popa con la estela.

Derramar: Si se refiere a velas en posición de ceñida, permitir que escape por sotavento el viento que las hincha.

Derribo: Inclinación que tienen los cantos laterales de las velas cuadras por ser el grátil menor que el pujamen.

Derrota: Navegación que se realiza para ir de un punto a otro debiendo a este efecto seguir uno o varios rumbos.
Línea trazada en la carta náutica que nos indica el camino que tenemos que seguir para ir de un punto a otro.

Derrota loxodrómica: Es aquella que corta todos los meridianos bajo un mismo ángulo de rumbo, representada en las cartas mercatorianas por una línea recta.

Derrota ortodrómica: Es aquella que sigue el arco del círculo máximo y es la más corta entre dos puntos.

Derrotarse: Perderse de su derrota una embarcación por temporal, nieblas corrientes, etc.

Derrotero: Libro con una descripción muy detallada de la costa que contiene vistas de la misma desde ciertas situaciones, así como una gran información sobre los vientos, corrientes, peligros existentes y otros datos de interés para el navegante. Derrota en su acepción de navegación que deber hacerse para ir de un punto a otro, así como la línea señalada en la carta para gobierno de los navegantes.

Desabordarse: Poder separarse después de un abordaje con otro barco.

Desabozar: Quitar las vueltas de boza a un cabo, cadena o cualquier otro objeto.

Desabrigado: Se dice del puerto bahía o fondeadero que no tiene resguardo contra el viento y la mar.

Desabrigar: Desmontar las jarcias a los palos de una embarcación.

Desabrigarse: Dícese cuando una embarcación sale del abrigo de una costa, bajo o precosta.

Desadujar: Quitar las adujas de un cabo o de una vela.

Desaferrar: Quitar los cabos y tomadores con que está aferrada una vela.

Desatar algo que está enrollado o recogido.

Levar anclas antes de hacerse a la mar.

Desaguadero: Imbornal. Agujero practicado en las bañeras de los barcos para que pueda salir el agua embarcada.

Desaguar: Dícese cuando un río o corriente de agua entran en la mar, un lago o un río más caudaloso.

Desahogado: Se dice del ángulo o posición relativa con el viento, en el que la embarcación navega sin tumbar y desembarazada.

Desalar: Destilar el agua del mar para hacerla potable y poderla utilizar.

Quitar la zahorra con que se había salado los huecos de la estiba.

Desamarrar: Desatar, soltar, desanudar un cabo o quitar la vuelta con que estaba echo firme a una cornamusa o cualquier otro objeto.

Soltar los cabos que sujetan alguna cosa.

Dejar a la embarcación sobre una sola amarra o ancla.

Desamarrarse: Romper o faltar por cualquier causa uno o todos los cabos, cables o cadenas con que estaba amarrada la embarcación.

Desamparar: Sacar palos, jarcias, puntales etc. de una embarcación dejando abandonado el casco por inservible.

Desaparejar: Desmontar de una embarcación la jarcia de labor y parte de la firme, junto con los masteleros y vergas, dejando solo los palos machos.

Desarbolar: Desmontar de una embarcación los palos. Romper a uno o varios barcos los palos en accidente de mar.

Desarranchar: Revolver, mezclar, confundir, poner desordenadamente cualquier clase de objetos en una embarcación.

Desatracar: Separar una embarcación de un muelle o cualquier otro lugar que esta atracada.

Descabezar: Dícese cuando se rompe por su cuello o por su espiga un palo o mastelero.
Cuando se trata de un cabo o punta de tierra, rebasar la marcación en que se considera coronado pero sin acabar de doblarlo.

Descalabrar: Se dice cuando se han producido en una embarcación por un temporal o por la causa que fuera, averías de gran importancia.

Descalar: En las embarcaciones de madera, limpiar y retirar las estopas viejas de las costuras.

Descargar: Desembarcar la carga de una embarcación.
Bracear por sotavento un aparejo o vela en facha, hasta dejarla al filo o que beban el viento por el derecho o cara de popa.
Poner a la vía la caña del timón que se tenía en una banda.
Arriar las escotas de las velas para aminorar superficie y el ángulo que se presenta al viento.

Arriar por grados.

Cuando se refiere a un chubasco o temporal, desfogar los mismos.

Descargadero: Lugar destinado para que las embarcaciones puedan desembarcar la carga que transportaban.

Descarnar: Dícese cuando una parte de la costa queda descubierta por efecto de las olas y corrientes o durante la pleamar. Desmoronar, derruir, socavar la mar en la costa por efecto de las olas y corrientes.

Bajar mucho el agua en la marea.

Descender: Dícese cuando se navega de norte a sur en el hemisferio septentrional y de sur a norte en el austral, acercándonos en ambos casos al ecuador.

Descepar: Cuando se ha perdido el cepo del ancla en un fondeadero o se ha quitado por voluntad propia.

Descolchar: Deshacer el torcido o la colcha de un cable o cabo.

Descolgar: Soltar una bandera o una vela.

Descompresión: Proceso de descompresión de nitrógeno de un buceador después de una inmersión con escafandra.

Descompresión, Cámara de: Local o aparato preparado con instrumentos para que puedan efectuar descompresiones los buceadores que no lo hicieron en el agua por la causa que fuera.

Descoser: Soltar dos cosas unidas entre sí por cualquier medio, como velas, paños, toldos, etc.

Descuartelar: Deshacer el cuartel de las velas, arriando de las escotas de la misma manera que se cobró de ellas al acuartelarlas.

Descubierta: Dícese del fondeadero desabrigado o de la embarcación que no tiene cubierta.

Descubridor: Marino que hizo un importante descubrimiento.

Descubrimiento

Descubrimiento: Dícese del hallazgo de nuevas tierras, continentes, islas, mar u otro accidente geográfico, hasta ese momento ignorado y el viaje para poder hacerlo.

Desequilibrado: Dícese del barco que precisa el empleo constante del timón para mantenerse a rumbo.

Desembarcadero: Sitio adecuado para poder desembarcar personas o mercancías.

Desembargar: Quitar el embargo que existe sobre una embarcación o una carga.

Desembarrancar: Dejar de nuevo a flote a una embarcación encallada, varada o embarrancada.

Desembocadura: Lugar por la que vierte sus aguas al mar un río, canal o estrecho.

Desembragar: Desconectar un mecanismo del eje que lo mueve o volverlo a embragar.

Quitar el cabo o cadena con que se encuentra embragado algo.

Desencadenarse: Se dice cuando los vientos o temporales adquieren una violencia extraordinaria.

Desencallar: Poner a flote una embarcación encallada o varada.

Desencapillar: Soltar todo lo que está encapillado o enganchado.

Desenceparse: Soltar las vueltas de cadena o cabo en el cepo de un ancla.

Desenmallar: Sacar los peces de entre las mallas de la red.

Desenrocar: Desatar la cadena, cable, cabo red, etc. que está sujeto en una roca.

Desentalingar: Soltar el cabo o cable entalingado al arganeo de un ancla y quitar el grillete de unión de una cadena a un ancla.

Desenvergar: Desmontar las velas de las vergas, perchas, palos estayes. etc.

Desestacar: Arrancar las ostras de las estacas, de las tejas o de las rocas donde se han fijado. Esa operación se realiza con la ayuda de una cuchilla de forma triangular y mango de madera.

Desestibar: Deshacer la estiba de una embarcación y descargarla.

Desfogar: Ceder el viento o un chubasco después de haber soplado con violencia.

Hacer que aminore el efecto del viento en una vela, bien arriando las escotas o degollándola.

Desfondar: Abrirse fondos de una embarcación, hundirse una cubierta o romper una vela.

Desgaritarse: Perderse, extraviarse del rumbo a seguir por efecto de un temporal que impida hallar la situación.

Desgobernar: Navegar en rumbo distinto por descuido del timonel.

Desguace: Acción de desguazar una embarcación por los motivos que sean.

Desguarnir: Desnudar, desaparejar, etc. una embarcación.

Desguarnirse: Abrirse una embarcación por los trancaniles, rompérsele los cadenotes, etc.

Desguazar: Desmontar una embarcación de modo que puedan aprovecharse todos sus materiales.

Deshincharse: Se dice cuando las olas tienden a disminuir de tamaño y la mar a calmarse.

Desincrustante: Productos químicos destinados a desprender las incrustaciones y que se dan a los bajos de las embarcaciones por lo menos una vez al año.

Desmantelar: Desarmar y desaparejar una embarcación con el fin de hacerle una gran reparación o para desguazarlo o tenerlo de baja durante cierto tiempo.

Desmochar: Desmontar, cortar o echar abajo los palos de una embarcación.

Desnudar: Quitar a un palo o a una verga los cabos empleados en sujetarlos o maniobrarlos.

Desobedecer: Dícese cuando una embarcación no mantiene el rumbo deseado y vira a la banda opuesta a la que se desea por la acción del timón.

Desobediente: Se dice de la embarcación que tarda en responder al efecto evolutivo que se pretende con el timón.

Desollar: Quitar las arrugas de una vela o intentar al menos reducirlas.

Despachar: Autorizar a una embarcación por parte de la aduana, sanidad o capitanía del puerto para que pueda salir a la mar o diligenciar su entrada en puerto.

Despacho de barcos: Oficina del puerto donde capitanía autoriza la entrada o salida de embarcaciones.

Despejado: Dícese cuando el estado del cielo y del horizonte están limpios de nubes y nieblas que dificultan la buena visibilidad de los astros y objetos.

Desperdiciar: Cuando se navega menos ceñido de lo que permite el viento, sin aprovechar sus rachas largas.

Desplayar: Como sucede al bajar la marea, retirarse la mar de la playa.

Desplazamiento: Peso de la embarcación en toneladas métricas que equivale al peso del agua desplazada.

Desplazamiento en lastre: Es el peso de la embarcación lista para navegar con personal, pertrechos, víveres, etc.

Desplazamiento en rosca: Es el que corresponde al barco completamente descargado.

Desplazamiento total: Es el que corresponde al barco con toda la carga que pueda llevar.

Desrelingar: Quitar las relingas de las velas.

Desrizar: Quitar los rizos de las velas para que estas presenten mayor superficie al viento.

Destacarse: Dícese cuando se extienden desde la costa hacia al mar, los arrecifes, bajos, cadenas, islotes, etc.

Destello: Aumento controlado de la luz de un faro.

Destrincar: Deshacer la trinca de un objeto o desamarrarlo.

Destrogira: Se dice de la hélice que gira en el sentido de las agujas del reloj.

Desvarar: Ponerse a flote una embarcación varada bien por efectos manuales o mecánicos o por acción del viento o la marea.

Desventar: Maniobra que se realiza para interferir en el viento que llega a las velas de un competidor. También, vaciar las velas de viento, haciéndolas flamear.

Desvente, Cono de: Area de viento perturbado que se crea a sotavento de una embarcación y se extiende unas 10 esloras...

Desvío: Ángulo que forma la aguja náutica con el meridiano magnético; puede variar con el rumbo y también con el ángulo de la escora. La forma de anularlo o reducirlo será compensando la aguja. Cuando el norte de la aguja apunta a la derecha del meridiano magnético, el desvío es positivo o Este. Y si apunta a la izquierda, el desvío es negativo u Oeste.

Desvío de escora: Cuando existe una fuerte escora se produce un error en el compás ocasionado por la misma, ya que la escora distorsiona el campo magnético.

Desvirar: Dar vueltas en sentido contrario a las que se dieron al virar una cadena, cable o cabo al cabestrante, molinete o maquinilla.

Detritos: En el sentido biológico, partículas orgánicas que se sedimentan en el fondo marino, donde varios tipos de organismos bentónicos pueden utilizarlas como fuente de alimento.

Diablillo: Aparejo de pesca que se emplea en la costa de Levante española para la pesca de serranos, besugos, salmonetes, pajeles, etc.

Está formado por un palangre, ya que se trata de un cordel madre, no muy grueso, al que se le ponen varias permadas llamadas *cametas y reinales,* que lleva en la punta el anzuelo el aparejo tiene entre 150 y 200 metros de largo y las cametas son de medio metro.

Este palangre se cala a unas dos millas de la costa.

Diáfono: Es un aparato de señales fónicas de mucha potencia que se emplea en algunos faros para emitir señales de niebla.

Diámetro táctico: Distancia existente a babor o estribor del rumbo original cuando se ha virado 180° con el timón con un ángulo constante.

Diario de navegación: Diario en el que se registran todos los pormenores del viaje de una embarcación, con casillas para anotar, distancias, horas, recorridos, revoluciones del motor, rumbos sondan aparejos situaciones, datos meteorológicos y todos los acaecimientos que se consideren de interés.

Diatomeas: Plantas planctónicas unicelulares de la subdivisión Chysophyta.

Se caracterizan por su teca silícea y se hallan entre el fitoplancton marino más abundante.

Diblera: Palangre de nasa de junco que se utiliza en Cartagena para la pesca de la langosta, congrio, etc. Su colocación se hace en la costa, sobre un fondo de rocas. Este aparejo lleva amarrado al cabo de boya otro más fino que termina en un anzuelo grande forrado por estopa la parte de la patilla, para que los peces no muerdan el cabo; el anzuelo queda colgando con su cebo correspondiente y sirve para la pesca de marracos, cazones, etc.

Diente: Parte sólida entre dos muescas practicada en una pieza de madera y que también se llama espiga.

Diferencia: Variedad entre cosas de una misma especie.

Diferencia en latitud: Menor arco de meridiano entre los paralelos de dos lugares.

Diferencia en longitud: Menor arco de ecuador comprendido entre los meridianos de dos lugares.

Diferencia de calados: Es la existente entre los calados de popa y proa de dos embarcaciones.

Diferencial: Mecanismo que engrana tres móviles y que impone entre sus velocidades instantáneas la condición de que cada una de ellas sea proporcional a la suma de las otras dos.

Diferir: Quitar los tomadores a una vela cuadra dejándola sujeta por la cruz.

Dimensiones principales: Se llaman dimensiones principales de una embarcación a la manga, eslora, puntal y calado.

Dique: Muro que sirve para contener las aguas.

Dique flotante: Artefacto en forma de U que es sumergido parcialmente por medio de tanques. El barco es introducido en su interior y se achica el agua de los tanques para que el dique suba, levantando de esta forma la embarcación hasta que quede descubierta por completo y quede en condiciones de poder efectuar en ella cualquier trabajo.

Dique seco: Dársena con puertas en la que puede entrar la embarcación y una vez cerrada se achica el agua para dejar el casco en seco y poder realizar de esta forma cualquier obra que se desee.

Directo: Dícese del rumbo que se produce entre el punto de salida y el de llegada, sin que existan escalas intermedias ni desviaciones de ninguna clase.

Directriz, Fuerza: Es la que se produce sobre el norte de la aguja magnética llevándola a una posición de equilibrio cuando ha sido apartada de ella por cualquier causa.

Disco de máxima carga: Es aquel que se pinta en el costado de un buque mercante para indicar el mayor calado con el que se puede navegar.

Dispositivo de separación de tráfico: Se refiere a las disposiciones de separación de tráfico de las áreas congestionadas. Cada dispositivo cuenta con dos vías de circulación y una zona de línea de separación.

Distancia: La que existe entre dos lugares.

Distancia angular: Es la distancia angular existente entre un planeta y el sol o un planeta y su satélite.

Distancia cenital: Es el arco de vertical medido desde el astro al cenit; es el complemento de la altura del astro.

Distancia navegada: Es aquella recorrida por una embarcación en el intervalo considerado.

Distancia de corredera: Es aquella que indica este aparato como recorrido por la embarcación en un tiempo determinado.

Distancia directa: Es la que existe entre dos puntos unidos por el rumbo directo.

Distancia loxodrómica: Es la medida sobre una línea loxodrómica.

Distancia ortodrómica: Es la distancia medida entre una derrota ortodrómica o círculo máximo de la esfera terrestre.

Distancia polar: Es el arco de círculo horario desde el polo elevado al astro; es el complemento de la declinación del astro.

Divisa: Señal exterior para distinguir grados o empleos.
En la Marina tanto de guerra como mercante o de recreo están formadas por galones en la bocamanga y en hombreras o palas.

Doblar: Doblar un cabo, un acantilado, un promontorio etc., es pasarlo y dejarlo por la popa.

Doble fondo: Dicese de la embarcación que tiene forro doble en su fondo.

Dócil: Dícese de la embarcación que obedece pronto y fácilmente al timón, cuando se mete este a una u otra banda para producir un efecto de tipo evolutivo.

Doldrums: Nombre que recibe la zona de calmas ecuatoriales en que los vientos son muy ligeros e imprevisibles.

Dorada: *(Chrysophris aurata o sparus aurata)*. Es el pez más bello y mejor de la familia de los Espáridos. Es de color gris azulado en el dorso, plateado en el vientre y cerca del ojo tiene una mancha amarilla o anaranjada brillante que motiva el nombre de dorada.

Tiene las mandíbulas provista de grandes molares que emplea para romper con facilidad las conchas de los moluscos y los anzuelos si no son muy fuertes.

La pesca de la dorada no es abundante para que se haga objeto de pesca especial. Se la pesca junto con la baila y el verrugato.

Para pescarla, tendremos que cebar el anzuelo con, navajas, berberechos, mejillones y también con gusanos.

La talla de las doradas es de 50 a 55 centímetros, para un peso de entre 6 y 7 kilos.

En todo el Mediterráneo es una especie muy estimada junto con la lubina o *llobarro*. No es la misma especie que se pesca en el Atlántico. Su pesca se realiza en las lagunas costeras del Mediterráneo, particularmente en el sur de Francia. La puesta de los huevos la realiza en el mar, durante el otoño, época que se le puede pescar en el mar, en la primavera siguiente, los alevines emigran a las lagunas costeras, donde encuentran una temperatura más elevada y una mayor cantidad de oxigeno en sus aguas. Allí permanecen hasta que son adultas, volviendo al mar para efectuar su puesta.

Dorado: Nombre que se da en la costa africana al *palometón* en su estado juvenil.

Dormida: Lugar en donde se ha permanecido fondeado durante la noche, al abrigo de los vientos y de la mar.

Dormirse: Dícese de la aguja náutica cuando por defectos mecánicos se queda orientada fuera del meridiano magnético al ser alejada del mismo o sea que no recupera la posición normal de reposo.

También se dice del barco lento que tarda en adrizarse después de un balance y también de aquel que va escorado por la fuerza del viento y no responde al timón.

Dorna: Embarcación de vela, típica de Galicia, de muy difícil manejo.

Dorsal atlántica: Sistema constituido por crestas y valles, que se eleva en el centro del Atlántico, de norte a sur, atravesándolo por completo. Es uno de los diversos sistemas de dorsales oceánicos existentes en la Tierra donde se separa el suelo marino.

Douglas, escala de: Escala para la clasificación del estado de la mar.

Dotación: Conjunto de pertrechos y efectos asignados por los reglamentos para habilitar una embarcación.

Tripulación o personal para el servicio de una embarcación.

Draga: Embarcación dotada de medios para limpiar el fondo de los puertos ríos o canales etc.

Dragado: Acción de dragar o limpiar el fondo de los puertos, ríos, canales etc.

Dragaminas: Barco preparado especialmente para recoger minas y destruirlas.

Drifter: Nombre de una vela de proa muy ligera que se utiliza en ventolinas.

Driza: Aparejo o cabo para izar o suspender velas y vergas, así como banderas y gallardetes.

Dundee: Nombre que también se aplica al queche, se trata de una embarcación con un solo palo mayor y un palo mesana pequeño para velas cangrejas o Marconi, izando a proa trinqueta y foque.

Dúplex: Modo de explotación que te permite transmitir simultáneamente en los dos sentidos de un canal de comunicación.

Durmiente: En las embarcaciones de madera, pieza gruesa compuesta de otras más pequeñas unidas a escarpe que se extienden de proa a popa por el interior del costado, sobre el cual se asientan las cabezas de los baos.

Duro: Viento de fuerza 8 en la escala de Beaufort que equivale a 16,7 metros por segundo, 32,6 nudos o 60,3 kilómetros por hora.

Duro, Muy duro: Viento de fuerza 9 de la escala de Beaufort con la misma equivalencia que el duro.

E

E: Abreviatura del punto cardinal Este.
Bandera del Código Internacional de Señales con dos franjas horizontales, azul la superior y roja la inferior. Izada significa: *Estoy cayendo a estribor*.

Ecógrafo: Sondador por eco con un aparato que registra las profundidades.

Ecosistema: Comunidad de organismos que interactúan entre sí y con el medio en que viven. Puede considerarse en equilibrio si la comunidad es estable durante un período de tiempo finito.

Ecosonda: Conocida también por el nombre de profundímetro, sonda, ecómetro, es el aparato dedicado a medir la profundidad de la mar, descubrir la naturaleza del fondo o averiguar si existen peces en ese lugar. Por el tiempo entre la emisión de un impulso y la recepción del eco se obtiene la distancia al obstáculo o blanco, mientras que la distancia de este se determina por la del haz de radiación.

Ecuador: Circunferencia máxima de la esfera celeste, perpendicular al eje del mundo, que divide aquella en dos hemisferios Norte y Sur.

Sobre el ecuador celeste se cuentan los horarios y ascensiones rectas de los astros.

Ecuador celeste: Equivale al ecuador terrestre proyectado sobre el globo celeste. Es el gran círculo celeste perpendicular a los polos.

Ecuador magnético: Línea imaginaria, próxima al ecuador terrestre, en que la inclinación de la aguja magnética es de cero grados y la fuerza vertical nula.

Ecuador terrestre: Circunferencia máxima de la esfera terrestre, perpendicular al eje de los polos y que divide nuestro planeta en dos hemisferios, septentrional y meridional. Sobre ella se cuentan las longitudes geográficas.

Echar: Verbo utilizado en infinidad de frases a bordo de las embarcaciones como: Echar a fondo, abajo, al agua, a pique, etc.

Echo: Pronunciación fonética de la letra E en el Código Internacional de la ICAO.

E.D: Abreviatura que se emplea en las cartas náuticas para reseñar la existencia dudosa de un naufragio, bajo, piedra, etc.

Edad de la luna: Dícese del tiempo transcurrido desde que la luna ha sido nueva.

Efectiva, Potencia: Es la ejercida en impulsar una embarcación, descontando las pérdidas por resistencia del casco y mecánica.

Efecto Coriolis: Es el efecto de la rotación de la tierra sobre los cuerpos en movimiento, incluyendo las masas de aire y de agua.

Efecto Doppler: El aparente cambio de frecuencia de las ondas sonoras o de luz, causado por diferencias en la situación o velocidad de la fuente de sonido o luz, y del observador.

Efecto de la corriente: Es el provocado por el movimiento del agua debido a la marea o a otras causas que motivan el desvío del barco de su rumbo. Se mide como el rumbo, si la corriente va hacia el norte se denomina corriente norte, y si va hacia el sur es corriente sur.

Efemérides: Dícese del almanaque náutico.

Eje: Línea imaginaria que une los dos polos alrededor de la cual gira la tierra.

Eje propulsor: El que transmite el esfuerzo de torsión de la máquina principal a la hélice de un barco.

Eje de cola: La parte más a popa del eje de propulsión en cuyo extremo libre se coloca la hélice.

Elevación del observador: Es la del ojo de éste, dato que se hace imprescindible para corregir las alturas de los astros.

Electrólisis: Es la corrosión de las planchas metálicas por la acción de un par voltaico, que se evita con la colocación en el casco de ánodos de aluminio.

Elevarse en latitud: Navegar con dirección hacia alguno de los polos o alejarse del ecuador. Cuando hace referencia a los astros, aumentar estos en altura.

Emballo, Pesca al: Pesca exclusivamente de red que consiste en rodear una zona rocosa, cerrar una bahía, todo ello hecho con una red larga o un trasmallo; después se penetra en el espacio cerrado, haciendo el mayor ruido posible, batiendo el agua, asustando el pescado que huye y se enmalla.

Esta pesca se realiza en el Mediterráneo para la pesca con feito y en los grandes estanques y albuferas.

Embarcación: Una de las muchas denominaciones generales de toda construcción o cualquier forma de tamaño que consigue mantenerse a flote y navegar.

Embarcaciones menores: Dícese de las lanchas botes, chinchorros etc.

Embarcadero: Lugar preparado para embarcar personas, mercancías etc.

Embargo: Retención de una embarcación por orden judicial, generalmente para responder de créditos en contra de él.

Embarrancar: Varar clavándose la embarcación en fondo de arena o fango.

Embatada: Golpe inesperado de mar o viento en la dirección contraria a la que seguía hasta entonces.

Embate: Fuerte choque de la mar contra las rocas.

Efecto que produce el terral en algunos golfos y ensenadas, al oponerse a que recalen los vientos de fuera.

Viento repentino y con bastante fuerza.

Embestir: Chocar una embarcación contra la costa, otro barco, muelle, etc.

Embocadura: Entrada de un estrecho o canal.

Acción o efecto de embocar.

Lugar desde el cual se puede entrar directamente a un canal o estrecho.

Lugar por donde un río desagua en otro, en un lago o en el mar.

Embotellar: Taponar un paso estrecho o salida de un puerto por sorpresa, para impedir la salida de las embarcaciones que estén dentro.

Embragar: Atar con un trozo de cabo o cable, a modo de eslinga, un objeto voluminoso o pesado, con la intención de izarlo.

Acoplar un eje para que participe del movimiento de una máquina a motor.

Embravecerse: Cuando hace referencia a la mar, encresparse, arbolar, etc.

Embrear: En las embarcaciones de madera, dar una capa de brea derretida a las costuras de cubierta o costados una vez se hayan calafateado.

Embutir: Dícese cuando se rellenan los huecos de los cordones de un cabo por medio de otro más delgado llamado *embutidora* y al que se da vueltas siguiendo la espiral de los cordones.

Emigración. De los peces: Uno de los problemas pesquero más importante el de la emigración de los peces. Es muy importante conocer las circunstancias que la regulan, ya que de su aproximación o alejamiento de las costas depende que los pescadores puedan o no capturarlos.

Hoy sabemos que las emigraciones obedecen por lo general a causas genéticas y tróficas. Hay peces que se desplazan en grandes bancos en busca de comida-*emigraciones tróficas-;* y otros que lo realizan en busca de las condiciones óptimas para la reproducción de la especie-*emigraciones genéticas.*

Cuando se conozcan con gran detalle y exactamente estas emigraciones, las técnicas pesqueras avanzaran machismo y de esta forma, repercutirá sobre la regulación de la pesca y su producción.

Empalomar: Coser una relinga a una vela con merlín, utilizando agujas especiales.

Empatar: Unir el anzuelo al sedal por medio de un nudo con la intención de utilizarlo para la pesca.

Empeñarse: Poner la embarcación en peligro con riesgo de varar sobre una costa o bajo o de abordarse con otro barco. Meterse una embarcación en un canal, ensenada, bahía u otro espacio limitado para fondear o realizar alguna otra función.

Emplomadura: Es la forma de colocar los plomos en los artes de pesca. Se llama emplomadura, emplomar o lastrar el arte, a la colocación de plomos, piedras y toda clase pesos que se ponen siempre en la relinga inferior de casi todas las artes de pesca, o bien en el bajo-liña de algunos aparejos.

Empopada: Cuando se navega con el viento en popa; por lo general se entiende con un viento de fuerte intensidad.

Empopado: Dicese de la embarcación que cala mucho de popa.

Encadenar: Hacer una cadena con cada uno de los tomadores de la vela, después de desaferrarla, con el fin de que no cuelguen mucho.
Encarcelar las cadenas de las anclas.

Encajerarse: Morderse un cabo de labor entre la cajera y la roldana de un motón.

Encajonada: Cajón de madera relleno de cemento que se aplica para taponar una vía de agua pequeña.

Encalmado: Se dice del barco de vela que por estar en un lugar donde no hay viento no puede avanzar.

Encalladero: Lugar del fondo en el que al entrar una embarcación con violencia se encalla.

Encallar: Varar en el fondo o encajonarse entre piedras.

Encamarse: Hacer asiento o cama una embarcación sobre el fango o arena sobre el que está varado.

Encaminar: Poner a rumbo una embarcación que navegaba

atravesada por la corriente, el viento o el mar.

Encandelar: Poner vertical o en candela un palo, un mastelero u otro objeto cualquiera.

Encañizada: Consiste este medio de pesca en un cercado de estacas, cañas etc. que forman una reja capaz de resistir hasta grandes temporales. Estos armazones están combinados con redes, y adoptan las más distintas formas.

Este tipo de pesca se realiza en el mar Menor y en Tortosa.

Encapillar: Enganchar un cable o cabo al penol de una verga, cuello de un palo, noray o cualquier otra parte, por medio de una gaza hecha en uno de sus extremos.

Meter, encajar cualquier cosa que entre de arriba abajo por espiga macho, etc., o bien ajustar otra con molde.

Encapillarse un golpe de mar: Cuando entra una ola grande en la embarcación saltando por encima de la borda.

Encarcelar: Dar una trinca a dos cabos, cadenas, etc., que se cruzan, precisamente en la intersección, para evitar que se rocen.

Enceparse: Engancharse o enredarse la cadena o cabo de fondeo en el cepo del ancla cuando se encuentra fondeada.

Encerado: Trozo de lona que en caso de lluvia, mar o intemperie se emplea para proteger un espacio o un objeto.

Encesa: Sistema de pesca utilizado en el Mediterráneo, en el que se utiliza artes de cerco, y se atrae al pescado con luz artificial.

Encinta: En las embarcaciones de madera, hilera de tablones de forro exterior en que coincide la línea del agua de toda embarcación.

Encintrar: Dícese cuando se monta o se pasa una embarcación sobre la cadena de su propia ancla.

Encofrado: Revestimiento de cemento y tablas que se utiliza para taponar una vía pequeña de agua.

Encontrado-a: Dícese del rumbo o vuelta contraria seguida por dos embarcaciones y en general de todo lo que se mueve o está en dirección opuesta.

Encontrarse: Tratándose de olas, es seguir caminos opuestos, como sucede al saltar un viento de dirección contraria al que causó la primera marejada.

Encoramentear: Cuando se unen dos ligazones de piezas de construcción por medio de pernos o de cabillas.

Encorchadura: Conjunto de corchos que guarnecen y sirven para mantener a flote algunas redes de pesca.

Encrespar: Se dice cuando la mar levanta sus olas por la acción del viento.

Encharranchar: Colocar las charranchas entre los armazones del esqueleto de la embarcación.

Enchavetar: Sujetar un perno con su chaveta.

Enchina: Cabo muy delgado que se usa en las embarcaciones de aparejo latino, para sujetar el empalme de las antenas.

Endentar: Unir dos piezas de forma que la una encaje en la otra por medio de dientes o rebajes, con el objeto de que al empernarlas queden más sujetas.

Endeño: Aparejo de rastrillar para las almejas y otro tipo de mariscos utilizado mucho en Galicia.

Endiches: Dícese de las redes que forman las paredes de la boca de la almadraba de buche.

ENE: Son las iniciales del viento y rumbo esnordeste que por razones de eufonía a bordo se dice *lesnordeste*.

E1/4SE: Es la abreviatura del rumbo y viento *Este cuarta al sureste*.

Enfangarse: Dícese cuando se vara en fondo de fango.

Enfilación: Es la línea de posición determinada por dos marcas o puntos.

Consiste en alinear dos marcaciones fáciles de observar, llegando así a situar con gran precisión cualquier lugar determinado que fue bueno para la pesca, o para cuando se navega poder situarse.

Enfilar: Navegar en el mismo plano vertical que pasa por dos o más puntos o marcas.

Enfoscarse: Cargarse la atmósfera de brumas y vapores que disminuyen la visibilidad.

Enfurecerse: Cuando se refiere a la mar, lo mismo que encresparse, embravecerse, alborotarse, hincharse, engordar, engrosar, etc,.

Engalanado: Conjunto de banderas con que se adorna una embarcación en fechas muy señaladas.

Engalgar: Amarrar a la cruz del ancla el cabo de un anclote con el fin de aumentar su fuerza, estando colocado este en la dirección en que trabaja la cadena del ancla.

Enganchar: Meter la punta de un gancho dentro de unos guardacabos, seno de un estrobo o cualquier otro lugar para que quede sujeto.

Coger alguna cosa con gancho o ponerla en él.

Quedar el pez prendido en el anzuelo.

Engañadura: Costura que se hace para ayustar un cabo de la jarcia firme, con un obenque, burda, etc.

Engargolado: Rebajo o ranura por donde corre una puerta o ventana de las llamadas de corredera.

Engargolar: Enlazar un cabo pasándolo por dentro de otro igual o parecido, generalmente en gazas, anillas, guardacabos, o un cabo que forme cadeneta.

Engargotado: Engargotado más ancho por el fondo que por la boca que se hace con el fin de que no se salga la pieza que corre por él.

Engazadura: Acción y efecto de engazar.

Lugar de un cabo en el que está hecha una gaza.

Engazar: Ayustar y poner firmes gazas a los cuadernales, motones y bigotas.

Engolfarse: Alejarse de la costa, llegando a perderla de vista, enmararse.

Engordar: Se dice de la mar cuando aumenta el volumen de sus olas.

Engranar: Grumear. Acción de cebar las aguas para atraer a los peces, esparciendo materias que les sean agradables.

Engrosar: Cuando hace referencia a las nubes, es aumentar su volumen y espesor, y cuando hace referencia a la mar, es aumentar el volumen de las olas.

Engrudo: En las embarcaciones de madera, mezcla de vidrio machacado y pelo de vaca que se metía entre las maderas para protegerlas de ratas u gusanos.

Enguillar: Forrar un cabo grueso para protegerlo, dándole vueltas con otro más fino.

Enjabegarse: Se dice cuando se engancha una cadena, un cable o un cabo en alguna piedra u objeto en el fondo del mar.

Enjarciar: Montar las jarcias a los palos y masteleros.

Enjaretado: Especie de rejilla, enrejado o celosía formada por listones o tablones cruzados a escuadra que se pone generalmente en las bañeras de las embarcaciones para preservar de humedad cuando entra agua.

Enmararse: Alejarse mucho de la costa perdiendo o sin perder la tierra de vista.

Enmascararse: Cambiar la estructura de una embarcación por medio de pinturas o aplicando estructuras que modifiquen aparentemente su silueta.

Enmasillar: En las embarcaciones de madera, tapar con masilla las costuras de las tablas, las cabezas de los clavos y pernos, etc.

Enmechar: Unir los extremos de dos maderos, embutiendo el diente del uno en la mortaja practicada en el otro.

Enmendar: Mejorar la situación en que se encuentra alguna cosa, como por ejemplo las anclas.

Volver a poner en su forma original algo que se había cambiado.

Cambiar el atraque o fondeadero.

Enorme, Estado de la mar: Según la escala de Douglas para medir el estado de la mar, pertenece al grado 9 de la escala y la altura de las olas es superior a los 14 metros.

Enreda: Arte de pesca llamado boqueronera de bordes rectos que se cala en superficie y a la deriva.

Enrocarse: Engancharse una red, anzuelo, ancla etc. en las rocas del fondo del mar.

Enrollador de génova: Es un artefacto que permite enrollar la génova sobre el estay de proa, pudiéndolo rizar dependiendo el viento.

Ensalobrarse: Dícese cuando se vuelve salobre el agua que tenemos destinada para beber.

Ensamblarse: Unir dos piezas de madera directamente en algunas cavidades o a través de pernos o de clavos. Los nombres que se les da a las distintas ensambladuras son: En ángulo, en cola de milano, solapadas, en escarpe y con dados.

Ensebar: En las embarcaciones de madera, dar sebo a los fondos de una embarcación o a cualquier parte que lo necesite.

Ensecar: Varar, poner en seco una embarcación o cualquier artefacto flotante.

Ensenada: Recodo de tierra en que entra la mar y, formando seno, puede en ocasiones servir de abrigo a los barcos.

Ensoberbecerse: Cuando hace referencia a la mar, encresparse, agitarse, enfurecerse, embravecerse, etc.

Entablarse: Cuando hace referencia al viento, es afirmarse en la dirección en que ya está soplando.

Entalingadura: Unión de la cadena con el grillete del ancla.

Entena: Verga de las velas de los barcos latinos. Cuando no es enteriza se compone de dos partes llamadas car y pena, unidas con amarraduras del cabo que se llama inginia.

Verga de mesana de los navíos antiguos, cuando aún no se había introducido la vela cangreja.

Entenal: Grátil de una entena.

Entenola: Nombre de la verga pequeña o berlinga que se lleva de repuesto.

Enterizo: Se llama así al palo, mastelero, o cualquier objeto de una sola pieza.

Entestar: Unir dos piezas de ligazón por sus cabezas de modo que constituyan una sola.

Entina: Cada uno de los bajos de algas, cuando desde el fondo llegan a la superficie del agua dejando canalillos entre ellos.

Entrada: Sitio por donde se entra en un puerto, río, canal, etc.

Entrante: Se dice de la marea que entra o sube.

Entrecubiertas: Espacio existente entre las cubiertas de una embarcación.

Entreforro: Es el espacio que existe entre la quilla horizontal y el plan de la embarcación, o entre el forro exterior e interior.

Entrepenoles: Envergadura de una vela o parte de la misma entre penol y penol.

Entrepuente: Espacio comprendido entre dos cubiertas.

Entullada: Nombre que se da en Galicia a la red o conjunto de redes para taponar la entrada de un recodo o caleta durante la bajamar, capturando el pescado que queda en seco y no se puede marchar.

Envainar: Hacer vainas a las velas para poder colocar los sables.

Envarengar: Armar y afirmar las varengas de las cuadernas sobre sus correspondientes dormidos.

Envergadura: Anchura de las velas cuadras en el grátil.

Envergar: Unir o sujetar la relinga de un grátil o caída de una vela, según corresponda, a su respectiva verga, palo o botavara.

Envergue: Cabo delgado que, firme a los ollaos cerca de la relinga del grátil de una vela, sirve para envergarla. Algunas velas tienen también envergues en las relingas de la caída de proa y del pujamen.

Enviada: Embarcación dedicada a llevar a tierra el pescado capturado en una almadraba u otros artes así como desde una embarcación que esté pescando.

Envigotar: Sujetar las vigotas en los extremos de los obenques.

Equilibrar velas: Preparar el velamen de una embarcación de modo que éste no tenga la tendencia de orzar ni arribar.

Equinoccio: Epoca comprendida entre los días 20 al 21 de marzo y 22 al 23 de septiembre, en que, por hallarse el sol en el ecuador los días son iguales a las noches en toda la tierra y por cuyas fechas se producen las mayores mareas, con frecuencia acompañadas de mal tiempo.

Equipo de fondeo: El obligado a llevar por todas las embarcaciones de acuerdo con su eslora, peso del ancla, diámetro de la estacha y cadena y la longitud de línea de fondeo.

Equipo de navegación: Es el conjunto de sextante, aliadas, sondas cartas de navegación derroteros, libro de faros, etc. que está obligada a llevar toda embarcación bien pertrechada.

Equipo de salvamento: Compuesto por chalecos salvavidas, aros salvavidas, balsas etc. siempre de acuerdo con la categoría de navegación en que esté situada cada embarcación.

Equipar: Dotar, armar o proveer a una embarcación de todo lo necesario.

Erizo de mar: *(Strngylocentrotus lividus)*. Es el erizo de mar más corriente en el océano, pero no se consume como marisco; en cambio es muy apreciado como tal el *echinus esculentus*. La especie común mediterránea *(echinus melo)* difiere de la especie atlántica por sus colores y dimensiones. Su color varía del pardo rojizo, casi negro, al verde prado obscuro, pasando por el púrpura. Su talla puede alcanzar 15 centímetros de diámetro.

Su pesca se realiza con una especie de fisga, pero con los dientes curvados o bien con una pértiga hendida en uno de sus extremos por una pinza abierta de tal modo que permite coger el erizo por simple presión de arriba a bajo.

Error de estima: Diferencia entre las situaciones de una embarcación obtenidas por estima y por observaciones astronómicas u otros métodos.

Error de paralaje: Es el error de lectura que da cuando se observa cualquier instrumento de navegación, desde un ángulo incorrecto. El paralaje es en la navegación astronómica, la diferencia entre la altura observada y la altura verdadera de un astro.

Escafandra: Aparato para trabajar o hacer reconocimientos debajo del agua.

Escafandra autónoma: Aparato que permite hacer inmersiones sin tener ninguna conexión con el exterior, de esta forma el buceador tiene completa libertad de movimientos.

Escala: Dícese del puerto en el que, en viajes largos, tocan los buques para embarcar o desembarcar pasajeros, carga o víveres, así como efectuar distintas operaciones.

Escala de Beaufort: Escala Internacional que clasifica los vientos en función de su fuerza o velocidad estimadas. Fue aprobada internacionalmente, y comprende 12 grados.

Escala de calados: Son las grabaciones que llevan los buques por ambas bandas, en la roda y en el codaste, para medir los calados.

Escala de Douglas: Escala adaptada internacionalmente para la clasificación del estado de la mar. Establece una serie de grados en consonancia con la altura de las olas y en relación con el viento reinante.

Escala de una carta: Es la relación de una medida de una carta náutica y la misma media en la realidad.

Escala de Fahrenheit: Escala de temperatura que se obtiene dividiendo en 180 partes iguales el intervalo comprendido entre la temperatura del hielo fundente (32º de la escala) y la del agua hirviendo a la presión de 760 mm de mercurio (212º de la escala).

Escala de Kelvin: También llamada escala absoluta, que es la que posee temperaturas negativas y su cero (cero absoluto) viene a corresponder a –273º de la centígrada y al –459º de la escala Fahrenheit. El cero absoluto señala la temperatura más baja que se puede alcanzar, y es el punto donde en teoría cesa toda actividad molecular Los 0º K es aproximadamente igual a –273,16ºC).

Escaldrante: Cornamusa que se asegura a la cubierta, costado o cazaescotas de una embarcación de aparejo latino para asegurar la vela.

Escandalosa: Vela triangular o trapezoidal que se larga por encima de la cangreja de algunas embarcaciones, recibiendo el nombre del palo respectivo.

Escandallar: Dar una o varias escandalladas. Es lo mismo que sondar con el escandallo, aunque por escandallar se entienda más comúnmente, repetir a menudo las sondas en parajes de poco fondo.

Escandallo: Plomada troncocónica o prismática en cuyo vértice va amarrada la sondaleza o cordel que permite hacerla llegar hasta el fondo, y así medir la profundidad y coger muestras adheridas al sebo puesto en la cavidad de la base sondaleza de 30 y 150 metros, respectivamente.

Escantillón: Instrumento utilizado por los carpinteros de ribera para comparar los ángulos por donde cortar o labrar las piezas.

Escarceo: Efervescencia o movimiento que se observa en la superficie del mar en la línea divisoria donde se encuentran dos corrientes.

Oleaje que forma debajo de sí una manguera. Pequeñas olas levantadas por la proa de una embarcación, a las bandas cuando navega con mar llana.

Línea de rompientes producida por el encuentro de dos mares en un estrecho.

Escarpado: Se dice del terreno o costa cuya pendiente es rápida y escabrosa.

Escasearse: Cuando se refiere al viento, es cambiar este de dirección hacia proa.

Esclusa: Lugar de los canales navegables o a la entrada de las dársenas de flotación de los puertos con el fin de evitar un desnivel de agua a uno y otro lado de ellas.

Escoben: Cualquiera de los agujeros circulares o elípticos practicados en las amuras de los barcos para el paso de cadenas de las anclas. Los escobenes de proa son los más corrientes, pero también se pueden practicar otros para el paso de cabos o cables.

Escollera: Obra que se realiza en los puertos para resguardo o como dique de defensa.

Escollo: Cualquier bajo, peñasco piedras submarinas a muy poca profundidad que suponen un peligro para la navegación.

Escómbridos: Familia de peces teleósteos, gruesos y rápidos como el atún, la albacora, el bonito y la caballa.

Esta familia está caracterizada por la presencia de *pínnulas;* pequeñas aletas triangulares o tropezoidales situadas entre la aleta dorsal y la caudal, y entre la caudal y la anal.

Escora: Inclinación de la embarcación a cualquiera de las bandas.

Puntal que se fija contra el costado, quintas y fondos de una embarcación en dique o en grada.

Curvas de unión del tajamar a la roda.

Escorada, Bajamar: Es la mayor bajamar de sicigias y de coeficiente 1,18, a las que se refieren las sondas de las cartas náuticas españolas.

Escorar: Inclinarse o tumbarse la embarcación hacia una de las bandas.

Contenerse la embarcación llegando a encontrar punto de apoyo y estabilidad en su inclinación de costado.

Apuntalar con escoras la embarcación o afirmar cualquier cosa a bordo para que no se caiga.

Escorbuto: Enfermedad por insuficiencia de vitamina C en el organismo que fue un verdadero azote en tiempos de la navegación a vela, antes de que se descubriera la utilidad de los vegetales en especial de los cítricos, en su tratamiento y prevención.

Escota: Dícese del cabo firme a los puños bajos o pasando por un motón cosido a ellos, sirve para cazar las velas cuadras. El mismo cabo y con el mismo objeto en el puño de la escota de una vela Marconi, cangreja, foque o balón. Para mayor facilidad de maniobra, la escota más que un cabo es un aparejo, cuyo sistema depende de la mayor o menor fuerza que deba hacer.

Escotera: Abertura generalmente acanalada con roldana, en los costados de las embarcaciones, para el paso y laboreo de las escotas mayores y de trinquete.

Cornamusa grande firme en la amura o en cubierta para poder amarrar a ella una escota.

Conjunto de maniguetas, una meseta y una peana firme en la amurada para poder tomar vueltas a las escotas.

Herraje fijo en cubierta para guarnir el aparejo de escota.

Escotero: Dícese de la embarcación que navega sola.

Herraje para guarnir el aparejo de escota. Suele ser una barra o carril que permite al motón de escota pasar automáticamente de una banda a otra en las viradas.

Escotilla: Dícese de las aberturas grandes, rectangulares o cuadradas que existen en las cubiertas de las embarcaciones para cargar y descargar de sus bodegas o espacios interiores. En los mercantes se acostumbra a numerar a partir de proa y sus marcos se cubren ahora con tapas metálicas, en lugar de cuarteles y encerados.

Escotin: Todos y cada uno de los cabos que hechos firme o laboreando por un motón cosido al puño bajo de una gavia u otra vela cuadra alta, sirve para llevarlo a besar el penol de la verga inferior.

Escudo: Espejo de popa donde generalmente se pone el nombre de la embarcación.

Escuela de náutica: Lugar en el que se cursan los estudios de la carrera de la Marina Mercante.

ESE: Iniciales del rumbo y viento *este sureste* que a bordo suele decirse *les-sueste*.

Eslabón: Barra de acero de sección circular y forma ovalada, que enlaza con otras formando una cadena. Pueden ir reforzada su interior con una barra llamada contrete.

Eslinga: Cabo o cable con guardacabos en el centro y en ambos chicotes, en cada uno de los cuales se forma una gaza, o tiene ganchos para enganchar pesos de consideración que han de suspenderse con aparejos o máquinas de elevación.

Eslora: Longitud de una embarcación contada de popa a proa.

Eslora de arqueo: Es la que se utiliza para determinar que esté de acuerdo con las normas del reglamento a emplear.

Eslora en la flotación: Es la extensión del eje longitudinal de la embarcación de la flotación considerada.

Eslora entre perpendiculares: Se trata de la distancia comprendida entre dos perpendiculares al plano de flotación en los puntos corte de la roda y el codaste.

Eslora total o máxima: Es la distancia entre las perpendiculares a la flotación máxima por los puntos más salientes por la proa y por la popa.

Esnordeste: Dícese del viento y rumbo de la bisectriz del ángulo formado por el este y el nordeste.

Espaldear: Romper las olas con mucha fuerza contra la popa de un barco.

Esparidos: Familia de peces que comprende entre otros a la boga, la chopa, el dentón la dorada, el besugo y el pargo.

Esparto: Planta gramínea, con cuyas fibras sé hacia cabullería y jarcia, para la que no fuera necesario mucha resistencia. Fue empleada en especial en el Mediterráneo, en estos momentos se usa muy poco.

Espejo: Parte del forro de la parte exterior de la popa de una embarcación.

Espejo de proa: Parte formada en su interior por la roda y espaldones.

Espejo de señales: O heliógrafo, que a través de los rayos solares permite hacer señales a otras embarcaciones.

Espeque: Palanca de madera o hierro de 1 a 2 metros de largo con la extremidad en forma de cuña, que se utiliza para mover grandes pesos.

Esperanza: Nombre que recibe la mayor de las anclas de una embarcación y que se reservaba para casos excepcionales.

Espermaceti: También llamado *esperma de ballena*. Se trata de una grasa muy pura que se encuentra en la cabeza de ciertos cetáceos, y principalmente en el cachalote, que la contiene en grandes cantidades. Se emplea en perfumería para confección de cremas.

Espetón: *(Phyraena sphyraena)*. Es la única especie europea que se encuentra en el Mediterráneo. Cuerpo fusiforme alargado, cabeza igualmente alargada, boca muy hendida y provista de dientes puntiagudos. Verde bronceado en el dorso, pasando a plateado sobre los flancos y el vientre, con manchas pardas en la cabeza. La mandíbula inferior sobrepasa a la superior. Puede alcanzar 1,20 metros de longitud. Se pesca con arte de boliche, en la propia orilla, sobre todo los jóvenes. También se captura con palangres y curricán.

En Cádiz se llama *picudo* y en Valencia y Baleares *peto*.

Espiar: Desplazar una embarcación tirando de ella desde tierra, por medio de un cabo llamado espía.

Espiche: Cabilla de madera de forma circular o troncocónica empleada en tapar los agujeros que puedan producirse en el casco de la embarcación. Cuando es grande se llama *bujón*. Pieza de forma parecida a la anterior que sirve para tapar el orificio de desagüe que tienen algunas embarcaciones en el plan.

Espigón: Obra transversal construida en las costas para provocar la acumulación de arena y trozo de muelle que se deriva de otro principal construido para aumentar el abrigo de un puerto o dársena.

Hierro puntiagudo que se clava en los topes de algunos palos para las grímpolas.

Espinel: Palangre con las pernadas muy cortas, que se emplea para la pesca del congrio, anguila, róbalo, etc.

Esprin: Amarre de una embarcación, que saliendo de proa va hacia tierra en la dirección de popa, y saliendo de popa va hacia tierra en la dirección de proa.

Espuma: Burbujas que se forman en la superficie de un líquido, como el agua del mar adheridas entre sí.

Esqueleto: Es la unión de la quilla, la roda y el codaste con las cuadernas y ligazones, sin llegar a entablar por dentro ni por fuera.

Es-sueste: Viento y rumbo de la bisectriz del ángulo formado por el este y el sureste.

Estabilidad: Facultad de la embarcación de recobrar su posición de equilibrio cuando la pierde por efecto del viento y las olas.

Estabilidad de la aguja: Una de las condiciones esenciales que debe de tener toda aguja náutica para poder señalar el rumbo sin verse afectada por causas ajenas, la otra condición es la sensibilidad.

Estabilidad dinámica: Es la que se produce en aguas en movimiento.

Estabilidad estática: Es la estabilidad cuando se produce en aguas en reposo.

Estabilidad inicial: Es la estabilidad para pequeñas inclinaciones que no debe pasar de los 10 a 15º de escora.

Estabilidad longitudinal: Es la que se produce cuando el barco se mueve en el sentido proa-popa.

Estabilidad transversal: Es la que se produce cuando la embarcación se balancea haciendo ángulos de escora.

Estabilización: Conjunto de operaciones realizadas en una embarcación con el fin de darle un equilibrio lo más estable posible.

Estabilizador: Planchas o palancas que se montan en el espejo de popa de una embarcación a motor para impedir que la popa se hunda en exceso y de esta forma regular el planeo por variación del ángulo de las placas por medios hidráulicos, eléctricos, manuales o automáticos.

Aparato para aumentar la estabilidad de un barco y disminuir sus balances.

Estable: Se dice del tiempo firme, que no da muestras de cambio por el momento.

Establecimiento de un puerto: Diferencia del tiempo entre los instantes de la culminación de la Luna y la pleamar, en el novilunio y plenilunio, motivado por el rozamiento de la onda de marea en el fondo del mar y en el litoral. Sus valores y horarios para los distintos puertos vienen reflejados en el *Almanaque Náutico.*

Estacada: Cerco de estacas y redes que utilizan en el río Miño en la pesca de las lisas y sollos.

Corral hecho de cañas y estacas que se disponen en forma semicircular cortando la salida de un brazo de mar parte de un río, etc., y en cuya parte central se coloca una nasa o botrino con el fin de captura los peces.

Barrera formada por pilotes, cadenas, boyas y otros elementos, para cerrar la entrada de un puerto.

Estacha: Cabo empleado generalmente para amarrar una embarcación o para dar un remolque.

Estación: En radiotelefonía se trata de uno o más transmisores o receptores para tener un servicio de radiocominicación.

Estación costera: Estación terrestre del Servicio Móvil Marítimo.

Estación de barco: Estación móvil situada en una embarcación no amarrada.

Estación de radiobaliza de localización de siniestros: Estación del servicio móvil cuyas emisoras están destinadas a facilitar las operaciones de búsqueda y salvamento.

Estación portuaria: Es la estación costera del servicio de operaciones portuarias.

Estación terrestre: Estación del servicio móvil no destinada a utilizarse en movimiento.

Estadía: Detención en un puerto de un barco mercante o el gasto extraordinario que ello causa. En las condiciones generales o en las particulares, de una póliza de seguros, se hace mención a los días de carga y descarga, y los plazos en que se divide el tiempo de demoras se llaman *estadía y sobre estadía*.

Estadiómetro: Instrumento que por lectura da la medida, de una línea recta, curva o quebrada, en las cartas o mapas una vez se haya ajustado a la escala del trazado.

Estado absoluto: Atraso o adelanto de un cronómetro con relación a la hora del primer meridiano.

Estanco: Dícese del buque que no hace agua.

Estanqueidad: Impermeabilidad a cualquier líquido.

Estatoscopio: Instrumento empleado para medir la altura de las olas.

Estay: Cabo o cable que sujeta un palo o mastelero. Puede ser de popa o de proa.

Estay de cabeza: Es aquel que se hace firme en el tope de un mastelero o de un palo si es enterizo.

Estay volante: El que no se tesa por medio de tensores sino por un aparejo que hace más fácil arriarlo.

Estayar: Inclinar los palos hacia proa cobrando o templando de los estayes.

Este: Nombre del punto cardinal que apunta a oriente, o sea, 90º a la derecha del norte para el observador de cara a este rumbo.

Este cuarta al nordeste: Séptimo rumbo del primer cuadrante, intermedio entre el este y el esnordeste.

Este cuarta al sueste: Séptimo rumbo del segundo cuadrante, intermedio entre él éste y el essueste.

Estela: Surco dejado por una embarcación durante su marcha.

Estenordeste: En la rosa de los vientos, rumbo o viento del primer cuadrante, situado en el punto intermedio entre el punto cardinal Este y el Cuadrantal nordeste.

Este-oeste: Expresión o denominación del paralelo o línea en la dirección de los dos puntos cardinales este y oeste. Se utiliza cuando hace referencia a la demora de un punto.

Estiba: Arte de colocar a bordo una carga.
Conjunto de pesos colocados a bordo de forma que den estabilidad al buque.

Estibador: Persona que se cuida de estibar la carga a bordo de las embarcaciones y de su desembarque.

Estibar: Colocar adecuadamente la carga a bordo de las embarcaciones y de forma que estas tengan buena estabilidad.

Esticoto: Holotúrido perteneciente el género *Stychopus*. En Cataluña, Valencia y Baleares el *stychopus regalis* recibe el nombre de *espardeña*.

Estima: Cálculo del punto de situación de un buque teniendo en cuenta los rumbos y distancias navegadas.

Estimar: Comprobar el cálculo de estima.

Estirar: Dícese *estirar la bordada a seguir* o prolongar la que se lleva en ese momento por que lo permitan las condiciones del tiempo, la derrota deseada o la demora de la tierra.

Estirón: Distancia larga, avanzada hacia el punto al que se dirige la embarcación.

Estopa: Residuo que queda del cáñamo una vez extraídas las fibras más largas.

Estopada: Se dice del conjunto de estopa que se coloca en el afelpado de una vela cuando se pretende taponar una vía de agua.

Estopor: Pieza de acero moldeado que puesta en el lugar adecuado sirve para frenar y detener la cadena del ancla en las maniobras de fondeo.

Estornino, Pez: Nombre de una especie de caballa *(scomber colías)* que se encuentra especialmente en el Mediterráneo. Es más pequeña que la caballa, máximo 30 centímetros, Se pesca de igual modo que esta. Se distingue de la caballa por sus ojos mayores y por tener en la parte baja de los flancos manchitas que en aquellas no existen. También recibe el nombre de viso.

Estrangular: Amarrar una contra la otra las vueltas separadas de la trincadura de cualquier objeto con el fin de que se ajusten mejor.

Estratocúmulos: Nubes fijas de una altura media de entre 1000 y 3000 metros, características de un régimen anticiclónico.

Estratos: Extensión de nubes que tienen un parecido a una niebla alta.

Estrave: Nombre que recibe el remate de la parte de proa de la quilla de una embarcación curvada hacia arriba.

Estrecho: Lugar angosto por donde se comunican dos mares entre grandes tierras.

Estrechonazo: Sacudida fuerte que dan las jarcias y los cabos cuando son utilizados en una maniobra.

Estrellarse: Dar con fuerza contra una roca, bajo, costa escarpada etc. y a consecuencia de ello, destrozar la embarcación.

Estrella vespertina: Es un planeta generalmente Venus, que se ve en el oeste después de la puesta del sol.

Estrella de mar: Animales radiados, en forma de estrella de cinco brazos. En la cara inferior presenta los pies ambulacrales, provistos de ventosas en el extremo de los pedúnculos.

Estribor: Banda o costado derecho de la embarcación visto desde popa a proa.

Estrinque: Aparejo que se hace firme junto al barrilete del stay mayor.

Estrobo: Trozo de cabo ajustado por sus chicotes que sirve para dar vuelta a un objeto y enlazado en sí mismo, enganchar un aparejo para suspender dicho objeto.

Estuario: Zona donde desembocan los grandes ríos a la mar, hasta el interior donde las orillas están más estancas.

Esturión: *(Acipenser sturio).* Este gran pez, que se pesca en los estuarios, remonta los ríos para efectuar la puesta.

Se les captura con trasmallos de malla muy ancha dejándolos a la deriva sobre los fangales. La pesca se realiza con preferencia por la noche. El esturión tiene una carne excelente que se consume fresca y ahumada. Sus huevos sirven para hacer el caviar.

Remonta los ríos en primavera, generalmente en abril y mayo; una vez realizada la puesta, vuelve al mar. Los alevines hacen lo mismo y no retornan al agua dulce hasta haber alcanzado el estado adulto con el fin de efectuar la puesta... La vuelta al mar se realiza a finales del verano, aunque existen bastantes que acostumbran a invernal en los estuarios. Aunque algunos ejemplares pueden alcanzar los 8 metros y pesar media tonelada, lo corriente es que tengan unas dimensiones de 2 a 3 metros.

La boca de estos peces es muy pequeña y está desprovista de verdaderos dientes; su aparato masticador está constituido por cartílagos. Su alimento son los gusanos y peces que se tragan a medio masticar.

En España la pesca del esturión se realiza en el Guadalquivir, con arte de red de trasmallo.

En Coria del río existe una fábrica de caviar. Los sollos llegaban en otros tiempos más arriba de Alcalá del Río, pero desde que el dique de Alcalá del Río empezó a funcionar el pescado no puede subir más allá de este pueblo. La entrada de los machos en el río se hace entre el 10 y el 20 de marzo y las hembras entran en el río del 1 al 10 de abril.

Extensor de la caña: Se trata de una alargadera unida a la caña con una rótula que permite al timonel gobernar el barco desde las bandas.

Evitar: Rehusar separarse la embarcación del viento, tendiendo a arribar o resistiéndose a orzar.

Exploración: Reconocimiento de una determinada zona para averiguar todo lo que hay en ella y dar el correspondiente informe a la persona responsable para su conocimiento.

Explorar: Cuando hace referencia a una costa, continente o isla ya descubiertas, es levantar el plano o la carta de ellos.

Exponente de carga: Relación entre el porte y el desplazamiento en carga, que puede variar entre 0,68 y 0,75.

Extrameridiana: Dícese de la altura de un astro que observada desde el meridiano, no se halla dentro de los límites en que es posible reducirla a meridiana para el cálculo de la latitud.

F

F: Bandera del Código Internacional de Señales, de color blanco con rombo rojo. Izada aisladamente significa *Tengo avería. Comunique conmigo.*

Factor humano: En los cálculos de navegación, se dice de la corrección que se debe aplicar por la tardanza de la persona que toma las observaciones.

Factor de la carta: La relación entre una unidad de longitud y la misma unidad de latitud expresada en millas marinas en una carta. Este factor tiene en cuenta el hecho de que el mundo no es una esfera perfecta.

Factor de corrección del tiempo real: Factor que se calcula tomando como referencia el arqueo del barco y que se aplica al tiempo real para de esta forma hallar el tiempo compensado.

Factoría: Astillero.

Establecimiento en una colonia.

Oficina del factor.

Factoría, Buque: Buque nodriza empleado generalmente para abastecer una flotilla de pesqueros y en el que se depositan las capturas realizadas por los mismos.

Facha: Situación de la embarcación con el aparejo dispuesto de manera que el efecto producido por unas velas puede contrarrestarlo con el de las otras a fin de que se mantenga inmóvil o casi inmóvil.

Fachada de popa: Es el conjunto de la popa vista desde la prolongación de su eje.

Fachada de proa: Es la parte de la proa de una embarcación vista desde la prolongación de la roda.

Fachear: Ponerse y estar a la facha.

Maniobra que se realiza para detener la marcha de una embarcación a vela, ya sea parando la máquina, braceando las vergas etc. Se fachea para embarcar al práctico. O para cualquier operación necesaria.

Faja: Tira de lona que se usa en reforzar una vela.

Fajear: Se dice fajear una vela, coserla o ponerle las fajas que sean necesarias.

Falca: Es la parte superior de la borda de las embarcaciones pequeñas, compuesta de borda, regala y falca.

Falcacear: Dar vueltas muy apretadas al chicote de un cabo para que no se descolche.

Faldona: Dícese de la vela que por defecto del corte o por otra causa resulta demasiado larga.

Falsamarra: Dícese de la segunda amarra que se utiliza como ayuda de la principal en las embarcaciones menores de un barco cuando son amarradas al costado o por la popa.

Falsete: Trozo de cabo delgado o viejo que se emplea en fondear artes o embarcaciones de pesca y que se rompe con la fuerza de las corrientes o de las mareas, y deja libre el arte o la embarcación a la deriva.

Falso: Palabra utilizada con mucha frecuencia a bordo de una embarcación, como: falso bordo, falso flete, falso estay, falsa quilla, falsa amarra, etc.

Faltar: Dícese cuando se rompe o se suelta alguna cosa de donde estaba amarrada, como: Faltar las anclas, faltar un cabo, etc.

Faluchera: Aberturas que se practican en la cubierta principal para dar salida al agua embarcada.

Falucho: Embarcación utilizada en el Mediterráneo de casco largo y alargado, que prácticamente ha desaparecido. Llevaba palo mayor arbolado hacia proa, mesana vertical y un botalón para dar el foque. Izaba velas latinas.

Faneca: *(Gadus luscus)*. Este pez es de la familia de los Gálidos. Es muy común. Prefiere los sitios rocosos donde encuentra refugio.

De forma más rechoncha que el abadejo, se le parece mucho por su color, que va variando dependiendo de los fondos donde se encuentra; si se pesca en fondo rocoso es pardo amarillento con franjas verticales más oscuras; si es capturado en fondo arenoso es más claro, de un amarillo oro, con el vientre blanco... Se caracteriza por tener una barbilla bajo la mandíbula inferior y una mancha negra en la base de las aletas pectorales. Este pez, excelente cuando es fresco, tiene el grave inconveniente de pasarse enseguida. Su pared abdominal está tapizada por el peritoneo de aspecto anacarado que se descompone en muy pocas horas; es, pues conveniente, para evitar que se descomponga, frotar el interior, después de vaciado el vientre, con un trapo rugoso con el fin de arrancar esta peligrosa membrana.

La faneca es muy voraz y se puede pescar con cualquier cebo. Para pescarlo se dejará calar la línea hasta el fondo y levantar entre 50 y 75 centímetros.

Este pez es muy poco frecuente en el Mediterráneo.

Fango: Suelo arcilloso que constituye una de las mejores calidades de fondo para que hagan presa las anclas de las embarcaciones.

Fangoso: Se dice así cuando la calidad del fondo es fangosa y de fango suelto.

Farallón: Dícese de una roca alta, cortada a pique y de poca base rodeada completamente de agua.

Faro: Construcción o torre costera con una luz en lo alto de apariencia característica que sirve para orientar a los navegantes.

Faro aeromarítimo: Es aquel que dirige sus rayos tanto horizontalmente como por encima de la horizontal.

Faro de destellos: Es el que muestra un destello único a intervalos regulares, durando la luz menos que la oscuridad, También da luz continua que a intervalos regulares queda completamente a oscuras. Puede ser de destellos aislados, de destellos largos y de grupos complejos de destellos.

Faro de ocultaciones: Faro de luz continua que a intervalos regulares experimenta una oscuridad total, la duración de la luz es siempre mayor o igual que la oscuridad. Puede ser de ocultaciones rápidas de grupos de ocultaciones y de grupos complejos de ocultaciones.

Faro marítimo: Es aquel que dirige sus rayos horizontales para servir de orientación a la navegación marítima.

Farol: Armazón con cristales que se utiliza para proteger una luz eléctrica, de petróleo, o de aceite y evitar que se prenda fuego algo o que el viento la apague.

Aparato de luz que usan los pescadores para balizar las artes que dejan caladas y se tengan que levar de noche.

Farol de señales: Es el que se emplea para hacer comunicaciones.

Farol de situación: Cada uno de los que tienen que llevar los barcos según el *Reglamento Internacional para prevenir abordajes en la mar*.

Farola: Las luces del rompeolas o de entrada a los puertos que al entrar nos da verde con el verde y rojo con el rojo y al salir el contrario.

Fase: Cada uno de los períodos de luz y oscuridad que constituyen las características luminosas de un faro.

Fata morgana: Se trata de un fenómeno de espejismo que a veces aparece en el estrecho de Mesina y que la superstición de las gentes de la mar atribuía al hada Morgana.

Fecundidad, En los peces: En las especies de costumbres pelágicas, como los clupideos machos y hembras, confundidos en una inmensa bandada, dan suelta a sus productos sexuales dejando al cuidado de la naturaleza el proceso de fecundación y el desarrollo de los huevos; éstos son abandonados a su suerte, constituyendo una inmensa masa de plancton que más tarde se convierte en peces.

En las especies de costumbre sedentarias, se juntan un corto número de individuos de ambos sexos, o solo un macho y una hembra, eligen un lugar apropiado para la puesta, aprovechando una oquedad o una depresión del terreno y realizan en ese lugar elegido la puesta, el macho la fecunda en el acto, quedando los huevos de ciertas especies, bajo la custodia del macho o de los dos progenitores.

En casi todos los elasmobranquios y en algunos teleósteos, en que los machos están provistos de órganos copuladores, la fecundación es interna.

Férula: Es un dispositivo que esta formado de madera, alambre, metal, etc. que dada su rigidez permite, mediante su sujeción con vendaje, la inmovilización de una fractura.

Ferrocemento: Término que describe los barcos con armazón de hierro cubierto por una red metálica. Esta red se cubre totalmente con un tipo de cemento especial. Estos barcos son especialmente fuertes, tanto como el acero.

Ferry-boat: Transbordador empleado para el transporte de una orilla a otra de un río, estrecho o entre puertos de poca

---

distancia.

Fetch: Alcance del viento. Se trata de la superficie oceánica en la que discurre el viento. Sirve para poder establecer la altura de las olas en función de la distancia que sopla el viento.

Fibra de vidrio: Dícese del material empleado en la fabricación de embarcaciones de resina de poliéster, reforzada con fibra de vidrio.

Fibra sintética: Es una fibra que ha sustituido totalmente las fibras vegetales en la construcción de todo tipo de cabos para la marina y para la pesca. Su presentación es en forma de monofilamentos y de filamentos, debidamente hilados.

Fifty-fifty: Expresión inglesa que significa *cincuenta, cincuenta, o mitad y mitad* conocida internacionalmente para denominar el tipo de yate semi-velero o semi-motor usado para cruceros y paseos, con un aparejo reducido y simplificado pero lo bastante eficaz para ayudar a la propulsión y hacer más cómodo el yate sobre todo con marejada.

Fil: Que se encuentra justo por la proa, cuando se refiere tanto al viento, la mar, o a objetos que no tienen nada que ver con la embarcación.

Fil de roda: Dirección de una cosa como lo muestran las expresiones de *a fil de roda*.

Fil de viento. A: Se dice cuando la dirección del viento coincide con la de la quilla.

Filar: Arriar progresivamente de un cabo, cable o cadena que está trabajando.

Filástica: Unión de varias fibras colchadas hacia la derecha.

Filibustero: Nombre dado a los piratas que en el siglo XVII llenaron el mar de las Antillas.

Fincar: Impulsar una embarcación en lugares de poco fondo, apoyando desde proa una pértiga contra el fondo y moviéndose hacia popa a medida que esta avanza.

Fiordo: Nombre escandinavo con el que se nombran los valles profundos invadidos por el mar. Se dan en Escandinavia y en la Patagonia.

Firme: Resto de un cabo respecto de sus chicotes.

Punto más alto al que puede escorar un barco sin que naufrague.

Línea de flotación de un barco con la estiba regular y de la cual no pasa sino progresivamente o en pequeñas cantidades.

Firme, Hacer: Inmovilizar una pieza cabo o cable en un aparejo o grillete.

Fisga: Arpón en forma de peine de varios dientes, sujeto en el extremo a un asta que se emplea para capturar peces grandes.

Fitoplanctón: Una gran parte de los seres pelágicos son algas y otros vegetales que constituyen el llamado *fitoplanctón,* a modo de una inmensa pradera flotante.

Flamear: Ondear u ondular una o todas las velas de un aparejo por estar al filo del viento.

Ondear una bandera movida por el viento.

Flecha: Profundidad de la bolsa de una vela.

Azafrán del tajamar.

Madre del tajamar.

Todo el tajamar.

Parte del tajamar que sobresale por la línea de flotación.

Pieza principal de las que formaban el espolón de una galera.

Fletan: *(Hippoglossus hippoglossus).* Este pez es el mayor de los pleuronéctidos. Alcanza dimensiones de 2.5 metros y un peso de más de 400 kilos. Frecuenta los mares fríos, mar del Norte canal de la Mancha, etc.

Fletar: Concretar un contrato de fletamento, y también, dar y tomar flete una embarcación.

Flete: Precio pagado por el alquiler de una embarcación o el transporte de carga por mar.

Flojito: Dícese del viento de fuerza 2 en la Escala Internacional de Beaufort, correspondiente a una velocidad de 1,8 a 3,3 metros por segundo o de 4 a 6 nudos con olas pequeñas sin comenzar a romper.

Flojo: Dícese del viento de fuerza 3 en la Escala Internacional de Beaufort, correspondiente a una velocidad de 3,4 a 5,2 metros por segundo o de 7 a 10 nudos cuyas olas empiezan a romper y salir los famosos borreguitos.

Flor, A flor de agua: Se dice de todo objeto que se encuentra a nivel con la superficie del agua.

Flor. De viento: Se dice *flor de viento* a los primeros soplos que empiezan a sentirse cuando varía la dirección o después de una calma.

Flotabilidad: Se dice de la propiedad que tienen algunos cuerpos sumergidos en líquido en ciertas condiciones de aflorar a la superficie.

Flotación: Acción y efecto de flotar.
Parte de la embarcación que está a flor de agua.

Flotación isocarena: Es aquella para la cual los volúmenes de carena, por ella limitada, son iguales.

Flotación, Línea de: Es la que separa la obra viva de la obra muerta de una embarcación.

Flotador: Boya pequeña empleada en la pesca o señalización.
Cuerpo destinado a flotar en un líquido.
Recipiente cerrado y vacío que sirve para indicar el líquido contenido en un depósito o para mantener su nivel a cierta altura.

Fluxa, Pesca a la: Forma de pescar muy interesante que se practica desde una embarcación, que se deja al garete sobre fondo rocoso, algar, arena, etc. La condición principal para que se pueda practicar esta pesca es que haya corriente. La liña se deja a la *fluxa* sin ninguna plomada o bien plomándola un poco para que navegue entre dos aguas. La línea tendrá una longitud de entre 60 a 70 metros de hilo de naylon de 40 a 50/100 y rematada por hilo fino de 30/100, anzuelo de 2 a 4 según el cebo empleado: ermitaño, quisquilla, cangrejo, etc.

Fogonadura: Todas y cada una de las aberturas que tiene la cubierta de una embarcación para el paso de los palos.

Fondeadero: Lugar a propósito para fondear o dejar caer las anclas de una embarcación.

Fondear: Dejar caer al fondo un ancla con su cadena, cable o cabo entalingado para que el ancla agarre en el fondo y la embarcación quede sujeta.

Desarrumar y desestibar, registrar y recorrer un barco par saber si en el se ocultan objetos de contrabando, drogas etc.

Calar en su acepción de hacer sumergir a una embarcación o cualquier otra cosa en el agua.

Hundir mucho la proa de un barco al dar una cabezada o navegando.

Fundear a barbas de gato: Se da este nombre cuando las dos anclas están a 120° de ángulo la una de la otra.

Fondear a la entrante o la vaciante: Se dice cuando las dos anclas están a 180° de ángulo la una de la otra.

Fondear a la gira: Se dice cuando una embarcación está fondeada con una sola ancla.

Fondear con dos anclas por proa: Se trata en dejar caer ambas anclas no a la vez, sino tras un simple intervalo de tiempo. Una vez que el barco está fondeado cada cadena soporta aproximadamente la mitad del esfuerzo. Si hay borneo existe el inconveniente de que ambas cadenas pueden tomar vueltas.

Fondeo: Acción de fondear.

Efecto de estar fondeado.

Registro de un barco por los aduaneros para ver si hay droga, contrabando, etc.

Fondo: Superficie sobre la que descansan las aguas de los mares.

Profundidad a que se halla dicha superficie desde el agua...

La calidad del fondo del mar como arena, fango, cascajo, algas, etc.

Parte sumergida de un buque.

Fondo. Doble: Espacio comprendido entre los forros exterior e interior del casco de un buque, dividido en compartimentos estancos.

Foque: Denominación general que se da a toda vela triangular que se larga entre el trinquete y el bauprés o la proa, si el barco carece de bauprés.

Foque genovés o de Génova: Foque con mucho pujamen empleado para los veleros grandes y los de regatas.

Foque de abanico o de concha: Es el que tiene los paños cortados en forma triangular teniendo la base en el grátil y los vértices juntos en el puño de escota.

Foque de capa: Es un foque pequeño muy reforzado utilizado generalmente con mal tiempo.

Foque de caza: Utilizado en las embarcaciones latinas para dar caza ya que era el foque de mayores dimensiones.

Foque grande: Era el mayor que utilizaban en las balandras y faluchos.

Foque parabólico: Es el que tiene curva la línea del grátil y pujamen.

Foque principal: Es el que se amura en el botalón grande.

Foque segundo o fofoque: Es el que va entre el foque principal y el contrafoque amurándose a la medianía del botalón de foque.

Foque volante: Es el que se larga por alto entre el foque principal y el petifoque.

Forar: Dícese *forar el contra estay con el estay,* a introducir la gaza del primero por dentro de la del segundo, y encapillar ambos de este modo sobre el obenque.

Forcejear: Se dice forcejear con la embarcación a llevarlo con mucha vela cuando sopla viento duro, o sea, a forzarlo.

Forco: Punto en que el hilo de amarrar al cruzarse sobre la relinga, se amarra a ella.

Forma: Plantilla de la situación de las hembras del timón que se llevaba a bordo por si era necesario hacer uso de ella.
Gálibo.

Forrar: Cubrir un objeto para reforzarlo y evitar su deterioro, se emplea en distintos casos: forrar el esqueleto del barco, forrar los bajos etc.

Forro: Conjunto de tablones, planchas metálicas que cubren el esqueleto de la embarcación, de esta forma se asegura la estabilidad y contribuye a la resistencia longitudinal.
El de madera, planchas de cobre, etc. con que se revisten los fondos de un barco.
Cabo con que se forra a otro, y en general, plancha metálica, cuero etc.

Fosa: En la construcción naval, estanque lleno de agua de mar en el que se conservan las maderas.

Fosa oceánica: Es la zona de mayor profundidad que las de sus alrededores. La mayor está en el océano Pacífico.

Fosco: Cuando se trata del tiempo y más a menudo del horizonte cuando está muy cargado y por lo cual la visibilidad es muy reducida.

Fosforescencia: Dícese de la luminosidad que se plantea en algunas zonas del mar durante la noche, y en especial en climas cálidos, y que se produce debido a la presencia de minúsculos invertebrados luminosos esparcidos por la superficie. Esta fosforescencia es particularmente apreciable cuando las aguas son movidas por el paso de una embarcación.

Forzar: Se dice forzar la vela a navegar con mucho aparejo o largar más vela que la que aconseja la fuerza del viento.

Foz: Garganta de un río que se vuelve más estrecha al salir a la mar y forma un puerto.

Fragata: Embarcación de vela con tres o más palos completos y velas cuadras en todos ellos.

Franco: A bordo tiene varias aplicaciones en la acepción libre o desembarazada; Estar franco el bote, rumbo franco, guardia franca, etc.

Francobordo: Distancia de la cubierta más alta con medios permanentes de cierre de todas las aberturas, hacia la línea de flotación de máxima carga fijada por las autoridades o sociedades clasificadoras.

Franquía: Situación en que se coloca una embarcación para salir de un puerto o fondeadero, al ponerse por fuera de todos los bajos, puntas y obstrucciones, y estar en condiciones de arrumbar libremente.

Frecuencia: Es el número de ondulaciones u oscilaciones de un movimiento vibratorio en la unidad del tiempo. La unidad de frecuencia es el ciclo por segundo y los múltiplos el kilociclo. La frecuencia es igual a la velocidad de propagación de la onda, en el medio considerado, dividida por al longitud de la onda.

Frente: Dícese del que penetra una alineación navegando

en *línea de frente.*

Frontón de una montaña cortada, que forma una gran pared mirando hacia el mar.

Cualquier trozo de tabla o tablón que sirve de remiendo cuando se encabeza.

Frente caliente: Es el que se debe a una masa de aire caliente que al elevarse penetra en una región ocupada antes por aire frío que en ese momento se retira.

Frente frío: Es el que tiene su origen en una cuña de aire frío que se mete en una masa de aire caliente.

Frente térmico: Superficie de separación entre dos masas de aire frío y caliente.

Frescachón: Dícese del viento de fuerza 7 en la escala Internacional de Beaufort, equivalente a l2, 5-15,2 metros por segundo o 45 a 54 kilómetros por hora.

Fresco: Dícese de viento de fuerza 6 en la escala Internacional de Beaufort, equivalente a 9,9 - 12,4 o de 22 a 27 nudos.

Fresquito: Dícese del viento de fuerza 5 en la escala Internacional de Baufort, equivalente a 7,5 – 9,5, metros por segundo o de 17 a 21 nudos.

Freza: Los huevos de los animales acuáticos, incluidos peces, invertebrados y anfibios.

Frigorífico: Embarcación especialmente preparada con cámaras frigoríficas para realizar el transporte de cargas a temperaturas muy bajas.

Frontón: Montaña cortada en forma de pared que se encuentra mirando a la mar.

Frontón de proa: Mamparo o entablado vertical que sé hacia en los navíos de proa abierta desde el propao de las serviolas hasta el bao del saltillo, con una puerta a cada banda, para salir a los enjaretados de proa por debajo del castillo.

Fuego: Efecto de disparar las armas de fuego.

Fuego griego: Materia incendiaria oleaginosa, mezcla de nafta, azufre y salitre, cuya invención se atribuye a Callinico de Heliópolis *(668 a J.C.)* y que usaron los griegos en las batallas navales de la antigüedad y Edad Media.

Fuego de San Telmo: Es el fenómeno luminoso consistente en la llama que a veces, puede verse en los palos y vergas de las embarcaciones.

Fueraborda: En motonáutica el motor fuera borda de regatas, se define como *un medio mecánico de propulsión que puede ser llevado en brazos por un hombre, en un solo bloque con la transmisió n la cual no debe atravesar el casco en ningún sitio.* Embarcación que emplea un motor de las características anteriores.

Fuerte marejada: E el nombre que recibe el grado 4 de la escala de Douglas cuando las olas tienen una altura entre 1,25 y 2,50 metros.

Fuerza de coriolis: Fuerza a la que se ve sometido un cuerpo que se traslade sobre la superficie terrestre, debido al movimiento de rotación de la tierra. Esto hace que en el hemisferio Norte, se desvíe hacia la derecha de su trayectoria y en el Sur al contrario. Su valor resulta nulo en el Ecuador y máximo en los polos.

Fuerza directriz: Es la que obra sobre el norte de la aguja náutica que la lleva a una posición de equilibrio cuando ha sido apartada de ella por una causa cualquiera.

Fugada: Racha de viento fuerte que sopla de la tierra a la mar entre las gargantas de un litoral montañoso.

Fumíferas: Dícese de las señales que se hacen con humo, como las de solicitud de auxilio.

G

G: Bandera del Código Internacional de Señales. Es cuadra y con tres franjas verticales amarillas y tres azules. Izada aisladamente significa *Necesito práctico,* y cuando es izada en una zona de pesca por embarcaciones que trabajan muy cerca *Estoy levando la red*.

Gabarra: Dícese de una barcaza grande, generalmente sin medios de propulsión, empleada en los puertos en operaciones de carga y descarga, transporte de materiales para las obras portuarias, desperdicios, etc.

Gadaño: Mariscador usado en la ría de Betanzos, formado por una serie de flejes entrecruzados en forma de cuchara para el rastreo de almejas y es empleado desde una embarcación.

Gachons, Reglas de: Reglas para previsión del tiempo que consiste en representar las observaciones simultáneas del barómetro y del termómetro en forma de curvas, la de presión sobre la de temperatura, tomando como abscisas el tiempo. La rapidez en unirse o separarse nos daba la predicción del tiempo.

Galápago: Pieza metálica o de madera que, bien afirmada sirve de guía.

Madero clavado verticalmente contra el costado, por la parte interior de éste, y en cuya cabeza que sale sobre la cubierta, existe una cajera con roldana, que se utiliza para amurar la mayor.

Conjunto de cajera y roldana del gáviete de una lancha.

Trozo fijo a cada lado de la cruz de una verga que sirve para sujetar la trinca del cuadernal de la paloma.

Motón muy chato, especialmente por un lado, que se pone sobre la verga mayor y la de trinquete para el paso de los apagapenoles.

Pestaña de hierro o acero que, firme en un mamparo, brazola de escotilla, etc., sirve para abrazar y sujetar las barras con que se afianzan las puertas, cuarteles, etc., respectivamente.

Pequeña ancla de patente.

Galeón: Embarcación de vela de bordo alto, más largo y estrecho que la nao, pero más corto y ancho que la galera. Marca el tránsito de las carabelas y las naos a los navíos y alcanzo su apogeo en el siglo XVI, cuando fue la nave española del Atlántico.

Embarcación de cabotaje en Galicia con dos palos y velas al tercio, También podía armar de cuatro a seis remos.

Embarcación de remos y hasta treinta metros de eslora que se usó en la pesca de la sardina con arte de cerco y traiña.

En la provincia de Huelva se llama galeón a todo el tren de pesca, formado por la embarcación principal y las auxiliares del arte de *tarrafa*.

Galeote: Remero de una galera. La gente que remaba en las galeras estaba compuesta por voluntarios, forzados y esclavos.

Galera: La galera nombre definitivo adoptado en la Edad Media venía a ser un vaso flotante, raso y muy alargado, como soporte del armazón con los bancos de los remeros que lo ocupaban en casi toda su eslora.

Galera, Crustáceo: *(Squilla mantis)*. Crustáceo mediterráneo, muy similar a un langostino grande que no tiene pinzas.

Galerna: Viento huracanado que en la costa norte de España sopla entre el rumbo oeste y el noroeste. Salta súbitamente y debe su origen al paso de un frente frío.

Galga: Dícese de un ancla pequeña fondeada en línea delante de otra más grande. También se llama *anclote de engalgadura.* Estaca clavada delante de un ancla dada en tierra para que se aguante mejor al amarrarse la embarcación a ella.

Gallardete: Se trata de una bandera larga y estrecha terminada en punta. En el CIS son gallardetes los tres repetidores.

Gallineta: *(Sebastes imperialis).* Pez de la familia de los Escorpénidos. Es un pez que se encuentra en el Mediterráneo y en particular en el litoral español. Se pesca con artes de arrastre.

Gallo. Boya: Flotador de plástico, corcho u otro material, rematado por un palo o gallardete, que sirve de señal a los pescadores para saber el sitio donde han calado sus redes.

Gallo. Pez: *Lepidhorombus bosci).* Pez de la familia de los Pleurenéctidos. Vive en los fondos de fango y arena, y su pesca se realiza con artes de arrastre. Su carne es muy sabrosa.

Galludo: *(Squalus Blainvillei).* Escuálido muy abundante en todo el Mediterráneo y en especial en las costas levantinas de España. Es parecido a la mielga, difiere de esta especie por la longitud algo mayor de la región caudal.

Gamba: *(Parapenaeus mmembranaceus).* Es una especie muy semejante al langostino, pero de menor tamaño. Es muy apreciada y se conoce desde hace no muchos años, en que por emplear procedimientos especiales de pesca se obtienen en cantidades extraordinarias.

Gambaron: Vivero formado por una espuerta con tapa de arpillera que se mantiene entre dos aguas suspendida por un flotador y fondeada, que se emplea para conservar crustáceos destinados a servir de cebo.

Gambera: Arte de pesca de aro cuadrado con un cabo a modo de asa que se usa en la parte baja del Mediterráneo y que se va arrastrando por la playa para capturar gambas.

Gambina: Nasa de forma especial, para la pesca de varios peces, que se emplea especialmente en los puertos de La Selva, Cadaques y Rosas.

Su construcción se realiza con varas de olivo o de junco. Estas nasas se ceban con erizos machacados o carnada de pescado.

Se emplea para la pesca del róbalo, dorada, sargo, etc., con malla de 4 centímetros.

Esta nasa tiene un diámetro aproximado de 1 metro y su altura es de unos 60 centímetros, con una forma a modo de calabaza.

Gambota de limera: En las embarcaciones de madera, es el madero que une la quilla y el espejo de popa de una embarcación.

Gamela: Embarcación de remos empleada en la pesca en el noroeste de España. Tiene la proa y la popa iguales, con fondos planos y sin cubierta.

Ganar: Cuando se emplea en una embarcación, se entiende por ganar distancia o ganar barlovento.

Ganar en latitud o en longitud: Navegar de forma que vaya aumentando la longitud o la latitud.

Ganchete: Arte en forma de horquilla utilizada en las costas de Valencia para coger erizos entre las rocas.

Gancho: Pieza curvada de hierro o acero y terminada en punta usada para prender y colgar cosas.

Gancho disparado: Es aquel que es muy abierto.

Gancho con guardacabo: Es el que tiene engargolado un guardacabo en el ojo.

Gancho de aparejo: Es el que está engazado a un motón o cuadernal con el fin de fijar este en un cáncamo, estrobo, argolla, etc.

Gancho de la gata: Es el que iba engazado en el cuadernal del aparejo de gata.

Gancho giratorio: Es aquel que puede girar en torno a su eje.

Gánguil: Barcaza empleada en las obras de los puertos y en transportar y verter basuras lejos de tierra.

Ganivera: Se trata de un salabre de malla muy fina suspendido de un corcho que se emplea en las islas Baleares en la pesca desde pequeñas embarcaciones.

Ganso, A pata de: Fondear una embarcación con tres anclas.

Garabato: Arte de pesca formado por un palo con varios anzuelos usado desde pequeñas embarcaciones en la pesca del centollo o la langosta.

Garabeta: Arte de pesca formado por un palo con varios anzuelos, que se emplea en la pesca de los pulpos.

Garabillo: Nombre que se le da a un velo muy tupido usado para la captura de camarones en las costas de Cartagena.

Garbin: Arte de pesca compuesta por un mango con una serie de anzuelos que se emplea en las Costas de Asturias, para la pesca de cefalópodos.

Garbino: Viento que viene del sudoeste.

Garbitana: Nasa de junco que se emplea en las costas catalanas para la pesca de ermitaños y de algunos peces. Tiene unos 80 centímetros de largo por 40 de alto, lastrándose cuando se fondea. Se ceba con desperdicios de pescado metidos en un trozo de red.

Garete: Modo adverbial empleado en la frase ir o irse al garete, refiriéndose a la embarcación dominada por el viento, la mar o la corriente.

Garfio: Arte de pesca para mariscar unido por tres ganchos puestos en una tabla de forma que constituya un rastrillo al que se le une una tela metálica y que se arrastra por medio de un palo largo. Es usado en el Cantábrico en la pesca de la almeja.

Garganta: Parte más estrecha de un canal, río, entrada de un puerto, etc.

Garota: Nombre que se da en Cataluña a los erizos de mar.

Gaviero: Marinero experto que se destinaba a dirigir las maniobras en lo alto de los palos.

Garrear: Irse para atrás una embarcación al fondear, o estando ya fondeada, arrastrar el ancla por no haber hecho esta presa en el fondo o desprenderse de él por algún motivo.

Garrucho: Es un herraje con mecanismo de pistón que permite envergar las velas a un estay.

Aro metálico o de madera que con otros iguales sirve para envergar ciertas clases de velas, como las cangrejas o Marconi que también van envergadas al palo y a la botavara por unas piezas de metal o de plástico del mismo nombre y que pueden deslizarse a lo largo de un carril.

Especie de asas en las relingas de las velas antiguas, para hacer firmes las poas de las bolinas, amantes de rizos, empuñaduras, etc.

Gatera: Cualquiera de los tubos que revisten las groeras por donde bajan las cadenas de las anclas a las cajas dispuestas para su estiba, y cada uno de los agujeros revestidos que hay en las cubiertas a los propios fines de paso de las cadenas de las anclas así como otros en las amuradas para paso de amarras.

Gato marino: (*Scyllorhinus stellaris*). Se trata de un escualo muy común en todo el litoral mediterráneo español, que puede alcanzar más de un metro de longitud.

Es de la familia de las pintarrojas o lijas, aunque se destaca de las mismas por su cuerpo más grueso, su coloración más oscura y por su mayor talla.

Recibe varios nombres, entre ellos el de gat en Valencia; gat vaire en Cataluña y gato en Baleares.

Gaza: Especie de lazo, ojo, círculo u óvalo que se forma generalmente en el chicote de un cable o cabo, doblándolo y uniéndolo con una costura o ligada.

Gaza flamenca: Esta gaza puede sustituir a la gaza de costura. La forma de hacerlo es soltando los cordones del cabo, se atan alrededor de un madero del tamaño adecuado y se ligan.

Gelcoat: Término inglés con el que se conoce uno de los componentes del método de construcción de embarcaciones de poliéster reforzado con fibra de vidrio.

Génova: Nombre por el que se conoce en los veleros de crucero y regatas un tipo de foque grande con el puño de escota cazado muy a popa del palo al cual va el estay en que se enverga dicho foque.

Giloventear: Caer una embarcación a sotavento.

Gilovento: Sotavento.

Gira, A la: Dícese del método de fondeo de un buque en condiciones de que este pueda dar vueltas libremente en torno al ancla fondeada.

Girar: Rolar, en su acepción de ir variando el viento constantemente de dirección.

Giratorio: Grillete que está formado por un grueso perno de ojo pasado por el agujero del eslabón, pero en condiciones de girar. Se utiliza para que no tomen vueltas las cadenas de las anclas.

Girocompas: Aguja o compás náutico en el que la acción directora es ejercida por un giróscopo con dos grados de libertad por amortiguamiento, para obtener la dirección del norte verdadero.

Giropiloto: Aparato electromecánico que en conexión con un compás acciona el timón para mantener la embarcación sobre un rumbo prefijado. Los hay de caña y de timón y generalmente se llaman piloto automático.

Givry: Nombre que se le da a la corrección Givry a la que se le aplican las marcaciones radiogoniométricas para convertirlas en mercatorianas.

Gitano: *(Mycteroperca ruber).* Especie parecida al mero, que como el abadejo y el cherne se encuentra en la costa mediterráneas españolas y de Marruecos.

Globo terráqueo: Esfera en cuya superficie se representa las tierras y los mares de nuestro plante.

Gnomónico: Perteneciente a la gnomónica o proyección centrográfica en la que aparece el círculo máximo de la esfera representado por una línea recta. Según que el plano de proyección sea tangente a la esfera en el ecuador, en el polo o en un punto cualquiera, se llama gnomónica meridiana, polar u horizontal.

Gobernar: Dirigir, guiar por medio del timón al buque para que siga el rumbo deseado.

Gobierno: Manejo del timón para dirigir la embarcación a un rumbo determinado o hacerlo evolucionar en sentido conveniente para ejecutar una maniobra.

Acto de obedecer el barco al timón o de gobernar.

El timón.

Cualquier otro aparejo que por falta de timón se monte para dirigir el rumbo del barco.

Sistema que se adapta en un temporal para poder gobernar con la mar por la aleta o en popa.

Gola: Canal de entrada en ríos o puertos de barra variable.

Entrada, en una u otra banda, al arte de arrastre.

En Galicia, pieza que forma la parte delantera del copo de la jábega.

Goleta: Buque de vela con varios palos, foques, cangrejas y escandalosas.

Goleta a la americana: Embarcación con velas de cuchillo y dos palos, siendo el segundo más alto que el primero.

Goleta de velacho: Con una o dos velas en el trinquete, además de la cangreja y escandalosa en la mayor.

Goleta de dos gavias: En esta goleta el trinquete es con cangreja y escandalosa, y la mayor con gavias y cangrejas.

Goleta de tres palos: En todos y cada uno de los palos llevaba cangreja y escandalosa.

Goleta-polacra: Con el palo mayor aparejado de goleta y el trinquete con dos velas cuadras y cangreja, ambas sin cofa ni cruceta.

Golfo: Brazo de mar que se interna en la tierra tanto que sus orillas no se abarcan con la vista.

Golfo, Corriente del: La corriente oceánica caliente, de unos 80 kilómetros de ancho, que fluye desde el Golfo de México a lo largo de la costa este de los Estados Unidos de América y que luego se dirige hacia Europa.

Golondrina: Nombre que se da en Barcelona, a ciertas embarcaciones dedicadas al transporte de pasajeros por el interior del puerto y por la costa.

Golpe: Cualquier punto que por entrante o saliente no sigue rigurosamente la dirección de la línea propuesta, sea curva o recta.

Golpe de mar: Aquellas olas que por su gran volumen y fuerza llegan a romper contra un espigón, embarcación, isla, bajo, costa, etc.

Góndola: Embarcación veneciana, larga, estrecha, ligera, de fondos planos, proa y popa puntiaguda generalmente con un remo que es usada en los canales para el transporte de turistas.

Gondolero: Marinero que maneja una góndola.

Gong: Aparato usado por las embarcaciones orientales para advertir de su presencia los días de niebla o tiempo brumoso.

Gonio: Denominación vulgar y simplificada del *Radiogoniómetro* Que se usa a bordo de las embarcaciones.

Goniógrafo: Instrumento para determinar gráficamente los ángulos y que a bordo, se conoce por compás de tres brazos.

GPS: *Global positióning system.* Se trata de un sistema de posicionamiento compuesto por 24 satélites, capaz de suministrar constantemente la posición de una embarcación. La posición se obtiene utilizando 3 satélites. Su funcionamiento consiste en conocer la distancia del satélite al barco, lo que da una línea de posición en la superficie terrestre. Este sistema ha sido desarrollado por el Departamento de Defensa de los Estados Unidos, por lo que puede dejar de funcionar cuando lo crean conveniente.

Goracera: Palangre utilizado en la costa del estrecho de Gibraltar en la pesca del besugo.

Gorja: En las embarcaciones de madera, es la unión del píe de la roda con el resto del branque, donde nace la parte inferior del tajamar y se une la roda a la quilla.

Gorupo: Nudo que se hace al revés que se da a dos cabos cuando se necesita unirlos con rapidez y se desea que se pueda deshacer rápidamente.

Gotera: Lugar de una cubierta por donde el agua penetra en el interior de la embarcación.

Grada: Plano inclinado situado a la orilla de un río o de la mar, donde se construyen y ponen a flote por deslizamiento los barcos.

Gradiente barométrico: Gradiente barométrico y gradiente horizontal de presión existen entre dos isobaras consecutivas por unidad de distancia, si tomamos como tal el grado geográfico.

Grado: Unidad de medida de ángulos o arcos, correspondiente a los 360º de una circunferencia. Se emplea en las cartas náuticas y varios instrumentos de navegación.

Grado absoluto: Y también llamado grado Kelvin, es la unidad internacionalmente de la temperatura termodinámica; su símbolo es K. Es la fracción 1/273,16 de la temperatura del punto triple del agua.

Grado centígrado: Es la unidad de medición de temperaturas en la escala centígrada o escala de Celsius. Es el intervalo de temperatura que en la escala centígrada representa la centésima parte de la diferencia que hay entre la del hielo fundente y la del agua hirviendo.

Grado de la mar: Es la numeración que se da a las distintas alturas de las olas en la escala de Douglas, que tiene una relación con la intensidad del viento.

Grado del viento: Es la fuerza del viento medida en la escala de Beaufort que consta de 12 grados de intensidad creciente, designándose cada grado por el número de la escala o por un nombre náutico.

Grado Fahrenheit: Es la unidad de medida de temperatura de la escala Fahrenheit,
Utilizada en los países sajones.

Grado geográfico: Medida angular que está dividida en 60 minutos y el minuto en 60 segundos. En náutica se utilizan los grados, minutos y décimas de minuto. El ángulo recto equivale a 90º.

Graduación del bauprés: Angulo que forma esta percha con el horizonte.

Granel: Dícese de los cargamentos de productos granulados, que eran transportados sin envasar.

Grao: Playa o trozo de litoral que se utiliza como desembarcadero.

Grátil: Relinga por la cual una vela se une a su verga, palo o nervio.

Gravedad, Centro de: Punto en el que se supone centrado el peso total de la embarcación.

Greda: En las embarcaciones de madera, arcilla arenosa de color blanco azulado que se emplea a bordo para quitar las manchas de grasa de las cubiertas.

Gregal: Viento del nordeste.

Greenwich: Barrio de Londres donde se encuentra el observatorio astronómico del mismo nombre, que sirve de referencia al tiempo universal y meridiano de origen de las longitudes.

Griego: En el Mediterráneo. Viento del nordeste.

Grifo de fondo: Válvulas que se colocan fijas en el casco y que permiten la entrada de agua del mar para refrigerar el motor.

Grillete: Pieza de hierro, acero u otro metal, doblada en arco o en U, y aún de otras formas, con los extremos atravesados por un perno a fin de asegurarlo al objeto deseado.
Trozo de cadena de fondeo que va marcado cada 25 metros.

Grillete giratorio: Se trata de un grillete que permite su giro y que impide que la cadena se enrede al bornear él abarco.

Grímpola: Gallardete pequeño o trozo de lanilla puesto en el tope de un palo u otro lugar despejado para que sirva de indicador de la dirección del viento.

Groera: Orificio o abertura de cualquier clase para paso de algún cabo o cadena.

Gruesa: Dícese de la mar con altura de olas comprendidas entre

2,5 y 4 metros Grado 5 de la escala de Douglas.

Grumear: Cebar el agua con papillas para poder después pescar.

Grumete: Joven que aprende el oficio de marinero ayudando a la tripulación en todas sus faenas.

Grupada: Fuerte racha de viento, chubasco con viento o golpe de mar muy grande.

Grupo de destellos: Conjunto de destellos luminosos y de los intervalos que los separan que se dan en las características de los faros.

Grupo de luces: Es el conjunto de luces que llevan las embarcaciones para señalizar, el tipo de embarcación, su eslora, remolque, de capacidad de maniobra restringida, sin gobierno, etc.

Grupo de señales: Compuesto de letras o números que componen una determinada señal echa con banderas.

Guacaresca, a la: Nombre que se da al adujar de forma oblonga.

Guachapear: Hacer caminar una embarcación empujándola con las manos y nadando con los pies.

Guadañeta: Aparejo para pescar pulpos y calamares formados por una tablilla lastrada por un lado por plomo y tres anzuelos sujetos perpendicularmente a la tabla.

Guaira: Vela triangular envergada solo al palo, a un mastelero guindado en él o a una percha amadrinada al palo con dos anillos.

Gualdrapazo: Golpe que dan las velas contra los palos, masteleros y jarcias en ocasiones de falta de viento, pero en las que todavía sigue la marejada.

Guarda bauprés: Todas y cada una de las guías del bauprés, llamadas también *apóstoles*.

Guardabolinas: Cabo que se amarraba por el seno en los
estayes de la mayor y gavia, con una vigota en cada uno
de los chicotes por las que pasaban las bolinas de las velas
respectivas a fin de que no se enredaran con el aparejo.

Guardabote: Listón de madera que se coloca en los pescantes
en el sentido de la eslora del bote, para impedir que este pueda
ser arrastrado por las olas.

Guardacabo: Pieza en forma de anillo de madera o metálico,
acanalado por la parte exterior para que pueda ajustársele un
cabo. Sirven para que se pueda pasar un cabo por cable por
dentro sin que rocen en el exterior.

Guardacostas: Embarcación o lancha rápida destinada a la
represión del contrabando y vigilancia de costas.

Guardamancebo: Cabo que pasado por los ojos de los
candeleros del portalón y la escala, sirven para que se agarren
a él quienes suben por esta.

Cabo que firme por los chicotes y pasando por los ojos de
algunos candeleros o amarrado en alguno de los puntos de los
obenques u otros objetos fijos, sirve de antepecho para que la
gente no se vaya al agua.

Guardia: Turnos que se establecen en las embarcaciones con
el fin de vigilar el rumbo y los posibles peligros que puedan
producirse, generalmente por la noche.

Guardia de alba: Es la que va de 4 a las 8 horas.

Guardia de fondeo: Guardia que se monta cuando se fondea
con mal tiempo o se supone que el viento role peligrosamente.

Guardia de media: Es la que se realiza desde las 24 horas
hasta las 4 de la madrugada.

Guardia matutina: Es la guardia que se hace desde las 8 horas
hasta las 12 del mediodía.

Guardia civil del mar: Servicio marítimo y de vigilancia de la

Guardia Civil del Mar.

Guarne: Todas y cada una de las diferentes partes de la tira que trabaja entre las roldanas de un aparejo.

Guardín: Cabo o beta empleada en sujetar y manejar la caña del timón.

Cada una de las dos barras o cadenas que, unidas al sector del timón sirven para girar este a babor o estribor.

Guarnir: Guarnecer, vestir o proveer cualquier cosa de todo lo necesario para su uso o aplicación, como guarnir un aparejo, una vela etc.

Guía: Perfil de aluminio colocado en el estay de proa que lleva dos ranuras para poder izar una vela mientras sé arria la otra.

Cabo fino que se emplea para poder pasar una driza, lanzar una amarra, etc.

Pieza de acero u otro metal que, firme en cubierta o alguna otra parte del barco, sirve para dirigir los cabos en un sentido determinado... Cabo con que las embarcaciones menores se atracan a bordo cuando están amarradas al costado.

Cabo delgado con una piña en uno de sus chicotes para lanzarlo a distancia con el otro chicote amarrado a una estacha, cabo grueso que luego se debe alar para encapillarlo a un noray o hacer firme en cualquier punto.

Despacho expedido por el administrador de una aduana y que lleva consigo el que transporta la mercancía a fin de que no le sea intervenida en otras aduanas de los puertos donde recale.

Guiacabos: Herraje de metal con cantos redondeados y provistos de rodillos por el que laborean los cabos y cuya misión principal es sujetar los mismos.

Guilbert, Leyes de: Dicen que si la velocidad del viento es mayor a la que pertenece al gradiente, la depresión tiende a llenarse, y si es menor, la depresión tiende a profundizarse.

Guindaleza: Se trata de un cabo formado por tres o cuatro cordones, cada uno de ellos colchado hacia la izquierda y el conjunto a la derecha, que es usado principalmente como amarra o remolque.

Guindola: Andamio ambulante empleado en hacer cualquier trabajo en alto.

Barquilla de la corredera de esta clase.

Guindola salvavidas: Flotador en forma de aro, herradura, etc. fabricado de corcho o material plástico que es lanzado al agua cuando una persona ha caído, para ayudarle a mantenerse a flote hasta que sea rescatada.

Guiñada: Giro, separación angular o desvío de la proa de una embarcación hacia una u otra banda de la dirección del rumbo que se debe seguir.

Guiñada, Dar: Llevar con el timón a la proa del barco hacia una u otra banda del rumbo que debía seguir la embarcación.

Guión: Parte del remo comprendida entre la caña y el puño.

Gussi: Nombre Catalán de un tipo de embarcación menor que se uso mucho en todo el litoral en la pesca con lienza y volantín. Navegaba a remo o por medio de una vela latina.

Guitarra. Pez: *(Rhinobatus panduratus).* Es una raya muy alargada, con una cola robusta que frecuenta las aguas cálidas tanto en el Atlántico como en el Mediterráneo.

A la guitarra se le llama rebeca, viola y rayón.

Gusanas: Corresponde a diferentes especies del gusano Nereis. La especie de mayor tamaño vive en las praderas de algas y pueden alcanzar el grosor de un lápiz. Y una longitud de entre 15 y 20 centímetros.

Es un cebo de primer orden muy apreciado para pescar doradas.

Se les dan distintos nombres. En Santander gusanas, xorras en

Asturias, miñocas en Galicia y en Cataluña y Baleares cucs y titas.

Gusano de mar, Arenícola: Este gusano grueso es uno de los más apreciados por el pescador.

Su talla es similar a una lombriz de tierra. Aproximadamente el primer tercio de su cuerpo está completamente desnudo, y el segundo tercio tiene en cada anillo heces de pelos que son las branquias. En la última parte de su cuerpo tiene un intestino delgado repleto de arena.

Para localizar el gusano solo tenemos que observar la superficie de la arena. A cada cordón de arena corresponde un orificio a modo de pequeño embudo. El gusano está entre ambos a una profundidad que puede alcanzar los 30 centímetros.

H

H: Bandera del Código Internacional de Señales. Es cuadra y con dos franjas verticales, blanca y roja, la blanca al lado de la vaina. Izada aisladamente significa. *Tengo práctico a bordo.*

Habla, Al: Dice que la proximidad de una embarcación a otra es tanta que puedan comunicarse de viva voz.

Hacer: Este verbo forma parte de muchas expresiones empleadas a bordo. *Hacer escala, hacer agua, hacer señales, hacerse a la mar, etc.*

Hacha: Mariscador para arrancar mejillones, percebes, lapas, etc. de los promontorios litorales utilizado en el norte y noroeste de España.

Herramienta cortante, compuesta de una cuchilla en forma de pala, filo ligeramente curvo y orificio para embastarla.

Hacer firme: Se dice cuando hacemos firme el chicote a bordo y luego pasamos el cabo per un cáncamo o noray.

Halar: Tirar de un cabo o de otro objeto cualquiera.

Halarse: Hacer marchar a una embarcación hacia determinada parte, cobrando o tirando del cabo fijo en el punto hacia donde se la dirige.

Hebra: Trozo de hilo que se introduce por el ojo de una aguja para coser alguna cosa.

Parte de la madera que tiene flexibilidad para ser trabajada sin saltar ni romperse.

Hebra. De anzuelo: Hilo muy fino que se emplea para ligar al anzuelo los cebos que son muy frágiles.

Hélice: Conjunto de dos o más aletas o palas helicoidales que giran alrededor de un eje y al girar empuja el fluido ambiente, produciendo una fuerza de reacción utilizada para impulsar embarcaciones.

En cuanto al paso se dividen en levógiras y destrógiras.

Hélice de arrastre: Es la hélice de poco paso y mucho diámetro, utilizada en buques de carga de velocidades moderadas.

Hélice de palas fijas: Es la hélice cuyo núcleo y palas forman una sola pieza de fundición.

Hélices de palas independientes: Es la hélice que las palas están adosadas al núcleo estando sujetas con un encastre y unos pernos.

Hélice de palas móviles: Son las que tienen palas independientes y están unidas al núcleo por medio de pernos y un encastre.

Hélices de palas orientables: Son las hélices cuyas palas son independientes y se pueden variar de posición para colocarlas en otro paso distinto al primitivo.

Hélices de palas plegable: Esta hélice es muy utilizada en los veleros, ya que sus dos palas pueden plegarse para no ofrecer resistencia.

Hélice de palas reversibles: Estas hélices tienen unas palas que se pueden mover a distancia a través de un mecanismo incorporado en el núcleo y que tienen la ventaja de invertir el sentido de la marcha sin necesidad de invertir el sentido del giro del eje.

Hélices de paso fijo o constante: Son aquellas en que la cara activa es una superficie helicoidal con igual paso en todos sus puntos.

Hélices de paso regulado: Son aquellas que al tener las palas independientes del núcleo, pueden ser movidas cambiando su posición, se puede hacer cuando la embarcación está en seco.

Hélice de paso variable: Es aquella que la cara activa es una superficie helicoidal variable, es decir, que tiene distinto paso en cada uno de los puntos de su superficie.

Hélices de velocidad: Son aquellas que giran a muchas revoluciones y sus características principales son que tienen mucho paso y poco diámetro.

Helicómetro: Aparato que sirve para medir el poder efectivo de las hélices de los barcos con la resistencia total del casco.

Heliógrafo: Nombre que recibe el espejo de señales.

Hembra: Poa de la bolina que pasa por el extremo del guardacabo firme al extremo del macho y cuyos dos chicotes se aseguran en los garruchos de la relinga de la vela.

Cualquiera de las piezas que una vez agujereadas se clavan en el codaste y que el macho que hay fijo en el timón, forma uno de los goznes del mismo.

Hendidura en que encajan sobre los dormidos las barengas piques.

Hembra del timón: Parte metálica fija al codaste donde se alojan los machos que soportan y sirven al timón.

Hemisferio: Cada una de las dos partes en que el Ecuador divide a las esferas terrestre y celeste, llamadas Norte o boreal o Sur o austral dependiendo del polo que contengan.

Hemisferio Norte: En la esfera celeste y terrestre se le da este nombre a aquella de las dos mitades en que las dividen los ecuadores respectivos que comprende el polo Norte.

Hemisferio Sur: En las esferas celeste y terrestre recibe este nombre aquella de las dos mitades en que las dividen los ecuadores respectivos que comprende el polo Sur.

Henchimiento: Nombre general que se da a toda pieza de madera destinada a henchir o rellenar huecos.

Henequen: Pita de algunos países de América, empleada en hacer cabos y telas bastas.

Herbazal: Lugar de poco fondo en el que las hierbas llegan hasta la superficie del agua.

Herida: Se llama *herida de la corta* a la separación de las fibras de un árbol cuando se tala y se produce al derribarlo sin haberlas cortado.

Hermafrodita: Particularidad de algunas especies marinas de poseer a la vez ovarios y testículos.

El caso más típico de hermafroditismo lo tenemos en los serranos; cada pez hace la puesta y después la fecunda el mismo.

Herradura: Pequeña ensenada en forma de herradura.

Herraje: Nombre genérico que se da a algunas piezas metálicas empleadas en la arboladura de las embarcaciones, así como en otros elementos de maniobra como aros, cabilleros, pasadores, etc.

Conjunto de machos y hembras que forman los herrajes del timón.

Herrera: *(Pagellus mormyrus)*. Espárido de pequeña talla, como máximo hace 30 centímetros. Tiene el dorso plateado, con 10 o 12 bandas verticales oscuras. En el Mediterráneo se le pesca como el pagel y a veces se le confunde con el sargo.

Abunda en todo el litoral Mediterráneo y penetra en las lagunas llegando a soportar una salinidad muy alta.

Tiene distintos nombres; en la costa Catalana y Levantina se le llama *mabre*.

Herreshoff, Ancla: Se trata de un tipo de ancla con el cepo plegable que resulta muy fácil su estiba.

Hertziano: Perteneciente o relativo a las ondas electromagnéticas.

Hertzio: Unidad de frecuencia que equivale a un ciclo por segundo.

Hervir: Dícese en sentido figurado *hervir la mar*, cuando esta está muy agitada, produciendo mucho ruido y espuma.

Hidráulica: Es una parte de la mecánica que estudia el equilibrio y el movimiento de los líquidos y sus aplicaciones técnicas.

Hidroavión: Designa a toda aeronave proyectada para maniobrar sobre las aguas.

Hidrodinámica: Es una parte de la hidráulica que estudia los fenómenos dinámicos de los líquidos.

Hidrofonía: Es la ciencia que trata del funcionamiento de los sistemas de comunicación, localización y navegación que operan bajo la superficie marina.

Hidrófono: Aparato que recoge los sonidos submarinos, señala la presencia de buques de superficie y sumergibles y permite determinar su marcación.

Hidrografía: Es la ciencia que trata sobre el estudio y descripción de las aguas que existen sobre la superficie de la tierra. La hidrografía marítima, tiene por objeto el levantamiento de cartas y planos de interés para la navegación así como la redacción de los derroteros, cálculo de anuario de mareas y la publicación de obras útiles para el navegante.

Hidroplano: Pequeña embarcación de fondos muy planos y con motorización muy potente, que ha sido proyectada para deslizarse por la superficie del agua a gran velocidad. Embarcación muy similar a la anterior que es impulsada por una hélice aérea.

Hidrorreactor: Sistema de propulsión naval basado en la reacción.

Hidrostática: Es la parte de la mecánica que estudia las condiciones para el equilibrio de los líquidos y de los cuerpos en contacto con ellos.

Hielo: Dícese de la extensión de aguas marinas heladas en su superficie y hasta una profundidad muy variable. El banco de hielo a diferencia del iceberg, es siempre de origen marino.

Higrómetro: Aparato que mide la humedad relativa del aire.

Hierro: En la construcción naval, perfiles de hierro o de acero usados en ella.

Es lo mismo que ancla, rezón y anclote.

Hierros de calafate: Nombre genérico de algunas herramientas usadas por los calafates, cordeleros, etc.

Hilada: En la construcción naval, serie horizontal de tablones, planchas o chapas que se extienden en una misma línea de proa a popa de la embarcación, en cubierta, en el forro exterior o en el forro interior.

Hilero: Señal en la superficie del agua que nos indica la dirección de una corriente.

Hilo: Cordón fino usado por los carpinteros de ribera en hilar o alinear las piezas.

Hilo de estopa: Es el torcido flojo que se emplea en rellenar y calafatear las costuras.

Hilo de pescar: El que emplean los pescadores en las cañas de pescar.

Hilo de velas: El de fibra sintética, algodón o cáñamo que se emplea para coser las velas.

Hincón: Estaca clavada en una playa o sitio de poca agua que se utiliza para amarar una embarcación.

Hinchar: Cuando hace referencia a la acción del viento sobre las velas, es hacer que estas formen una superficie curva en todas sus partes.

Hipertermia: También se le llama *golpe de calor,* es un estado que se presenta cuando el organismo está sujeto a una atmósfera muy caldeada o a temperaturas muy elevadas más fuerte que las que los mecanismos fisiológicos reguladores pueden soportar. Se diferencia de una insolación en que no tiene por que haber exposición al sol.

Hipotermia: Es le resultado de la incapacidad del cuerpo para producir calor y reponer las pérdidas sufridas. Se produce cuando el descenso de la temperatura corporal está por debajo de los 36º.

Hocicar: Dícese cuando la embarcación mete muy a menudo la proa en el agua, por exceso de carga, mucha vela o por defectos del propio barco.

Holandesa: Modo de ajustar los cabos dando las vueltas en espiral y sobre un mismo plano empezando por el centro, donde se coloca el chicote del cabo.

Hacer calar en demasía la proa de una embarcación.

Holmes, Luz: Señal flotante compuesta de un recipiente metálico con carburo de calcio y fósforo que despide una luz brillante al contacto con el agua.

Hombre al agua: Voz que se da cuando cae una persona al

agua a fin de que se le arroje rápidamente un salvavidas y se
disponga lo más pronto posible a auxiliarle.

Honda: Vuelta que se pasa con un cabo cuando se desea
suspender cualquier cosa haciendo las veces de eslinga.

Hondable: Dícese del lugar en que el escandallo toca fondo,
pero que tiene la suficiente profundidad para poder navegar.

Hondear: Sondar, reconocer el fondo con la sonda.

Hondo: Se dice del puerto o bahía que se interna mucho en
tierra.

Hondura: Cualquiera de los lugares que penetra más un golfo,
bahía, ría etc. y que son difíciles de encontrar si no se dispone
de un práctico de la localidad.

Hongo de ventilación: Conducto de aireación con forma de
hongo, cuyo extremo superior está en cubierta y que está
construido de forma que el agua no pueda pasar al interior de la
embarcación.

Hora: En general cualquiera de las 24 partes en que se divide el
día.

Cada una de las 24 partes iguales de una amplitud de 15
grados, en que se divide el ecuador.

Hora civil de Greenwich: Es el tiempo transcurrido desde
que el sol medio pasó por el primer meridiano o meridiano de
Greenwich.

Hora del lugar: Es la correspondiente al paso del Sol o de Aries
por el meridiano del lugar. Puede ser verdadera, civil o sidérea.

Hora del reloj de bitácora: Es la que marca el reloj de bitácora,
que va colocado, por lo general, en el cuarto de derrota o mesa.
Navegando se lleva siempre con hora legal y en puerto con
hora oficial.

Hora legal: Es la que corresponde al uso horario dentro del cual
se considera comprendida la longitud del lugar. En todo uso se

emplea la hora del meridiano de su eje, por lo que la diferencia que pueda existir con la hora civil es la que corresponde a 30 minutos de tiempo, o bien, 7° 30′ de arco de longitud.

Hora oficial: Es la que establece el gobierno con objeto de economizar energía eléctrica haciendo que en la jornada laboral haya más cantidad de luz solar.

Horario: Arco de ecuador contado de 0 a 360° a partir del meridiano superior y en sentido retrógrado.

Horizonte: Línea que limita la superficie terrestre a que alcanza la vista del observador.

Horizonte de la mar: Superficie cónica formada por las tangentes a la superficie terrestre que parten del ojo del observador.

Horizonte artificial: Superficie plana y horizontal, capaz de reflejar la luz y sobre la que se observan en tierra las alturas de los astros cuando se quiere obtener una gran precisión.

Horizoscopio: Instrumento que se monta en los sextantes u otros aparatos de reflexión para tener un horizonte artificial y poder tomar sobre él la altura de un astro cuando está cubierto el horizonte del mar.

Hormear: Fondear una embarcación dejando caer el ancla de la esperanza.

Horquilla: Pieza en forma de horquilla de hierro o latón la cual se encaja en un agujero de la regala y sirve para meter en ella el remo y bogar sin utilizar el estrobo.

Cada una de las varengas de los extremos de popa, cuyas ramas desde la bragada van curvándose hacía fuera tomando la forma de una horquilla muy abierta.

Las que sirven de descanso a la botavara.

Hovercraft: Nombre ingles que se da a un tipo de embarcación que marcha sobre un colchón de aire a pocos centímetros de la superficie del agua.

Hueco: Refiriéndose a las olas, es lo mismo que abertura o seno.

Huelga: Cerco empleado en las costas Asturianas que se cala antes de que suba la marea, dándole una altura inferior a la que alcanza el agua.

Hundimiento: Naufragio, acción o efecto de hundir.

Huracán: Nombre que se da en algunas regiones a los ciclones tropicales que se forman, por lo general en la zona de calmas ecuatoriales y se trasladan siguiendo una parábola, alejándose normalmente del ecuador.

Viento de extraordinaria violencia que produce mar arbolada y que alcanza fuerza 12 en la escala Beaufort.

Hurtar el rumbo: Cambiar el rumbo durante la noche para poder despistar a otra embarcación.

Husillo: Gato para levantar grandes pesos que está formado por un cilindro con rosca y que es movido manualmente por medio de barras.

Huso Horario: Cada uno de los veinticuatro husos geométricos en que se considera dividida la Tierra y dentro de los cuales rige la misma hora.

I

I: Bandera del Código Internacional de Señales. Es de color amarillo con disco negro e izada aisladamente significa *Estoy cayendo a babor*.

Iceberg: Masa de agua dulce helada que flota a la deriva. Tiene un color blanco azulado y un peso específico de 0,9167, por lo que sólo sobresale de las aguas del mar un décimo, aproximadamente, de su volumen total.

Ictericia: Fallo o defecto de algunas maderas que poseen unas manchas de color amarillo oscuro.

Ictíneo: Nombre del primer submarino español que inventó Narciso Monturiol.

Ictiólogo: Especialista en el estudio de los peces, su anatomía, su clasificación y su ciclo vital.

Imada: Cada una de las explanadas que se forman en la grada, a cada lado de la quilla de la embarcación que se ha de botar.

Imán: Mineral de color grisáceo oscuro constituido por óxido ferroso-férrico que tiene la propiedad de atraer el hierro, acero, níquel y otros cuerpos.

Pieza de hierro o acero capaz de atraer a otras sustancias de la misma especie y que se llama *imán artificial* para distinguirla del anterior o *imán natural*.

Imán director: El que montado en una rosa de los vientos la orienta en dirección norte-sur y constituye elemento fundamental del compás.

Imán compensador: Cada uno de los imanes colocados en la bitácora o proximidades del compás para corregir los desvíos.

Imbornal: Agujero o canal practicado en el forro exterior de una embarcación, a la altura del trancanil, con el fin de dar salida al agua de cubierta.

Inabordable: Se dice de una playa o costa a la que una embarcación no puede atracar sin riesgo o es imposible desembarcar.

Inclinación magnética: Ángulo con el horizonte formado por una aguja imanada suspendida libremente y que es hacia abajo el norte del ecuador magnético y hacia arriba al sur del mismo.

Incremento anuo: Es lo que aumenta en algunos lugares y en valor absoluto la declinación magnética, que se refleja en algunas cartas.

Incrustación: Capa de organismos diversos que se forman en las obras vivas de los barcos.

Incubación oral: Proceso llevado a cabo por las especies de peces de aguas dulces o saladas que albergan los huevos fecundados en el interior de la boca para su incubación. Las variedades marinas más comunes incluyen a los peces gato.

Indicativo de llamada: Conjunto de letras y números asignados a toda estación móvil o de tierra que tenga estación radiotelegráfica o radiotelefónica y que sirve para su identificación.

Indio: Aparejo de pesca que se emplea en el Sur y Levante español para la pesca de las brecas, merluzas etc.
Está compuesto por un alambre de metal dorado en vez de utilizar hilo, a modo de socala, con un plomo sujeto entre dos gazas, y un anzuelo grande cebado con peces.

Inercia, Navegación por: Sistema de navegación que permite en cada momento y por medio de aparatos sensibles a la inercia, conocer la situación de una embarcación.

Influjo: Movimiento o flujo de subida de la marea.

Inglefield, Ancla: Se trata de un tipo de ancla sin cepo y con los brazos independientes y unidos a su cruz por medio de un eje.

Inmersión: Acción de introducir un cuerpo en un líquido.

Instituto Hidrográfico de la Marina: Este Centro está situado en Cádiz y está dedicado a la hidrografía y a la navegación. Su misión es proporcionar al navegante los elementos náuticos necesarios para hacer la navegación segura. Se ocupa del estudio y ejecución de los levantamientos de cartas náuticas.

Inteligencia, Gallardete de: Gallardete característico o del CIS, formado por rayas verticales rojas y blancas, que izado a media driza significa *He visto su señal y paso a ejecutarla*; izada a tope quiere decir: *Mensaje interpretado.*

Intensidad magnética: La intensidad de un campo magnético en un punto, viene determinada por el valor de la fuerza magnética sobre la unidad de masa magnética que hay en dicho punto.

Intercepción: Es la diferencia existente entre la altura observada y la calculada de un cuerpo terrestre. Se mide en millas marinas.

Interferencia: Es la perturbación en la recepción de señales radiotelefónicas que es causada por lo general, por el empleo de una misma frecuencia por otras estaciones.

Intermitente: Nombre que recibía el faro de luz de ocultaciones.

International Yacht Racing Unión: Asociación internacional de la que forman parte las federaciones u organismos nacionales del deporte de la vela y por cuyos reglamentos se rigen. Su fundación fue en 1907 y tiene su sede en Londres. Es conocida por las siglas IYRU.

Intervalo: Distancia entre las embarcaciones que están en cabeza de una formación.

Inundar: Llenar con agua salada un compartimento de un barco.

Intraborda: Embarcación que es impulsada por un motor intraborda.

Invernadero: Puerto abrigado y seguro para pasar el invierno.

Invernar: Permanecer en el invernadero una embarcación desaparejada.

Inversión de marcha: Pasar de marcha avante a marcha atrás o viceversa.

Inversor: Aparato que acoplado al motor permite hacer la inversión de marcha, reduciendo primeramente, sin cambiar el sentido del giro del motor.

Invertir: Dar la vuelta a un cabo o a un obenque para que sus extremos cambien de lugar. Se realiza esta labor para que se reparta el desgaste de la carga.

Inyección, Válvula de: Instalada por lo general en la parte central de la culata del motor, sirve para introducir el combustible en el interior del cilindro y facilitar su pulverización.

Inyector: Aparato destinado a la introducción del combustible en los cilindros, que es característico de los motores de combustión interna a presión constante.

IOR: Sigla de *International Offshore Rule* o reglamento adoptado internacionalmente para clasificar a los barcos que toman parte en regatas de altura.

Ir: Voz muy empleada a bordo y que entra en muchas frases: *Ir al garete, ir de orza, ir de arribada,* etc.

Isalobara: Línea que une los puntos de igual tendencia barométrica.

Isalóclina: Es la línea que une los puntos con una misma variación.

Isalodinámica: Línea que une puntos con la misma variación de la intensidad o fuerza horizontal de la vertical.

Isalogónica: Línea que une puntos con la misma variación de la declinación magnética.

Isla: Porción de tierra rodeada de agua por todas partes.

Islote: Isla pequeña y despoblada.

Isobara: Dícese de los puntos que tienen la misma presión atmosférica.

Isobara, línea: La que une los puntos de la superficie terrestre que en un momento dado tiene la misma presión atmosférica reducida a 0º y al nivel del mar.

Isobata: Línea resultante de unir todos los puntos de la superficie que tienen la misma profundidad.

Isobática: Línea que en las cartas náuticas, une puntos de la misma profundidad. También se llama *veril*.

Isóclina, línea: Línea que une puntos de la superficie terrestre en los cuales es igual el valor de la inclinación magnética, es decir, es igual el ángulo formado por la aguja magnética, suspendida libremente por su centro de gravedad, en el plano horizontal.

Isocrono: Línea que une puntos de la misma hora.

Isógona, Línea: En las cartas magnéticas de la superficie terrestre, línea que une puntos del globo con un mismo valor de la declinación magnética.

Isodinámica: Que tiene la misma fuerza e intensidad.

Isodinámica horizontal: Cada una de las líneas que unen los puntos del globo que tienen igual componente de magnetismo terrestre.

Isodinámica vertical: Cada una de las líneas que unen los puntos con la misma componente vertical del magnetismo terrestre.

Isópodos: Animales pertenecientes al tercer orden en magnitud de los crustáceos tras los decápodos, *Langostas, cangrejos y gambas,* y los anfípodos. La mayoría de isopodos son marinos, unos pocos dulceacuícolas, algunos terrestres y unos pocos parásitos, Son de tamaños muy pequeños, el mayor tienen 35 centímetros.

Istmo: Estrecho de tierra o península por donde se unen dos continentes.

Isoterma: Línea que une los puntos de la superficie terrestre que en un momento dado tienen la misma temperatura.

Izar: Hacer subir alguna cosa halando del cabo que está suspendida.

J

J: Bandera del Código Internacional de Señales con tres franjas horizontales, azul, blanca y azul. Izada aisladamente significa *Tengo fuego y carga peligrosa a bordo manténgase separado.*

Jábega: Se trata de un arte de copo, muy parecido al boliche, pero de mayor envergadura. Se llama *jábega real* ala mayor longitud, y *media jábega, jábega rebajada y jábega chica* a la de mayor longitud.

La jábega se utiliza en todo el litoral español; en Galicia en especial en las rías altas y en el sur de España en Málaga, y en Levante, Baleares y norte de África.

Es una de las artes más antiguas de España, hablándose de ella en algunos escritos del 1750.

Recoge todas las especies costeras, pudiendo ser más perjudicial cuando arrastra por el fondo.

Jaloque: Nombre que también se da en el Mediterráneo al viento del sureste.

Jamela: Chalana que se utiliza en la costa de Galicia, entre el río Miño y la ría de Vigo, en la pesca litoral.

Jamo: Es un salabre de aro cuadrado que se usa en Canarias para retirar el pescado de los barcos y viveros.

Jaquetón: Gran escualo, frecuente en el Mediterráneo, que puede alcanzar una longitud de más de 12 metros.

Jarcia: Conjunto de aparejos y cabos de una embarcación.

Jarcia firme: Es la que está constituida por los cables y cabos siempre fijos.

Jarcia de labor: Es la que está compuesta por aparejos móviles.

Jareta: Cabo que en el arte de cerco de jareta, pasa por unas anillas en la parte inferior de la relinga de plomos.

Jeito: Arte de pesca de deriva, empleado en las rías gallegas y en el Levante Mediterráneo.

Se compone de cinco o seis piezas que tienen cada una 70 metros de largo por 18 de alto y malla de 2 a 2,5 centímetros.

La relinga superior lleva numerosos corchos por cada metro y la inferior unos plomos para mantenerla vertical.

En la relinga superior se colocan unos pies de gallo cada 15 metros, llamados bornaderas, en los que se aplican las rabizas que sostienen las boyas que mantienen la red a flote.

Del último paño de la red parten una serie de cabos que se unen en su extremo por una gaza, llamados *cuas,* donde se amarra un cabo de unos 30 metros que va a la embarcación.

El jeito utilizado en Levante alcanza 1000 metros de longitud, y acostumbra a calarse de *prima,* o sea, al oscurecer, pescando toda la noche con un farol en la boya terminal. Generalmente se emplea en los meses de verano.

Este arte en Galicia se llama de *xeito.*

Juanete: Nombre del mastelero, vela y verga que van sobre los de las gavias.

Juanete mayor: Vela cuadra que se larga más arriba y a continuación de la gavia.

Juanete de proa: Vela cuadra en el palo trinquete que va más arriba que el velacho.

Juanete de mesana: También llamado perico.

Jueller: Arte de fondo que se usa en Cataluña para la pesca del pejerrey.

Jugar: Dícese del viento cuando no se mantiene constante en su dirección.

Tratándose del modo de resistir la embarcación contra el viento y la mar, es señorearse con uno y otra, por sus buenas cualidades marineras.

Junco: Tipo de embarcación propia de los mares de China, Vietnam, Japón y Tailandia. Dentro de la denominación de junco existe una gran variedad de modelos. Llevan velas al tercio, estiradas mediante sables transversales.

Junquillo: Galón o listón de madera que llevaban algunas embarcaciones a la altura de la línea de flotación.

Junta: Pieza hecha de distintos materiales como caucho, cáñamo, etc. que se utiliza en la unión de piezas, tubos u otras partes de una máquina.

Jurel: *(Trachurus trachurus)*. Pez muy popular que se caracteriza por la presencia de una línea lateral acorazada.

Esta especie es muy temida por los pescadores de caballa porque posee, como la mayor parte de los carángidos, una espina situada en la base de la primera dorsal que va dirigida hacia delante. Cuando la caballa empieza a subir a la superficie en busca de cebo, aparecen los jureles, que se lanzan al ataque pinchado a las caballas con la espina citada provocando su huida rápida.

Para su pesca, tendremos en cuenta que los grandes ejemplares se pescan solo al curricán, y para los pequeños sirve el método de pesca de la caballa.

En España recibe el nombre de *jurel, chicharro y sorell*.

K

K: Bandera del Código Internacional de señales, azul y amarilla, esta al lado de la vaina. Izada significa: *Deseo comunicar con usted*.

Kayak: Embarcación utilizada por los esquimales. El casco es de madera y está forrado con pieles de foca. Su eslora es de 5 a 6 metros y su manga de unos 60 centímetros. Existen varios tipos de Kayak deportivo utilizadas en competiciones olímpicas que van sobre recorridos de 500 a 10.000 metros, con uno, dos, o cuatro tripulantes.

Kelp: Nombre común que reciben en los piases de habla inglesa las grandes algas pardas pertenecientes a las familias Fucaceae y Laminariaceae.

Ketch: Queche.

Kevlar: Fibra sintética que tiene una gran solidez y resistencia, muy poco peso, es indeformable y no tiene prácticamente elasticidad. Al no ser demasiado resistente a la luz y no flotar tiene sus inconvenientes de adaptación. Su utilización es en drizas y escotas.

Kingston: Válvula de fondo empleada para la toma del agua del mar, descarga o inundación. Cierra de fuera hacia adentro y lleva rejilla exterior para impedir la entrada de cuerpos extraños.

Kitchen. Timón: Mecanismo para aumentar las condiciones de maniobra y gobierno de las embarcaciones menores con la ventaja de poder pasar de marcha avante a marcha atrás, o viceversa, sin invertir el paso de la hélice, para lo cual tiene dos placas en forma de rombo y en libertad de abrir y cerrar ambas mitades. Cuando se cierran, aunque la hélice continúe en el sentido de marcha avante, la reacción sobre la cazuela hace ir muy pronto la embarcación atrás. También es notable la rapidez que puede notarse en las evoluciones y maniobras de atraque y desatraque.

Kort, Tobera: Dispositivo empleado para mejorar el rendimiento de propulsión y que consiste en colocar la hélice dentro de una tobera convergente-divergente que tiene un diámetro ligeramente mayor que el de la hélice a fin de encauzar los filetes líquidos y evitar los remolinos que causan la pérdida del rendimiento del propulsor.

Kraken: Dios del mar noruego y nombre que se aplica en los países de habla inglesa a los calamares y pulpos gigantes.

L

L: Bandera del Código Internacional de Señales formada por cuatro rectángulos, dos amarillos y dos negros. Izada aisladamente significa: *Pare su buque inmediatamente*.

Labor: Movimiento, acción y hasta disposición de algunos cabos que por este motivo se llaman de labor. Por todo esto son las expresiones de *cabullería, maniobra y jarcia de labor*, cuando se emplean estas voces como equivalentes a las de cabo. Acción y efecto de labrar las piezas de construcción.

Laborear: Estar trabajando un cabo en aquello que está destinado como por ejemplo el cabo destinado a unir el remolcador y el remolcado cuando se produce el remolque de una embarcación.

Pasar un cabo por la roldana de un motón, las del cuadernal de un aparejo, las de otros fijos en los sitios por donde deben dirigirse, etc.

Laboreo: Orden y acción de los cabos al laborear.

Orden y disposición en que laborea un cabo.

Labrar: Moldear un trozo de madera y darle la forma y medidas de la pieza que vamos a construir.

Ladeado: Se dice de la embarcación que por defecto de construcción o por otro motivo, tiene un costado más pesado que el otro.

Ladearse: Cuando hace referencia a la aguja náutica, tener este desvío.

Lado: Es lo mismo que costado, cuando se refiere a una embarcación.

Laja: Bajo de piedra que está formado por capas o filos como la pizarra.

Lama: Dícese del cieno blando y pegajoso que se encuentra en algunos parajes del fondo del mar.

Lamer: Se dice de la mar cuando llega blandamente a las costas o playas.

Lamoso: Dícese de la calidad de fondo del mar que contiene parte de lama mezclada con fango o arena.

Lampazo: Manojo largo y grueso de filásticas unidas por un extremo, al que se hace firme un mango o un cabo en forma de gaza por donde se coge y sirve para lampacear.

Lamprea marina: *(Petromyzon marinos)*. Pez cartilaginoso cuyo esqueleto es simplemente fibroso en su juventud, o sea, antes de ser elemento reproductor, y se endurece una vez es adulto. Este pez posee una boca en forma de ventosa, que lo hace clasificar entre los Ciclóstomos *(ciclos,* redondo *stoma,* boca). Es un pez anadromo, es decir, que remonta los ríos para efectuar la puesta. Una sola especie, la lamprea marina, frecuenta nuestras costas, otras especies, más pequeñas, permanecen en las aguas dulces.

Esta especie es menos abundante en el Mediterráneo que en el océano.

Lampreeira: Arte de pesca que se emplea en el río Miño para la captura de la lamprea. Es de forma rectangular, de tres paños iguales a los del trasmallo, tiene 150 metros de largo por 3 de alto y malla de 35 milímetros.

Se emplea a la deriva, como el jeito, atravesando el río. A veces se utiliza este arte para pescar el salmón.

Lampuguera: Arte de cerco que se emplea en la pesca de la lampuga en las zonas de Baleares y Cartagena.

Lance: Conjunto de trabajos realizados para largar el arte de pesca al agua y volverlo a cobrar cuando se considera que está hecha la captura.

Lanceta: Parte del anzuelo situado bajo la punta y que impide que el pez se desenganche, una vez clavado. La lanceta de los distintos tipos de aparejo tiene que ser fuerte por la razón de que existen varias especies como la dorada, el lirio etc., capaces de romperla con su boca.

Lancha: Nombre que reciben una gran cantidad de embarcaciones de distintos tamaños que son propulsadas a motor.

Langosta común: *(Palinurus vulgaris).* Uno de nuestros crustáceos más bellos y sabrosos. Puede llegar a medir 50 centímetros con un peso de 3 kilos.

Su captura se realiza por medio de nasas en forma de tambor, cebados con carnada de pescado. También existen embarcaciones langosteras de 35 a 40 toneladas, que en el centro de su casco tienen un pozo-vivero en comunicación con el mar, en que se depositan las langostas a medida que son pescadas.

Es común en el Mediterráneo, abundan especialmente en Baleares y Córcega.

Langostera: Trasmallo de hilo grueso, que se utiliza para la pesca de las langostas, centollos y bogavantes.

Langostero: Se dice de a los pescadores que se dedican a la pesca de la langosta y a las embarcaciones y utensilios dedicados a lo mismo.

Langostinero: Se dice al trasmallo de hilo muy fino que se dedica a la pesca del langostino.

Langostino: *(Penaus caramote).* Crustáceo macruro que

alcanza más de veinte centímetros de longitud.

Su captura se hace con nasas del tipo empleado para la langosta, pero con mallas más pequeñas.

Vive en el Mediterráneo occidental, y es muy abundante en la desembocadura del Ebro y sus cercanías, y también en las proximidades de Melilla. Tiene dos profundos surcos que corren a lo largo de la cresta longitudinalmente a la parte superior del caparazón, y que permite diferenciar a primera vista de la gamba.

Langston: Ancla en forma de hongo construido por una semiesfera de acero o metal que se engrilleta directamente a la cadena y se usa para fondear un muerto en fondos de fango.

Lanzacabos: Artefacto destinado a lanzar a cierta distancia una guía para unir una embarcación a tierra o a otro barco.

Lanzado, Pesca al: Sistema de pesca que permite lanzar el anzuelo a una mayor distancia que con la caña ordinaria.

Lanzamiento: Inclinación o salida hacia fuera de la roda por la proa y del codaste por la popa, respecto a las perpendiculares en los extremos de la quilla.

Lanzaminas: Barco que se destina al fondeo de minas submarinas.

Lanzar: Cuando se refiere a una embarcación, es igual que echarlo al agua, botarlo, etc.

Largar: Aflojar, soltar poco a poco, comúnmente se entiende por soltar todo o de una vez.

Desatracar un bote o una embarcación pequeña de un muelle o de otra embarcación.

Desplegar, soltar alguna cosa, como una vela.

Desprenderse o desencajarse alguna pieza de la embarcación.

Hacer una embarcación a la mar o separarse de alguna cosa.

Largo-a: Arriado o suelto.

Dícese del viento cuya dirección con la proa forma un ángulo superior al de seis cuartas. Usado en sustantivo, se dice que *una embarcación navega o ha navegado a un largo,* Cuando lo hace o ha hecho con el viento a diez cuartas. Amarra que se da a un muelle desde la proa de la embarcación hacia proa (largo de proa), o desde la popa hacia popa (largo de popa).

Largo, Navegar a: Navegar a un rumbo más abierto que un través y más cerrado que a popa.

Lasca: Nudo doble o el que resulta de pasar el chicote de un cabo alrededor de un firme y después de abajo arriba por el seno que se ha formado.

Lascar: Aflojar un poco cualquier cabo que está tenso, dándole un salto suave.

Lastre: Peso que se carga en una embarcación para que esta se sumerja hasta un calado conveniente.

Latigazo: Sacudida que da un palo producido por un balance fuerte y violento.

Ruido y sacudida del puño de una vela que gualdrapea por haberse aventado, o por haber llegado a besar cuando se está cazando.

Latino-a: Aparejo o vela típica del Mediterráneo, mar Rojo o Pacífico y mar de Arabia. De forma casi igual a un triángulo con la hipotenusa o grátil a 45º, la vela se extiende sobre una larga antena compuesta de dos partes llamadas pena la superior, y car, la inferior.

Latitud: Es una de las dos coordenadas terrestres, latitud y longitud.

Latitud celeste: Arco de máximo de longitud comprendido entre la eclítica y el centro de un astro.

Latitud terrestre: Arco de meridiano entre el ecuador y un punto determinado del globo terráqueo; es la altura del polo sobre el horizonte y se cuenta de 0 a 90º norte o sur, dependiendo del hemisferio.

Laúd: Embarcación de casco largo y estrecho, semejante al falucho, sin foque, aletas ni mesana, o sea, de un solo palo con vela latina.

Lavada: Arte de malla tupida que se emplea en las costas de Huelva y Cádiz.

Lazareto: Establecimiento aislado donde se dejaban las personas enfermas que llegan en los barcos.

Lebeche: En el Mediterráneo, viento del sudoeste.

Lecho: Fondo del mar, río o lago.

Légamo: Barro o lodo pegajoso que van dejando las aguas del mar en su reflujo.

Legítima: Redes colocadas en diagonal en los ángulos de las almadrabas con el fin de conducir los atunes a la boca de la misma.

Legua marina: Medida de longitud, equivalente a 1/20 de grado, o sea, 5555 metros o 3 millas marinas (1852 x 3 = 5556 metros).

Lengua: Se llama lengua de tierra al trozo estrecho de tierra o arena que penetra en el mar.

Lenguado: Pleuronéctidos universalmente conocidos y de muy buena reputación.

La pesca de este pez se realiza con artes de arrastre o a la bolinche.

En el Mediterráneo las distintas especies de lenguados se pescan con artes de red.

Lengüeta: Trozo de pescado, generalmente de caballa en forma de lengüeta, que comprende la piel con algunos milímetros de carne que se utiliza para cebar el anzuelo.

Lesnordeste: Esnordeste.

Les-sueste: Es-sueste.

Lestada: Temporal de levante.

Lestazo: Ventarrón del este.

Lestear: Es cuando cambia el viento hacia el este, o ser de este lugar la dirección del viento reinante.

Lesueste: Es-sueste.

Leva: Barra grande de cualquier clase que se emplea en mover pesos de consideración.

Acción y efecto de levar una embarcación, y una salida de puerto.

Movimiento continuado al cobrar un cabo, lo que se indica diciendo *halar a la leva,* y lo contrario, es, *halar a estrepadas.* *Ancla de leva,* Cada una de las dos que se llevan para ser fondeadas.

Levada: Acción de levar, y hasta la salida de un puerto de una embarcación.

Toda la acción o el efecto que se realiza al hacer el esfuerzo de levar al cobrar un cabo.

Levantar: Descargar en estas dos acepciones: Bracear por sotavento un aparejo o una vela que está en facha, hasta que queden al filo o beban el viento por el derecho o cara de popa. Poner al medio o en dirección a la quilla la caña del timón o la rueda que se tenía a una banda.

Construir una carta náutica o el plano de algún lugar.

Levantada: Acción de ir levantando lentamente el fondo del copo de la almadraba para concentra los atunes en la parte superior.

Levantamiento: Trabajo hidrográfico que consiste en levantar la carta de una extensión de mar o de tierra o el plano de un nuevo puerto, fondeadero, etc.

Levantar el timón: Disminuir el ángulo de metida de acuerdo con la maniobra.

Levante: Este o punto cardinal donde sale el sol en los equinoccios.

Nombre genérico del conjunto de países de las costas orientales del Mediterráneo y en España, de las provincias orientales entre Cabo de gata y Cabo de Creus, y en especial de la región valenciana y murciana.

Viento del Este y aun los del ENE y ESE.

Levantichol: Virazón floja del sues-te que se produce en el Mediterráneo.

Levantino: Natural de Levante y en España de las costas del Mediterráneo.

Levar: En general es levantar y usado en absoluto se entiende siempre por suspender, levantar las anclas del fondo, desamarrar, zarpar, etc.

Halar de un cabo a la leva.

Hacerse a la mar.

Elevarse en la acepción de aumentar la altura de los astros.

Levógira: Se dice de la hélice que gira en sentido contrario a las agujas del reloj.

Libre: Se dice de la embarcación u operación que no tiene obstáculos para ponerse en movimiento o proseguir su marcha.

Libre pláctica: Autorización que concede la autoridad responsable de sanidad para poder entrar en puerto cuando el barco procede del extranjero y no existe a bordo ninguna enfermedad contagiosa.

Libro de faros: Publicación con las características de las luces, señales de niebla y radiofaros en la costa y puertos que comprenden. En España lo redacta y publica el Instituto Hidrográfico de la Marina.

Libro de radio señales: Publicación con las características de las señales radioeléctricas publicadas por el Instituto Hidrográfico de la Marina en ayuda de la navegación, tales como: Radiofaros, radiogoniómetros, señales horarias, balizas etc.

Licencia de navegación: Documento que sustituye al rol en las embarcaciones menores de 20 TAB, siempre que no realicen despachos. Tienen una validez de un año y durante este tiempo podrán entrar y salir del puerto base sin tener que pedir autorización.

Ligada: Conjunto de vueltas de un cabo, comúnmente delgado, que sirve para unir dos cabos al chicote de uno en determinado punto del mismo o en otro sitio, y en general para sujetar un objeto a otro.

Ligazón: En las embarcaciones de madera, algunas de las distintas partes en que se dividían las cuadernas.

Limera: Abertura practicada en la bovedilla de popa de una embarcación, sobre el codaste, para el paso del eje del timón.

Limpio: Dícese del fondo del mar sin piedra ni arena ni otros obstáculos para la navegación y el fondeo de embarcaciones. También recibe este nombre el barco que no embarca agua y mantiene siempre seca la cubierta.

Dícese asimismo, del cielo cuando ha quedado despejado y no tiene nubes ni niebla, y del barco fondeado cuando las cadenas de sus anclas no se cruzan.

Línea: Por antonomasia se da este nombre al ecuador.

Señal larga y estrecha para indicar la inmersión máxima en cada estación y zona que carga el buque, línea de máxima carga o también para indicar la forma de éste.

Señal que hacen los carpinteros de ribera en una pieza al picar el hilo.

Hilo en su acepción de cordón fino usado por los carpinteros de ribera en hilar o trazar líneas en las piezas.

Línea agónica: En las cartas magnéticas, es aquella que une puntos de la superficie terrestre en que el valor de la declinación magnética es cero.

Línea de crujía: Línea longitudinal y central de la embarcación que corre de proa a popa.

Línea de fe: Es la que lleva la aguja del compás dentro del mortero que coincide con la línea de crujía de la embarcación en el sentido vertical. La cantidad de grados que enfilan con la línea de fe es el rumbo que lleva la proa.

Línea de flotación: Es la línea que delimita el plano de flotación que separa la obra viva de la obra muerta.

Línea de situación: Es la que se obtiene por cálculo náutico trazado sobre la carta o a la vista de la costa y que representa la línea donde se encuentra la embarcación. Si se cruzan dos líneas de posición se obtiene una situación.

Línea de vida: Es la cinta, cabo, cable etc. que fijado a la cubierta, para que cualquier tripulante pueda enganchar el arnés de seguridad, cuando se navegue con mal tiempo y también de noche y poder moverse por el barco con la mayor seguridad y sin temor a caerse.

Línea loxondrómica: Es la línea de igual rumbo que va cortando con igual ángulo a todos los meridianos y que prolongadas en la esfera terrestre, resultan líneas helicoidales que rodean al polo sin alcanzarlo.

Línea norte-sur: Es aquella que representa todo meridiano en la esfera terrestre.

Línea ortodrómica: Es el arco máximo de la esfera, que representa la mínima distancia entre dos puntos de la misma.

Liquidador de averías: Técnico que valora el debe o el haber de la masa acreedora o deudora de una avería.

Lirio: Pez del tipo de la palometa, muy voraz y con mucha fuerza en la mandíbula.

El lirio pertenece al género licha vadigo, parecido a la palometa (licha glauca), pero con los flancos recorridos por una serie longitudinal de manchitas negruzcas. Se pesca con palangre, curricán y trasmallo.

Lisa Dorada: *(Mugil auratus)*. Es la lisa saltadora que causa la desesperación de los pescadores de bolinche, ya que salta por encima del cual con gran maestría. Se caracteriza por tener una mancha amarilla sobre el opérculo.

Lisa negra: *Mugil chelo)*. Especie de lisa que tiene los labios muy gruesos. Se pesca de la misma forma que las demás lisas. Es muy abundante en el Mediterráneo. Remonta los estuarios durante la primavera y el verano.

Lisera: Nasa empleada en muchos puertos del Mediterráneo para la pesca de la lisa; mide 80 centímetros de largo por 60 de ancho y generalmente se hace de junco muy fino.

Lista de buques: Toda embarcación debe ser inscrita en un registro llamado *Lista de buques.* Las embarcaciones de recreo están inscritas en la lista séptima.

Listo: Voz empleada para indicar que se está dispuesto a ejecutar una operación o maniobra.

Litera: Nombre que reciben las camas que hay en los camarotes de los barcos.

Litoral: Nombre que se da a la costa, al medio ambiente de la flora y fauna desde la orilla del mar hasta una profundidad aproximada de 200 metros.

Liviano: Nombre que recibe la embarcación de poco peso y obediente al timón.

Lobo de mar: En sentido figurado o familiar, marino experto aunque en sus orígenes era sinónimo de pirata.

Lobo. Pez: *(Carcharhinus milberti)*. Pertenece a la misma familia de la tintorera y el cazón.

Sus características son muy similares a las del cazón. Color grisáceo y alcanza más de 2 metros de largo.

Es muy abundante en las costas meridionales de España y en las de Marruecos.

Su captura se hace con palangres y artes de arrastre.

Localización: Acción de situar, respecto al buque propio o por sus coordenadas geográficas, otra embarcación, un accidente geográfico o un objeto cualquiera.

Lodo: Suspensión acuosa concentrada de minerales arcillosos y limo, unida a una gran cantidad de materia orgánica.

Lona: Trozo de tela muy tupida y resistente, que se emplea a bordo de las embarcaciones en velas, toldos, fundas, etc.

Longitud: Arco de ecuador contado desde el primer meridiano hasta el meridiano del lugar considerado; se cuenta de 0 a 180º, hacia el este y el oeste.

Longitud, Diferencia en: Es el menor arco del ecuador comprendido entre dos lugares.

Longitud celeste: Arco de eclíptica contado desde el primer máximo de longitud (Punto Vernal), de occidente a oriente, y de 0 a 360º, hasta el máximo de longitud que pasa por el centro del astro.

Longitudinal: Perteneciente a todas las longitudes medidas a bordo en el sentido de proa a popa.

Longitud de onda: Si se representan las ondas que produce una piedra que se ha dejado caer en un estanque, la longitud de onda es la distancia existente entre la cresta de una ola y de la siguiente, o entre cualquier punto de la onda y el correspondiente de la onda siguiente. En relación con el sonido, la longitud de onda es la distancia entre una zona de compresión y la otra.

Lonja: Lugar de contratación de operaciones comerciales.

Lonja de pescado: Lugar existente en los puertos pequeños destinado a la venta del pescado desembarcado.

Loran: Abreviatura de la frase inglesa *Long range navigation* con la que se conoce el sistema de radionavegación hiperbólica que permite determinar la línea de posición de un buque o avión a grandes distancias midiendo el intervalo de recepción de señales emitidas al propio tiempo que dos emisoras terrestres de situación desconocida.

Loxodrómica: Curva que, sobre la superficie de la Tierra, tiene la propiedad de formar ángulos iguales con todos los meridianos.

Lúa: Revés de las velas por el lugar donde van cazadas a viento largo o en popa, o la tangente a su curvatura por la relinga de sotavento.

Lubina: *(Morone labras).* Es el rey de los peces; es deportivo, desconfiado, voraz, vigoroso y muy peleón. Puede pesar más de 5 kilos. Es uno de los mejores pescados que existen. Pertenece a la familia de los Pércidos; es de aspecto algo rudo. Color azul en el dorso y plateado en el vientre.

La lubina se puede pescar con toda clase de aparejos y redes y se le puede encontrar tanto en arena como en rompientes o fondos de rocas. Si se pesca al curricán, la velocidad de la embarcación tendrá que ser no superior a 3 nudos y el hilo será de más de 50 metros de largo. La cucharilla ondulada es un de los cebos artificiales que mejor funciona.

Lucero: Bote auxiliar de un equipo de traíña con luz que sirve para atraer a los peces.

Luces: Las reglas relativas a las luces deberán cumplirse desde la puesta del sol hasta su salida, y durante ese intervalo no se exhibirán ninguna otra luz, con excepción de aquellas que no puedan ser confundidas con las luces mencionadas en el Reglamento o que perjudique su visibilidad o carácter definitivo, ni impidan el ejercicio de una vigilancia eficaz.

Luces de costado: Según el Reglamento Internacional de Abordajes, son: Una luz verde en estribor, y una luz roja en babor que se muestran cada una de ellas sin interrupción en todo un arco de horizonte de 112,5°, estando colocadas para que sean visibles desde la proa hasta 22,5° a popa del través de su respectivo costado.

Luces de fondeo: Son dos luces blancas que deben de exhibir, una a proa y la otra a popa un poco más baja, los barcos de más de 50 metros de eslora y que indique por la noche que se encuentran fondeados. Los que tienen menos de 5 metros de eslora solo podrán exhibir una luz blanca a proa.

Luces de navegación: Son las distintas luces que han de exhibir con sectores y colores diferentes de pendiendo del tipo de barco que sea para su identificación por la noche o de visibilidad reducida.

Lumbrera: Ventana o escotilla para dar paso a la luz y ventilar las partes interiores de una embarcación.

Luna. Astro: La luna no tiene ninguna influencia sobre la pesca en el mar.

El pescado muerde tanto con luna llena como con luna nueva. Solo para el marisqueo de la navaja, de noche, es necesario elegir un periodo de luna llena.

Por el contrario, la pesca con palangre, y en especial la del congrio y de la anguila, son más favorables con cielo cubierto y sin luna que en tiempo claro.

Luz amarilla de destellos: Según indica el Reglamento Internacional de Abordajes, es la luz que deberá, exhibir los aerodeslizadores cuando operen en la condición de sin desplazamiento.

Luz amarilla de remolque: Según indica el Reglamento Internacional de Abordajes, es una luz amarilla de iguales características que la de alcance, y que se coloca por encima de esta en los remolcadores.

Luz centelleante: Es aquella que la duración de la luz y de la oscuridad tienen una duración de 40 apariencias por minuto. Aquella cuyos intervalos luminosos y de oscuridad, son de una frecuencia comprendida entre los 50 y 80 destellos por minuto, según el Reglamento Internacional de Abordajes.

Luz centelleante rápida: Es aquella en la cual los destellos se suceden con frecuencias comprendidas entre los 80 y los 160 destellos por minuto.

Luz de alcance: Según el Reglamento Internacional de abordajes, es una luz blanca colocada lo más cerca posible a popa. Que muestra una luz fija en todo un arco de horizonte de 135º, fijada de forma que sea visible en un arco de 67,5º contados a partir de la popa hacia cada uno de los costados del barco.

Luz de remolque: Es una luz amarilla de las mismas características que la luz de alcance.

Luz de destellos: Es aquella que muestra un destello único a intervalos regulares, siendo la duración de la luz inferior a la de la oscuridad. También la luz continua que a intervalos regulares experimenta un eclipse total. Estas luces pueden ser de destellos aislados, largos, de grupos y de grupos complejos de destellos.

Luz de situación: Cada uno de los faroles o luces que, según su clase, deben llevar las embarcaciones con arreglo al *Reglamento Internacional para prevenir los Abordajes en la* *mar.*

Luz de tope: Según el Reglamento Internacional de Abordajes, se trata de una luz blanca colocada sobre el eje longitudinal de la embarcación, que muestra su luz sin interrupción en todo un arco de 225º, fijada de forma que sea visible desde la proa hasta 22,5º a popa del través de cada costado del barco.

Luz holmes: Es aquella que se enciende al contacto con el agua y que va unida a las guindolas salvavidas.

Luz todo horizonte: Según el Reglamento Internacional de Abordajes, se trata de una luz que es visible sin interrupción en un arco de horizonte de 360º.

Ll.

Llama: Empalme de las dos piezas que forman la antena de una embarcación latina.

Llamar: Lanzar en una dirección determinada un cabo, cable, o cadena que esté sujeto a cualquier objeto.

Llamarse: Se dice del viento cuando cambia de dirección hacia un punto determinado. Su equivalencia es a *cambiar. Rolar, rondar* y en ciertos casos a *escasearse o alargarse.*

Llampuga: *(Coryphaena hippurus).* Esbelto pez, de coloraciones metálicas plateadas y doradas. Tiene un cuerpo alargado y cola muy ahorquillada. Su talla es de unos 80 centímetros de largo. La llampuga tiene la costumbre de guarecerse debajo de los objetos flotantes. Los pescadores del Levante y Baleares aprovechan esta costumbre para capturarlos. Se colocan unas boyas de corcho que les atraen, y luego las capturan con redes de cerco llamadas llampugues. Acostumbran a pescar peces voladores y su carne es de muy buena calidad y muy apreciada.

Llampuguera: Arte de pesca destinada a la captura de la llampuga. Es un arte de cerco.

Llana: Es el nombre que recibe el grado 1 de la escala de

Douglas cuando las olas tienen una altura de 0 a 0,10 metros.

Llave: Sobre nombre que recibe el bauprés como *llave de arboladura*.

Llaves de retenida: Juegos de palancas muy fuertes y robustas que con los contretes mantienen la embarcación en la cama de botadura hasta que esta tenga lugar.

Llenar: Dícese cuando crece la marea y cuando el viento hincha una vela.

Llebeig: Voz catalana que designa el viento de Sudoeste. También recibe el nombre de *gregal*.

Llobarro: Nombre que se le da en Cataluña y el Levante español a la lubina.

Lloyd´s register: Sociedad Británica (Lloyd´s Register of Shipping) que da reglas para construir y clasificar los buques constituyendo así una garantía para fletadores y aseguradores.

Lluç: Nombre que se le da en Cataluña y el Levante español a la merluza.

Llúcera: Arte de pesca de forma rectangular utilizado en Levante para la pesca de la merluza.

M

M: Bandera del Código Internacional de Señales, de color azul, con aspa blanca. Izada aisladamente quiere decir: *Mi buque está parado y sin arrancada*.

Mabre: Nombre dado en todo el Levante a la *Herrera*.

Macareo: Nombre que se da en las costas de Huelva por la gente del mar a las ventolinas variables que soplan de todas las direcciones y que son precursoras de fuertes *levantes*. Se dice del oleaje que se levanta en el interior de algunos ríos cuando entra la marea, como consecuencia del choque que producen ambas corrientes.

Maceta: Mazo de madera muy dura utilizado en la construcción de embarcaciones de madera.

Maceta de aforrar: Mazo de madera que tiene un canal a lo largo de su cabeza y al lado del mango para poderlo ajustar al cabo que se forra.

Macizar: Cebar el agua arrojando *macizo*, (sardina salada apiñada en barriles) con el fin de atraer a los peces.

Rellenar claros o huecos del tipo que sean.

Machetazo: Cabezada fuerte que produce la mar de proa.

Machetear: Dícese cuando una embarcación cabecea a causa de la fuerte marejada.

Machi: Grúa grande que se emplea en suspender pesos grandes en astilleros, arsenales, puertos, etc.

Machina flotante: Grúa montada sobre un casco de barco, cajón, etc.

Macho: Se dice del punzón de acero o bronce, que unido a la placa del timón, gira en un casquillo o hembra alojada en el casquete.

Diente que se deja a las piezas que se han de machihembrar.

La poa de bolina que pasa por los guardacabos del chicote de esta teniendo uno de los suyos hecho en el garrucho de la vela, mientras que por el guardacabo del otro pasa la hembra.

Macruros: Grupo de crustáceos caracterizado por tener la cola muy desarrollada, como la langosta y el langostino.

Machote: Nombre que se da en Santander al pargo.

Madejeiro: Arte de forma rectangular que se emplea mucho en las costas de Galicia para la pesca de congrios, cazones, rayas y abadejos. Se cala siempre en fondo.

También se le llama *cazonal y cazonilla*.

Maderero: Embarcación destinada exclusivamente al transporte de madera.

Madero de cuentas: Se llama así a cualquiera de las piezas principales del casco de una embarcación de madera, como son la roda, quilla, codaste, etc.

Maduro: Se dice de la embarcación, vieja y quebrantada.

Maestra: Se dice de la cuaderna principal, y en plural, también son las cuadernas de armar.

>P>Vela que se larga en el palo mayor de las embarcaciones latinas. En plural también las velas mayores.

Maestral: En el Mediterráneo viento y rumbo noroeste. El viento se llama más corrientemente *Mistral*.

Maestralizar: Se llama a sí en el Mediterráneo, a veces, por *noroestar*.

Maestranza: Conjunto de maestros carpinteros, calafates, herreros, y demás operarios destinados a la construcción y reparación de embarcaciones de madera.

Maestranza de la Marina Mercante: Personal que sin tener un título oficial, hace funciones o realiza a bordo operaciones que requieren una especial especialización, como carpintero, herrero, calderero, etc.

Maestranza de la Armada: Administrativos, técnicos y personal de distintos oficios destinados en los buques y dependencias de la Armada.

Maestro: En el Mediterráneo es lo mismo que *noroeste y nornoroeste*.

Magistral, Aguja o compás: Aguja o compás magnético instalado en un lugar a bordo donde las perturbaciones sean mínimas y por ello pueda servir para dar los rumbos, observando sus diferencias con el de gobierno.

Magnética, Aguja: Compás magnético o náutico.

Magnetismo terrestre: Fuerza terrestre que comunica a una aguja magnética una orientación determinada. Este magnetismo oscila periódicamente y en ocasiones sufre perturbaciones importantes. La forma de medirlo es: la declinación, la inclinación y la intensidad magnéticas.

Magnetizar: Comunicar a algún cuerpo la propiedad magnética y convertirlo en imán.

Magneto: Máquina pequeña generadora eléctrica con inductores de imán permanente, que se utiliza como órgano auxiliar en los motores de explosión.

Maier: Se da este nombre a una forma de proa desarrollada por el ingeniero Maier, muy aguda y con bastante inclinación y que se aplica en la construcción de algunos pesqueros.

Magnitud: Grado de brillo de una estrella. Las estrellas de primera magnitud son las más fáciles de ver, sin embargo, las de séptima magnitud son apenas visibles. Las estrellas que son óptimas para la navegación son las de primera y segunda magnitud.

Malecón: Muro o defensa que se hace para resguardo que puedan ocasionar las aguas en algunos lugares como puertos, ensenadas, etc.

Malla: Vuelta o vueltas que se dan para amarrar ciertos cabos gruesos.

Vuelta que consiste en un cote y el chicote abotonado al firme.

Malla de entalingadura: Es aquella que se hacia en el cable de fondeo en el arganeo del ancla.

Malla, Media: Es la vuelta que resulta al pasar un chicote de un cabo sobre el firme y después por el seno hacia arriba.

Malleta: Cabo de tiro de una red de pesca de arrastre, muy reforzada para que aguante el peso cuando se llena el arte.

Mallete: Se dice a los barrotes endentados en otros de distinta forma por el que deba pasar una pieza capaz de soportar grandes esfuerzos. Los malletes pueden ser de cruceta, carlinga, fogonadura, etc.

Mallo: Se trata de un mazo usado por los calafates en golpear los hierros, cortar y meter estopa en las costuras, etc.

Mamparo: Tabique transversal o longitudinal con que se divide en compartimentos el interior del barco.

Mamparo de colisión: Mamparo interior que va instalado en los cascos de los barcos cuyo objeto es evitar la inundación que se pudiera producir por efecto de abordajes de proa.

Mamparo estanco: Este mamparo está formado por planchas soldadas o remachadas y está provisto de puertas estancas, que aseguran la estanqueidad del compartimento.

Mamparra: Arte de cerco de jareta propio de las costas españolas del Mediterráneo.

Mancha: Lugar del mar donde el agua es de distinto color a de los lugares que le rodean.

Mandar: Gobernar, estar al mando de una embarcación, etc.

Manejable: Se dice cuando el viento y la mar tienen mucha fuerza y permiten realizar con facilidad la maniobra.

Manga: Anchura del buque.

Manga en el fuerte o máxima: Dícese de su mayor anchura.

Manga máxima en la flotación: Es la distancia existente entre dos planos paralelos al diametral, trazados por el casco en la línea de flotación máxima.

Manga de trazado o fuera de miembros: Es la distancia transversal medida de fuera de las cuadernas, en el lugar más ancho del barco. Si a esta manga le añadimos el espesor del forro exterior, obtendremos la manga en el fuerte.

Manganera: Nombre que recibe un salabre de gran diámetro que se emplea en el Cantábrico en pescar desde tierra, camarones, cangrejos, etc.

Mangudo: Se le da este nombre al barco que tiene mucha manga.

Manguera: Tubo de goma, lona impermeabilizada u otros materiales que, acoplado a una bomba, sirve para el traslado de líquidos y achicar o llevar agua a cualquier lugar.

Manguera de ventilación: Es aquella que recogiendo el aire del exterior lo introduce en los espacios interiores de la embarcación.

Manguerote: Tubo metálico o de plástico rematado en forma de capucha y colocado sobre cubierta y que sirve para introducir aire en el interior de la embarcación.

Manifiesto: Es el documento aduanero con la relación de su carga, que a su vista se realiza el despacho de la misma, cuando procede del extranjero.

Maniobra: Arte que enseña el manejo de las embarcaciones. Conjunto de aparejos y cabos de una embarcación, así como también de uno de sus palos, botavaras o vergas.

Maniobra de Boutakov: Maniobra que se realiza en la recogida de un náufrago y que consiste en meter todo el timón a la banda de la caída, y cuando la embarcación haya caído unos 70 grados, cambiar el timón a la otra banda hasta quedar a un rumbo opuesto al primitivo.

Maniobra de firme: Es la que hace referencia a la jarcia muerta.

Maniobra alta: Es aquella que necesita gente en lo alto de los palos.

Maniobra baja: Es aquella que puede realizarse desde cubierta.

Maniobrabilidad: Es una de las características de una embarcación, que es maniobrar con facilidad y con poco espacio.

Maniobra corriente o de labor: Es la que hace referencia a la jarcia de labor.

Maniobra del buque que cede el paso: Todo buque que esté obligado a mantenerse apartado de la derrota de otro buque, maniobrará, en lo posible, con anticipación suficiente y de forma decidida para quedar bien franco del otro buque.

Maniobrar: Realizar una maniobra.

Maniobra para evitar el abordaje: Si las circunstancias del caso lo permiten, toda maniobra que se efectúe para evitar un abordaje será llevada a cabo de forma clara, con la debida antelación y respetando las buenas practicas marineras.

Maniobrero: Se dice de aquella persona que maniobra con mucha soltura.

Manjúa. Pescar a la: Por este sistema de pesca se aprovecha la persecución de que es objeto la sardina, por los atunes, delfines y otros cetáceos, que la acorralan contra la costa, facilitando al pescador la ocasión de cercarla. En estas circunstancias, la maniobra de cerco tiene que ser muy rápida, para no dar lugar a que el banco se disemine.

Mano: Se dice *mano de viento* a un chubasco o golpe de viento fuerte, y más o menos duradero.

Pieza más cercana de la barca de las cinco que constituyen el *jeito o xeito*.

Manómetro: Instrumento empleado para medir la presión de los fluidos elásticos.

Manopla: Dícese de la gaza o manilla del estay.

Manta: *(Mobula mobular).* Raya de grandes dimensiones, que habita habitualmente en las regiones tropicales. Emigra en pequeños grupos y aparece en nuestras costas.

Este animal se caracteriza por la disposición particular de sus aletas, que remontan la región cefálica constituyendo dos apéndices a modo de cuernos.

La especie mediterránea es probablemente la misma, pero en raras ocasiones aparece en nuestras costas. Las dimensiones de las oceánicas pueden hacer de 8 a 10 metros de diámetro. Los mayores ejemplares de Mediterráneo miden unos 2 metros. Por sus cuernos se le llama *diablo de mar*. Su captura se hace en los grandes palangres de fondo o en las almadrabas.

Mantellina: *(Pteroplatea altavela).* Esta raya, tiene el cuerpo muy ancho y cola my corta, es relativamente abundante en el Mediterráneo. Alcanza tallas de; 2 metros de ancho por 1 de longitud. En el origen de la cola presenta un aguijón.

En Baleares es conocida como vela italiana.

Manta: Trozo de mar cubierta por sargazo, En sentido figurado, se dice de una vela muy grande.

Mantequero: Dícese del mercante pequeño y pobremente aparejado.

Manzanillo: Cabo delgado hecho firme en la gaza de un cuadernal, en el que se amarra el chicote de la beta que pasa por las cajeras de este. La amarradura tiene el nombre de *arraigado*.

Mapa del ancla: Dícese de las superficies ensanchadas de las uñas del ancla de cepo.

Maquinilla: Máquina de vapor o eléctrica que situada generalmente en cubierta, recibe el nombre de chigre cuando está destinada al servicio de carga y descarga, y de molinete si se emplea en levar anclas.

Mar: Masa de agua salada que cubre tres cuartas partes de la Tierra.

Mar arbolada: Es el nombre que recibe el grado 8 de la escala de Douglas cuando las olas tienen una altura de entre 6 y 9 metros.

Mar calma: Es el nombre que recibe el grado 0 de la escala de

Douglas cuando el estado de la mar es *llana y lisa*.

Mar enorme: Es el nombre que recibe el grado 9 de la escala de Douglas cuando las olas tienen una altura de 14 metros.

Mar de leva: Marejada que proviene de alta mar. Es el oleaje que se presenta cuando no hay vientos. Son olas largas y regulares.

Mar de proa: Es la que va en sentido contrario al rumbo que lleva la embarcación.

Mar de través: Olas que llegan por el través.

Mar de viento: Es la generada por el viento que sopla encima de las olas, en una extensión marítima denominada zona generadora.

Mar gruesa: Es el nombre que recibe el grado 5 de la escala de Douglas cuando las olas tienen una altura de 2,5 a 4 metros.

Mar montañosa: Es el nombre que recibe el grado 8 de la escala de Douglas cuando las olas tienen una altura de 9 a 14 metros.

Mar muy gruesa: Es el nombre que recibe el grado 6 de la escala de Douglas cuando las olas tienen una altura de 4 a 6 metros.

Mar rizada: Es el nombre que recibe el grado 1 de la escala de Douglas cuando las olas tienen una altura de 0,25 metros.

Mar territorial: Es la que se extiende a una distancia de 12 millas náuticas contada desde la línea de base desde la que se mide su anchura...

Marca: Punto fijo de tierra que sirve de referencia al navegante.

Marca de aguas navegables: Indican que las aguas son navegables alrededor de la marca, incluyen las marcas que definen los ejes de los canales y las de centro de los mismos. Se pueden utilizar para marcar un sitio de recalada cuando no haya indicación de marca lateral o cardinal. Su forma es esférica de castillete o espeque y tienen franjas verticales blancas y rojas y una esfera de color rojo como marca de tope. Luz color blanco, ritmo isofase, de ocultaciones, un destello largo cada 10 segundos. Las marcas son con franjas verticales en lugar de horizontales.

Marca de peligro aislado: Es una marca colocada sobre un peligro a cuyo alrededor las aguas son navegables. Su forma suele ser de castillete o espeque. Tienen color negro con varias bandas anchas horizontales de color rojo. La marca de tope es dos esferas negras superpuestas. Luz blanca con grupos de destellos.

Marca de tierra: Es un punto situado en tierra, por lo general pintado de blanco que es visible desde el mar durante el día y que sirve de referencia a los navegantes. También se utiliza en las enfilaciones.

Marca de tope: Marca distintiva situada en la parte superior de una boya para completar su significado.

Marcación: Angulo horizontal que forma la línea proa-popa de una embarcación con la visual dirigida a un objeto o con la vertical de un astro.

Marcar: Mirar, observar, averiguar la dirección o rumbo por donde demora un objeto respecto al buque o al punto desde el cual se marca dirigiendo la busca por las pínulas o anteojo montado sobre la aguja o círculo.

Marcarse: Cuando se navega cerca de la tierra, orientarse y hacer el rumbo convenido.

Marcas cardinales: Las cuatro cuadrantes *Norte, Sur, Este y Oeste* están limitados por las demoras verdaderas NW y NE, NE y SE, SE y SW, SW y NW que están tomadas desde el punto que se quiere balizar. Esta marca recibe el nombre del cuadrante en el que está colocada, indicando que se ha de pasar por el cuadrante que corresponda a su nombre.

Marcas de bifurcación: Estas marcas están colocadas en el punto de bifurcación de un canal y siguiendo el sentido del balizamiento, se indica el canal principal a través de una marca lateral de babor o de estribor. Estas marcas son distintas dependiendo de la región de balizamiento donde se utilicen sea la *A* o la *B*.

Marca canal principal: Pueden ser de babor o de estribor y también están sujetas a la región de balizamiento ya sea la *A* o la *B*.

Las de babor y región *A* son de forma cónica de castillete o espeque, color verde con una banda horizontal roja, la marca de tope, si tiene, será un cono verde con el vértice hacia arriba, la luz será verde con grupos de dos destellos más uno, Gp D (2+1)

Las de estribor y región *A* son de forma cilíndrica, de castillete o espeque, color rojo con una banda horizontal verde, marca de tope, si tiene, será un cilindro rojo, la luz será roja con grupos de destellos dos más uno, GP D (2+1).

Marcas de día: Marcas de color negro utilizadas de acuerdo con el Reglamento Internacional de Abordajes, para indicar la situación especial de una embarcación.

Marcas de enfilación: Son marcas que se establecen en lugares difíciles, ríos, pasos estrechos, entrada de puertos, para indicar al tenerlas enfiladas, el camino a seguir y poder navegar con plena seguridad.

Marcas laterales: Estas marcas son utilizadas para canales bien definidos, indican los lados de babor y estribor del rumbo que debe seguirse. Son distintas según se utilicen en las regiones de balizamiento *A* o *B*.

Marcas laterales de babor: Si nos basamos en la región de balizamiento *A* son cilíndricas, de castillete o espeque, de color rojo y como marca de tope llevan un cilindro rojo. La luz es roja con un ritmo no confundible con otras.

Marcas laterales de estribor: Si nos basamos en la región de balizamiento *A* son cónicas, de castillete o espeque, de color verde como marca de tope llevan un cono verde con el vértice hacia arriba. Luz verde, ritmo no confundible con otras.

Marconi, aparejo: Aparejo de altas velas triangulares envergadas a los palos y a las botavaras por medio de garruchos o con las relingas pasando por canales practicados en las citadas perchas. También se llama *aparejo bermudino*.

Marcha: Dícese en la acción de movimiento de una embarcación por el agua.

Marchapié: Cabo de mena y longitud proporcionada, que asegurado por sus extremos en una botavara, bauprés, verga, etc. y aguantado por otros cabos o estribos, sirve para la gente que tiene que salir a realizar alguna maniobra en los lugares que se coloca.

Marea: Movimiento periódico y alternativo de ascenso y descenso de las aguas del mar, producido por las acciones del sol y la luna.

Marea barométrica: Es la variación diurna de la presión atmosférica.

Marea roja: Fenómeno producido por el crecimiento de ciertas dinoflageladas, que causa que el mar se vuelva rojo. Las toxinas producidas por dichas plantas pueden matar gran cantidad de peces y envenenar el marisco haciéndolo inadecuado para el consumo humano.

Mareas, Anuario de: Es la publicación en la que se dan diariamente las horas y alturas de las pleamares y las bajamares de todos los días del año para los puertos más importantes llamados *patrones* y para otros puertos secundarios en los que se indica la diferencia de hora y altura con relación al puerto patrón.

Mareas muertas: Son las de las cuadraturas de la luna en la que los ascensos y descensos son menores.

Mareas viva o de sicigia: Son las de los novilunios y plenilunios en que los ascensos y descensos de las aguas son mayores.

Mareaje: Arte o profesión de marear, andar o navegar por la mar. Rumbo que sigue una embarcación en su navegación.

Marear: Poner en movimiento una embarcación, gobernarla y dirigirla. Disponer las velas de forma que reciban el viento en las mejores condiciones para impulsar a la embarcación.

Marejada: Agitación de la mar o el conjunto de sus olas producidas por el viento.
Estado de la mar que según la escala de Douglas se indica en el número 4, de la escala de Beaufort y que se indica con el número 4, correspondiente a olas entre 2 y 4 metros de altura.

Marejadilla: Marejada pequeña que en la escala de Douglas se indica con el número 2, correspondiente a olas entre 0,10 y 0,50 metros de altura.

Maremoto: Perturbación producida en las aguas del mar a causa de un terremoto cuyo epicentro se halla en el fondo.

Mareógrafo: Aparato registrador de las variaciones del nivel de la superficie del mar por efecto de las mareas.

Maerómetro: Regla cuadrada dispuesta verticalmente en el sitio adecuado para medir la altura de las mareas.

Mareta: Movimiento que producen las olas cuando comienzan a levantarse con el viento.

Maretazo: Ola fuerte que rompe contra los barcos, acantilados, islas, peñascos, costas, etc.

Margarita: Nudo que se hace a una bita, guindaleza u otro cabo al que le faltan uno o dos cordones con el fin de asegurarlo.

Marina: Tierra que linda con la mar.

Marina de guerra: Conjunto de buques armados, aeronaves, materiales, personas, etc. que tiene un estado para disponer de una fuerza en la mar.

Marina mercante: Conjunto de barcos y personal dedicado a la navegación comercial y a otras industrias marítimas.

Marina de recreo: Es la que comprende las embarcaciones deportivas dedicadas al turismo y a la navegación de placer.

Marinero: El que tiene la profesión o el arte de la marinería.

Marino mercante: Hombre de mar que generalmente se aplica este nombre al oficial de la marina mercante.

Mariscos: Se designa con este nombre a toda serie de moluscos y crustáceos comestibles. Se emplea también el singular: se come marisco, por ejemplo: ostras, mejillones, almejas, etc.

Mariscador: Pescador que se dedica a mariscar o coger marisco.

Arte de pesca que se utiliza para coger marisco.

Marisma: Terreno bajo que suele ocupar las aguas del mar en las mareas o en los temporales.

Marítimo: Que por su naturaleza, proximidad, relación política o cualquier otra causa pertenece a la mar.

Marola: Marejada.

Marrajero: Se dice de un palangre que se emplea en las costas de Andalucía y Murcia en la pesca del pez espada y el marrajo.

Marpol: Convenio Internacional para prevenir la Contaminación por los Buques, por el que se regulan las instalaciones de recepción y vertimientos al mar de aguas sucias, aceites, residuos combustibles, u otros hidrocarburos, desechos, basuras sólidas etc.

Marsopa: *(Phocaena vulgaris)*. Es el más pequeño de los cetáceos, mide 1,5 metros como máximo. Se acerca a veces a nuestras costas, hasta los mismos pies del pescador, Es vivaz, bullicioso y muy astuto, es un gran cazador de lisas y de toda clase de peces de superficie. Hace a veces grandes piruetas fuera del agua. No hay forma de pescarlo, pues no muerde nada. Algunos pescadores deportivos lo pescan con fusil-arpón como al delfín.

Mascaret: Onda de marea de mucha altura, que remonta un río con gran rapidez generando en algunos estuarios estrechos la compresión de la marea entrante por la corriente que baja por el río.

Mascarón: Figura como remate del tajamar o de la proa de un barco de vela.

Masilla: Mezcla de aceite de linaza, albayalde y minio, que se usa para cubrir las costuras del costado, cabezas de clavos, etc. en las embarcaciones de madera.

Mastear: Colocar en el barco los palos principales.

Mastelerillo: Son las perchas o palos menores que van sobre los masteleros en algunos barcos de vela y que sirven para mantener los juanetes, tomando el nombre perteneciente a su vela o verga.

Mastelero: Son las perchas menores que van sobre los palos principales y que sirven para sostener las gavias y velachos.

Mástil: Palo y mastelero en su primera acepción.

Matador: Es la parte del copo de la almadraba de buche que es de malla más tupida y recia, donde se realiza la matanza.

Matafión: Cada uno de los cabos que penden de los extremos de las piezas del arte de fondo y de deriva y que se unen unos a otros al efectuar las caladas.

En los barcos latinos, chicote de un envergue o tomador formado de un cabo, hecho firme en la relinga de grátil de la vela y con el que se aferra éste en su antena.

Cabo delgado que con otros iguales hechos firmes a trechos en la relinga del toldo.

Matafionar: Se dice en las embarcaciones latinas al referirse a las velas. Igual que aferrar.

Matrícula de embarcaciones: Registro de barcos con sus características y datos relativos a los mismos, que hay en los libros de inscripción de las comandancias de marina y que se distribuyen a la lista que les pertenezca según a lo que están destinados.

Mayday: Señal internacional para la petición de socorro por radiofonía y que se usa con la pronunciación francesa de *m' aider*.

Mayor: Nombre que por antonomasia se da a la vela del palo mayor y si este tiene varias cuadras, a la más baja que también es la de mayor superficie. En los barcos con tres palos, la mesan, mayor y trinquete, o esta y la mayor, en los de dos. Denominación común en la armada española del contramaestre mayor, con equiparación a alférez.

Mecha: Pieza central, a veces compuesta de otras sobre la que se forman los palos de madera de una embarcación cuando no son enterizos ni huecos. También se llama madre o alma.

Mecha de atún: Es la prolongación de los filetes del atún a ambos lados del cerebro. Es un cebo excelente para muchos peces.

Mecha del timón: Eje que se utiliza para hacer girar la pala del timón.

Media bordera: Palangre utilizado en el levante español para dentones, meros, corvinas, etc.

Medianía: Parte central de un paso, canal estrecho, etc.

Media de latitud: Método utilizado para el cálculo de un rumbo que compensa la distorsión causada por la representación de la esfera terrestre sobre un plan en las latitudes altas.

Medio: Voz con que se distingue el aparejo del palo mayor de un barco de vela, con relación al lugar que ocupa entre el de mesana y el trinquete.

Medio codo: Instrumento que usan los carpinteros de ribera para medir, marcar y comprobar los ángulos bajo los cuales se debe labrar un madero.

Medio cote: Tipo de nudo que se hace sobre una percha como amarradura temporal.

Medio nudo: Es uno de los nudos más utilizado y más elemental, es aquel que se hace en el extremo del hilo de coser.

Mediodía: Nombre que se da en el Mediterráneo al viento y rumbo del sur.

Mediomundo: Arte de pesca que está compuesto por un aro de hierro de 1,20 o más de diámetro, al cual se amarra una bolsa de red de 80 centímetros o más de alto, de malla de 1 centímetro. A este aro se fijan a igual distancia, cuatro bolinas, que van a parar a una gaza, en la que se amarra un cordel que termina en un palo de 2 metros de largo que sirve para suspenderlo.

Se puede usar desde tierra o a flote indistintamente.

Se ceba con desperdicios de pescado bien machacados que se echan en el área de la bolsa, una vez calada.

Medio Punto: Nombre general de toda pieza de madera o metálica que tiene forma de semicírculo o arco de círculo.

Megaciclo: Es el múltiplo del ciclo que indica un millón de ciclos.

Megaherzio: Abreviadamente se conoce por MHz y su equivalencia es de una frecuencia de un millón de ciclos por segundo.

Megáfono: Bocina para reforzar la voz cuando se quiere hablar a distancia, Los hay de amplificación eléctrica, alimentados por pilas y de un gran alcance.

Mejillón: *(Mytilus edulis).* Este molusco bivalvo, muy conocido, que vive en grandes colonias sobre determinadas rocas.

El mejillón solo llega a llenarse cuando vive en rocas muy fangosas o en viveros muy preparados para su cría.

Antes de cocerlo para comer es conveniente limpiarlo muy a fondo y sacarle el *biso,* que es esa especie de cabellera con la que el mejillón se pega a la roca, que es tóxica, y, de ser consumida en cantidad suficiente, puede causar perturbaciones gástricas e intestinales bastante serias.

Otra causa de intoxicación son los soportes metálicos. No hay que comer nunca mejillones que hayan crecido sobre un metal cualquiera, es una imprudencia que ha causado numerosos accidentes.

Otra causa de accidente muy frecuente es la falta de frescor del marisco. El mejillón cuando muere se corrompe rápidamente. Cuando se compra mejillón en el verano es conveniente tenerlos unas horas en agua muy salada. Todos los que están a punto de morir se reaniman. Nunca se deben poner en agua dulce, pues en esta mueren rápidamente. Cuando son retirados del agua salada, hay que eliminar todos los que queden entreabiertos; este es el signo de que están muertos.

Mejillón encajado: Es una revelación delicada, puesto que los *técnicos* se niegan a revelar.

He aquí en que consiste tanto secreto:

Un primer mejillón de talla mediana se extrae de su concha y se fija al anzuelo traspasándolo por el sistema de *punto* por encima (cualquier costurera os lo explicara en que consiste el sistema de punto). El anzuelo del 2 o el 3 queda totalmente cubierto.

Se repite la operación con el mismo anzuelo, forzando un poco, para que penetre en un segundo mejillón de la misma talla, pero del cual solamente se habrá quitado una valva (haciéndolo del modo más limpio posible para no estropear el molusco).

Una vez hecho esto el anzuelo queda disimulado, reposando sobre el pequeño plato oval que constituye la valva que se ha dejado adherida al del segundo mejillón.

Se entreabre otra vez con mucho cuidad un tercer mejillón (que sea de talla mayor), separando las valvas lo justo para poder encajar, dentro de ellas y perpendicularmente a su plano, la valva adherente del mejillón anterior, actuando este tercer mejillón a modo de pinza.

Se reforzará el sistema con la ayuda de un cuarto mejillón encajado como el precedente, pero encaballadas las valvas en el mismo plano. El conjunto que llega a tener el tamaño del puño de un niño, no asusta a la dorada, antes al contrario, resulta un juego para sus potentes mandíbulas, que con gusto se dispone a destrozar esta construcción y acaba por engullir el último y traicionero bocado.

Mejorarse: Cambiarse de lugar de fondeadero.

Melena: Barro o fango negro y maloliente que aparece en algunos sitios cuando baja la marea.

Melgarejo: Cordel muy fuerte de unos tres metros de largo con un anzuelo en uno de sus chicotes y un trapo blanco y fino en lugar de cebo y tapando el anzuelo, utilizado en la pesca de atunes y bonitos.

Melva: *Auxis thazard).* Se trata de un escómbrido, parecido al bonito, aunque menos esbelto. Tiene la mitad posterior del dorso manchada irregularmente y difiere del bonito y de la bacoreta por tener las dos aletas dorsales separadas.

Melvera: Arte de red de deriva, de forma rectangular, que consta de 25 o 30 piezas de varios metros cada una y unos 4 metros de alto y malla de 6 centímetros.

Este arte solo se emplea par ala melva.

Mena: Grueso de un cabo o cable medido por su circunferencia.

Menguante: Reflujo o bajada de la marea.

Menguar: Se dice de la marea cuando baja o se encuentra en reflujo.

Menores, Embarcaciones: Se unen bajo este calificativo, los botes, chinchorros, lanchas, etc.

Mercatoriano: Perteneciente o relativo a la proyección de Mercator.

Meridiana: Línea imaginaria tirada en un plano horizontal en la dirección norte-sur o que representa la intersección del horizonte con el meridiano.

Meridiano: Cualquiera de los círculos máximos de la esfera terrestre que pasan por los polos.

Meridiano celeste: Círculo máximo de la esfera celeste que contiene el cenit, el nadir y los polos del mundo.

Meridiano magnético: Es el que señala la aguja magnética en un lugar determinado.

Meridiano, Primer: El adoptado como origen de las longitudes geográficas. En la actualidad es el de Greenwich.

Meridiano de 180°: Es el meridiano donde terminan las longitudes y donde permanece o se cambia la fecha.

Meridiano de aguja: Línea norte-sur de la aguja o compás sobre el que se mide el rumbo de aguja de la embarcación.

Meridiano del lugar: Es aquel meridiano que pasa por el lugar considerado.

Meridiano magnético: Línea norte-sur magnética que se toma de referencia para el rumbo magnético.

Meridiano terrestre: Círculo máximo de la esfera terrestre que pasa por los polos.

Meridional: Perteneciente al mediodía o hemisferio sur.

Mérito naval: Orden de la marina española que se da para recompensar méritos y servicios. Puede ser de distintivo rojo o blanco, según se refiera a hechos de guerra o de paz.

Merlín: Cabo delgado de tres filásticas y una mena de entre 6 y 15 mm. Es parecido a la *piola* y se emplea en coseduras de garganteaduras y motones.

Merlo: *(Labrus merula)*. Se trata de un lábrido que tiene un color muy oscuro, y de forma más rechoncha que los otros lábridos. Se captura con el volantín en plena costa.

Corrientemente se pesca con artes de arrastre y puede alcanzar los 2 kilos.

Merlucera: Arte fijo de red, de forma rectangular, que se cala en fondo. Tiene unos 50 metros de largo por 3 metros de alto y lleva malla de 3 a 4 centímetros. Se utiliza para coger la merluza pequeña.

Merluza: *(Merlucius merlucius.)* Esta especie es una de las mayores de la familia de los Merlúcidos. Es esencialmente un pez de arrastre. Es universalmente conocido, y carece de pesca especial.

Es muy abundante en el Mediterráneo. Aparte de arrastre, se pesca con palangre de fondo.

La merluza es uno de los pescados de mayor valor económico y más apreciado en España, pero su calidad no es la misma en todos los casos. La que se pesca con palangre es de color más plateado y carne más firme; la que se pesca con el arte de *bou* tiene la piel de color más opaco y la carne más blanda.

Mero: Hay tres especies mediterráneas algo distintas que se confunden bajo el mimo nombre de mero. La especie dominante es el *epinephelus gigas.* Es un pez rechoncho, con el cuerpo cubierto con finas escamas espinulosas (salvo en la mandíbula superior). Su gran cabeza está ampliamente hendida por la abertura bucal. Sus labios son salientes y gruesos. Da una gran impresión de potencia. Tiene un color pardusco, y durante la época de celo aparecen en su piel manchas de colores claros. Su longitud asuele sobrepasar el metro y su peso superior a los 25 kilos. Durante la primavera se acerca a la costa, donde se capturan con los palangres cebados con morralla. También se captura haciendo, curricán con pez artificial, cucharillas, pez articulado y mejor a un a la aguja. Desde que se practica la caza submarina es la pieza preferida para quienes practican este deporte. Generalmente estos peces no suelen asustarse ante la presencia de un nadador, pero, de un modo especial el mero, que permite que se le toque, como si fuera consciente de su propia fuerza. Por lo tanto la pesca o mejor, la caza del mero no son difíciles en cuanto al disparo, pues el blanco es casi seguro, lo difícil empieza cuando el pez, al sentirse herido, empieza a luchar con el cazador. Cuando el pez sobrepasa los 10 kilos no es fácil su captura ni prudente librarse solo a esta lucha con un animal tan potente como el mero.

Para pescarlo se necesita de una línea muy fuerte y de unos 120 metros de longitud, bajo-liña se usará cable de acero. Una vez el pez ha picado, la clave estriba en hacer describir un círculo a la embarcación para amortiguar las reacciones del animal y halar con energía.

Los sitios apropiados para su pesca son: grandes fondos y los contornos de los islotes. El tiempo de pesca es de junio a finales de septiembre.

El mero es una de las especias de carne más excelentes que existen en España. Vive en el Mediterráneo y Atlántico español llegando hasta el sur de Africa.

Mesa: Asiento de los masteleros para descanso de los baos.

Mesana: Palo de popa en los buques que arbolan tres, y también en algunos con solo dos, mayor y mesana, como son el *quechel y el yol*.

Mesana redonda: Vela cuadrada que en ocasiones largaban algunos veleros en la verga seca.

Metacentro: Punto de intersección de la línea central de la embarcación con la vertical que pasa por el centro de presión, suponiendo escorado el buque un ángulo menor de l5 grados.

Meteo: Es el nombre simplificado que se da a los radiogramas meteorológicos.

Meteorograma: Es el parte meteorológico transmitido por radiotelegrafía.

Meteorología: Ciencia que estudia los fenómenos meteorológicos.

Meteorología climática: Rama que analiza las variaciones meteorológicas, con vista a deducir su influencia en los climas.

Meteorología descriptiva: Esta rama está dedicada al estudio de las variaciones meteorológicas, aparatos y su utilización.

Meteorología dinámica: Rama que se ocupa de las perturbaciones atmosféricas y la previsión del tiempo.

Meter: Hacer girar el timón para *orzar o arribar*, en los barcos de vela y en los de propulsión mecánica, para caer a una u otra banda.

Calar en sus acepciones de hacer sumergir a una embarcación o cualquier otro objeto en el agua.

Cuando se refiere a las velas, es cargar y aferrar una o varias.

Si se quiere dar nueva posición a las mismas velas, o a todo aparejo que está en facha, es hacer u orientar el uno a las otras para que tomen el viento por la cara de popa.

Método boca a boca de respiración artificial: Se Prepara al accidentado levantando la cabeza, inclinándola hacia atrás y presionando las aletas de la nariz. Se pone la boca sobre la del accidentado impulsándole con firmeza el aire en sus pulmones repitiendo las veces que sean necesarias. Este método se debe hacer combinado con el masaje cardiaco.

Método Nielsen de respiración artificial: Este método se utiliza cuando las vías respiratorias de la víctima están obstruidas y siempre que se tenga la seguridad de que no hay fracturas en miembros superiores, tórax o columna vertebral. Se realiza con el accidentado tumbado hacia abajo y los codos doblados de forma que las manos estén una sobre la otra. Se colocará la cabeza ligeramente inclinada hacia un lado, dejando libre la cavidad bucal. Será necesario presionar en la espalda y realizar levantamiento de brazos.

Método Schafer de respiración artificial: Se coloca al accidentado tendido boca abajo sobre el suelo, la cabeza ladeada y los brazos extendidos a lo largo de la misma. El socorrista se coloca de rodillas a la altura de las piernas del accidentado poniendo sus manos en los costados. Se presiona de modo acompasado a ritmo de 15 a 18 veces por minuto.

Migración: Respuesta instintiva a necesidades reproductoras o alimentarias que desencadenan repetidos desplazamientos de toda una población a una nueva área: La migración vertical se refiere al movimiento diurno del plancton desde las profundidades del mar hacia capas menos profundas.

Milibar: Es la unidad de presión atmosférica, milésima parte del *bar*, Usado internacionalmente en todas las partes y en radiogramas meteorológicos. Su equivalencia a la presión es de 1000 dinas por cm2. La presión media de 760 mm. corresponde a 1013,3 milibares.

Milla marina: Es una unidad de longitud. La milla náutica definida como la extensión del arco de un minuto de meridiano terrestre. Es igual a 1,852 metros.

Milla medida: Distancia identificada por unas marcas o balizas de enfilaciones situadas en la costa utilizadas para hacer las pruebas de velocidad de las nuevas embarcaciones.

Milla terrestre: Equivale a 1.609,34 metros o a 5.280 pies ingleses.

Mimetismo: Gran semblanza en conducta, coloración o aspecto físico de un organismo con respecto a otro. Suele consistir una protección contra la depredación.

Minio: Se trata de óxido de plomo de color rojo, que se emplea como pigmento de pinturas anticorrosivas que en forma de masilla, sirva para bajos de embarcaciones, juntas de agua en mamparos de madera y metálicos.

Ministerio de marina: Departamento del Gobierno de quien dependen las fuerzas navales, bases y zonas marítimas y cuanto se relacione con la marina de guerra.

Minueta: Lancha pequeña de remo y vela que en Galicia se emplea en la pesca y en el servicio interior de los puertos.

Minuto de latitud: Al no ser la Tierra totalmente esférica tiene un valor variable, y van desde l.862 metros en los polos a los 1.843 metros en el ecuador.

Miraguano: Es una fibra algodonosa que procede de la palmera *Thrinax parviflora* que se destina a rellenar chalecos salvavidas.

Mística: Vela perteneciente a los barcos llamados *místicos* de forma trapezoidal, muy parecida a la triangular latina.

Místico: Barco de vela de dos o tres palos y aparejo muy similar al latino, pero teniendo en cuenta que sus palos mayores y trinquete se inclinan hacia popa, siendo el segundo más largo y grueso que el primero y usaba mesana igual a la de los faluchos.

Mistral: Viento del noroeste que se deja sentir, a menudo con gran violencia, en el golfo de león.

Mixto: Se dice al barco destinado al transporte de pasajeros y carga.

MOB: Siglas de "Man Over Board", que en español es "Hombre al agua". En los GPS existe una tecla que se debe pulsar en el momento de caer una persona al agua, y de esta forma nos permite localizarle con la máxima facilidad.

Moción: Porción de tiempo en que sopla el viento para navegar.

Moco: Se trata del palo que en uno de sus extremos tiene una boca de cangrejo o gancho para que pueda ser adaptado verticalmente a la cabeza del bauprés, en su parte inferior se encapillan los barbiquejos de los botalones de foque y petifoque, los cuales se tesan todo lo necesario, utilizando aparejos o con unos vientos.

Mocho: Se dice de toda embarcación que se ha quedado sin palos por haberse desarbolado.

Modelista naval: Persona especializada en hacer modelos de barcos a escala reducida.

Moderar: Reducir las revoluciones del motor y por lo tanto, la marcha de la embarcación.

Modificador: Se dice a cada uno de los cristales de colores que en el sextante se interponen delante de los espejos tanto el grande como el pequeño, en las observaciones del sol.

Mogote: Roca que sobresale del agua, bajo una forma redonda.

Mojada, superficie: Dícese de la porción sumergida del casco.

Mojarcio: Se llama así a la red que atraviesa el centro de la almadraba de buche y que la divide en el *copo,* más alejado de la boca, y el *buche,* que es el más próximo a esta.

Molinete: Máquina empleada en virar las cadenas y cabos pudiendo ser accionada manualmente, por vapor y por electricidad.

Mollera: *(Gadus minutus).* Este pez de la familia de los Gálidos parece una pequeña faneca, pero sin tener mancha negra alguna. No debe confundirse con el *capellán de Terranova*, pez que pertenece a una familia muy distinta (la de los salmonidos), ni con el *capellán* Mediterráneo, al que se parece muichísimo. La móllera del Mediterráneo es algo más pequeña que la del Atlantico. Se pesca con aretes de arrastre.

Mono: Aparejo empleado en las costas del norte de África en la peca del bonito y del atún desde embarcaciones tanto a motor como a vela. Está montado por un cordel con varios anzuelos intercalados disimulados mediante tiras de distintos colores. Este aparejo se larga por la popa de la embarcación a una distancia aproximada de 25 metros y se emplea como un aparejo de pesca a la cacea.

Monocasco: Embarcación de un solo casco.

Monot: Aparejo muy similar al buitrón sin embudo en su interior y de forma cónica, que es empleado en la albufera de Valencia en la pesca de la lisa.

Monotipo: Son embarcaciones exactamente iguales, sus formas, arqueo y dimensiones son las de una serie o clase y no es necesario recurrir a las compensaciones en las regatas entre ellas.

Monoxilo: Embarcación construida de un tronco de árbol ahuecado.

Montañosa: Dícese del estado de la mar correspondiente al número 8 en la escala de Douglas cuando las olas tienen una altura de 9 a 14 metros.

Montero: Palangre utilizado en el Mediterráneo para la pesca de cazones.

Monzón: Viento que cambia de dirección cada seis meses. En invierno sopla sobre el océano Índico del NE y en verano sopla del SO.

Mordaza: Cabo delgado con que se sujeta a algún punto fijo un cabo, calabrote o un cable que está trabajando o haciendo fuerza.

Morder: Cuando hace referencia a cabos o a cables es meter entre dos objetos a uno de ellos, con el fin de que lo aprieten con total seguridad.

Morena: *(Murena helena)*. Pez común en el Mediterráneo. La morena se prende bien en los palangres y líneas de fondo. Algunas especies alcanzan más de un metro de largo y un peso de varios kilos.

Para su pesca se emplean palangres especiales y muy fuertes. Las brazolas serán de acero. Se ceba con pulpo asado.

La morena es una pieza muy peligrosa y muerde la mano del que le sostiene si no va con cuidado. Su carne muy grasa es muy estimada. Sus mordeduras son peligrosas, porque son venenosas y pueden dar lugar a accidentes de importancia. Su resistencia vital es muy grande y no se deben de dejar vivas en la barca o en tierra porque pueden sobrevivir muchas horas y morder a quien se acerque. A pesar de ser tóxicas sus mordeduras, son peces comestibles y sabrosos, porque la toxicidad del jugo que baña sus dientes desaparece con la cocción.

Mornel: Nasa de junco u otro material fuerte, que se usa en el Levante para la pesca del congrio, anguila, morena, etc.

Morralla: Pescado menudo y de distintas clases.

Morro: Ensanchamiento final que tienen los diques de abrigo de los puertos.

Morro duro: *(Morphysa sanguinis)*. Es un gusano arenícola que tiene su parte delantera muy dura, lo que le ha valido su nombre. Se le encuentra en los fondos fangosos de las albuferas y estanques salados. A veces se le halla a varios metros de profundidad. El morro duro es uno de los cebos más reputados del litoral mediterráneo. Especies como la lubina, la dorada y el sargo, tienen gran predilección por este cebo. A pesar de ser un cebo muy caro, tiene mucho interés para la pesca, porque resiste el ataque de la morralla, gracias a su dureza.

Mortero: Recipiente cilíndrico o semiesférico con tapa de cristal, en cuyo interior se aloja la rosa de los vientos.

Moruna. Arte: Arte de pesca que se usa en el mar Menor. Está compuesto de dos partes de red. Una de esta pieza forma en su extremo una espiral llamada *moruna,* y otra que se cala en el centro de las dos, se llama *travesía.*Las tres redes son de forma rectangular. Las morunas atrasmalladas y la travesía tienen unos 90 metros de largo por 2,5 de alto.

Mosca: Arte de pesca de objetos pequeños de diversas figuras y colores muy brillantes que sirve par atraer a los peces para que piquen el anzuelo.

Mosquetón: Gancho de metal o de plástico de varias formas que lleva un pasador con resorte que permite el cierre automático.

Moto náutica: Es un vehículo náutico que tiene una eslora entre 2 y 4 metros, equipada con un motor de combustión interna acoplado a una turbina. Estos vehículos tienen que estar registrados, necesitan póliza de seguro y tiene que llevar una placa que indique todas sus características en lugar bien visible.

Motonave: Embarcación propulsada por motores de comprensión interna.

Motón: Denominación marinera que se da a las poleas por

donde pasan los cabos y que sirven para cambiar la dirección del movimiento de estos. Los motones pueden ser de metal, madera o plástico y se les da este nombre cuando tienen una sola roldana, ya que los que tienen más de una se les llama cuadernales.

Motonáutica: Técnica que comprende la construcción y navegación con embarcaciones a motor.

Motor: Máquina que transforma el trabajo mecánico en energía. Dependiendo de la energía la clasificación será en motores térmicos, eléctricos, hidráulico, etc.

Motor auxiliar: Es conveniente que lo lleven los barcos de vela de crucero ya que lo han de utilizar para la entrada y salida de los puertos.

Motor de combustión interna. Motor térmico en el que la combustión tiene lugar en el interior del cilindro. Teniendo en cuenta el ciclo que se realice se clasifican en: motor de explosión, si el ciclo es a volumen constante y motor diesel si el ciclo es a presión constante.
:

Motor de cuatro tiempos: Es el que el ciclo operativo se realiza en cuatro carreras del pistón. Generalmente tiene cuatro o más cilindros.

Motor de dos tiempos: Es el que su ciclo operativo se realiza en dos carreras del pistón.

Motor fuera borda: Es el motor que completamente independiente del casco pudiéndose retirar del mismo a voluntad del patrón.

Motor-sailer: Expresión inglesa conocida internacionalmente para designar a la embarcación de recreo, mixta de motor y vela, que puede ser del tipo *fifty-fifty*, cincuenta por ciento.

Motovelero: Es una embarcación construida para que pueda navegar tanto a vela como a motor.

Movedizo: Se da esta denominación a los bancos, barras, veriles, etc., que varían a menudo de sitio y configuración.

Movimiento del cronómetro: Es la diferencia entre dos estados absolutos de cronómetro con un intervalo de 24 horas. Tiene signo negativo cuando el cronómetro adelanta y positivo cuando atrasa.

Movimiento vertical de las olas: Calcular la profundidad que existe al bajar el nivel del mar entre las crestas de las olas es sumamente importante en el momento que se tiene que tomar la decisión de cruzar una barra. Una regla que resulta muy buena es sumar el calado del barco a la altura de las olas para evitar tocar fondo y zozobrar.

Muellaje: Derechos que pagan las embarcaciones mientras pertenecen amarradas al muelle de un puerto.

Muelle: Lugar de un puerto con calado suficiente y que permita que los barcos atraquen de costado y puedan hacer las operaciones de carga, descarga y embarque.

Muerto: Boya que indica el lugar donde está fondeado el sitio del muerto o punto fijo de amarre.

Mujolera: Arte de red fijo empleada en los estanques salados para la captura de los mújoles o lisas.

Mujoles: Los mújoles o lisas se caracterizan por su forma, que es redondeada, y su boca, con el labio superior bastante grueso, mientras el labio inferior es aplastado y presenta la forma de A. El vértice de la A se aloja en un entrante correspondiente al labio superior. La boca es protráctil.
Es un pez suctor, por lo que el toque es delicado y el enganche difícil. Como además es un pez muy desconfiado, su pesca no es recomendable a los principiantes, a no ser que las aguas estén muy turbias, lo que da a los mújoles o lisas mayor

confianza... Como particularidad, los mújoles carecen de línea lateral. Existen cuatro variedades.

Multicasco: Nombre que reciben las embarcaciones que están compuestas por flotadores o dos o más cascos.

Musola: *(Mustelus asterias).* Escualo de pequeña talla, con la boca desprovista de dientes, pero con los labios armados de unas protuberancias aserradas, a modo de lima. Su carne es buena.

Le especie mediterránea, llamada musola lisa, tiene un color gris verdoso por el dorso y blanco sucio en la región ventral. Presenta una particularidad que la distingue netamente de la del océano: es ovovípara. Tiene generalmente una docena de pequeños, que al nacer, en otoño, ganan los grandes fondos y no remontan a la superficie hasta la primavera siguiente.

Es muy abundante en las costas españolas; se pesca desde la misma orilla hasta un centenar de metros o más de profundidad, y se captura con trasmallos, boliches, palangres y sobre todo con las redes de arrastre de altura. En España existen dos especies: la musola propiamente dicha y la musola dentada *(mustelus canis).*

Muy duro, viento: En la actualidad se llama temporal muy fuerte, es el nombre que recibe el grado 9 de la escala de Beaufort con velocidades de 42 a 48 nudos.

Muy gruesa: Es el nombre que recibe el grado 6 de la escala de Douglas cuando las olas tienen una altura de 4 a 6 metros.

N

N: Abreviatura del punto cardinal norte.

Bandera del Código Internacional de Señales. Está formada,

por ocho cuadros azules y ocho blancos. Izada aisladamente significa: *NO*.

Nácar: Capa interna de color de perla de la concha de varios moluscos, que ha sido usada durante siglos como material ornamental.

Nadar: Boyar.

Flotar en un líquido. Mantenerte sobre un líquido y avanzar sin tocar fondo.

Nadir: Es el punto de la esfera celeste opuesto al cenit.

Nailón: Fibra sintética hecha de poliamida, empleada en la fabricación de cabos y velas. Tiene características de gran elasticidad y resistencia, pesa poco y es muy resistente a la humedad, pero bastante sensible a los rayos ultravioleta. Su resistencia se reduce entre un l5 o 20 por 100 cuando el cabo está empapado.

Nao: Lo mismo que nave barco.

Embarcación, navío etc.

Nao nato: Dícese de quien ha nacido a bordo de un barco durante la navegación.

Napa: Cabo fuerte empleado en levantar las puertas de las almadrabas.

Napón: Cabo con corchos en la parte superior que se larga de banda a banda de la almadraba para que puedan amararse a él las embarcaciones.

Nasa: Aparejo de distintas formas hecho por un enrejado de junco, alambre, plástico etc., con un embudo dirigido hacia adentro. Se le acopla un cabo con una atadura en forma de pié de gallo marrado por un chicote al cuerpo de la nasa. Reciben distintos nombres según el país o las regiones donde se instalan, se puede emplear en la pesca de varias especies, calándola con cebo en su interior.

Naufragio: Hundimiento de una embarcación.

Naúfrago: Persona que ha caído al mar y que necesita auxilio.

Nauta: Palabra se origen Griego que significa, marinero.

Náutica: Ciencia y arte de navegar, llamada comúnmente navegación deportiva o de recreo.

Nautilo: Nombre, así como el de *nautilus*,
Que como Monturiol, se dio en algún tiempo a los submarinos.

Nautófono: Aparato de membranas que se hacen vibrar por medio de un electroimán. Emite señales de nota alta como las de la bocina, se utiliza en faros y puertos para hacer señales de niebla.

Naval: Perteneciente a las embarcaciones y a la navegación.

Navaso: Nombre que se da en algunas partes de Andalucía a un trozo de arenal, que a cierta distancia del mar ahondan hasta el nivel de las aguas,
y luego lo cercan con la misma arena extraída.

Navatex: Es un servicio mundial por telex desarrollado por International Marine Organisatión, que emite mensajes sobre la seguridad, información meteorológica y mensajes de socorro.

Nave: Embarcación, barco, buque, etc. En la edad media se daba este nombre a la embarcación de gran porte que solo empleaba vela y tenía mucha manga.

Navegabilidad: Condición o calidad de navegable y de velocidad siendo la propiedad de una embarcación al desplazarse.

Navegable: Dícese de las aguas por donde se puede navegar y lo mismo de la embarcación que se encuentra en condiciones de hacerlo.

Navegación: Acción de navegar.
Travesía que se hace con la embarcación y tiempo de duración.

Navegación, En: Según el Reglamento Internacional de Abordajes, todo buque que no está fondeado, ni amarrado a tierra, ni varado, está en navegación.

Navegación astronómica: También llamada de altura, es la que se hace fuera de la vista de la costa, determinando la situación por la observación de los astros.

Navegación de cabotaje: Es la que se hace a la vista de la costa.

Navegación de caza escota: Es aquella que tiene poca duración.

Navegación de estima: Es la que se realiza teniendo en cuenta los rumbos y distancias navegados por el barco.

Navegación de recreo: Es la que se hace como distracción o deporte.

Navegación ortodrómica: Es la que se hace siguiendo un meridiano o círculo máximo.

Navegante: Dícese del que navega y en particular el profesional que conoce, y practica la navegación y la maniobra.

Navegar: Realizar viajes en barcos particularmente por la mar. A veces se emplea como verbo activo, así en las frases *navegar tal barco o navegar tal mar,* por navegar en el uno o en la otra.

Navegar de vuelta encontrada: Según el Reglamento Internacional de Abordajes, dos embarcaciones navegan de vuelta encontrada cuando lo hacen, la una frente a la otra.

Naviero: Es el propietario de uno o más barcos ya sean de carga, pasajeros, recreo etc.

Naviesfera: Aparato usado para representar sobre una esfera hecha de cualquier material, la bóveda celeste y de esta forma hacer identificaciones de estrellas, determinación de ortos y ocasos, circunstancias favorables, etc.

Navío: Nombre genérico de buque o barco, hasta que a partir del siglo XVIII también se dio a un determinado barco de guerra.

NE: Abreviatura del viento y rumbo *nordeste*.

NE1/4E: Abreviatura del rumbo y viento *nordeste cuarta al este*.

NE1/4N: Abreviatura del viento y rumbo *nordeste cuarta al norte*.

Neblina: Niebla baja y espesa.

Neblinoso: Dícese del día o de la atmósfera cuando existe abundante niebla baja.

Nebuloso: Dícese del tiempo cuando está cubierto de nubes y oscurecido por ellas.

Nécora: *(Portunus puber).* Este cangrejo, violáceo, muy vivaz, nada ágilmente gracias a sus patas aplastadas como remos. Es uno de los mejores crustáceos. Proporciona una pesca muy entretenida, lo mismo haciendo salir al cangrejo de su escondrijo, que persiguiéndole con la red de mano para quisquillas o sea un esquilero.

Es seguramente el mejor de los cangrejos. Tiene un habitáculo muy extenso, pero con preferencia vive entre las rocas sin desdeñar largos paseos por las praderas zosteras.

Para pescarlo, conviene disponer de una caña o bastón de l.70 metros de largo y de 10 milímetros de diámetro, con un extremo terminado por un gancho semiagudo, y el otro por una anilla.

Hurgar en las brechas y orificios para hacer salir el cangrejo, lo que tiene sus dificultades, porque la nécora es muy lista y sabe esconderse bien o pasar velozmente de uno a otro agujero. Hay que inmovilizarla poniéndole el pié encima sin hacer fuerza para no aplastarla. Evitar que pueda pellizcar con una de sus pinzas. La nécora es terrible en esto y no suelta fácilmente una vez ha apretado sus pinzas.

Lo que da mejor resultado es que sean dos los pescadores, uno con el gancho y otro con el esquilero de un tamaño apropiado.

Nefoscopio: Dispositivo que determina la velocidad y dirección del movimiento de las nubes.

Newton: Unidad de fuerza. Es la fuerza que aplicada a un kilogramo masa le comunica una aceleración de un metro por segundo.

Nicho: Dícese de la parte elevada del túnel de la hélice situada cerca del prensa-estopas de la bocina.

Niebla: Nube más o menos densa que en contacto con la superficie terrestre, dificulta la visibilidad.

Nimbos: Son nubes con una altitud media de 800 a 1000 metros, grises o negras. Sin forma definidas que producen lluvias o nevadas.

Nimbostratos: Son nubes con una altitud de 1000 a 1200 metros, oscuras o negras y asociadas a precipitaciones de evolución descendiente.

Nivel: Aparato y nivel para medir la altura que alcanza la superficie de un líquido.

Nivel del mar: Es aquel que marcan las cotas de los puntos terrestres. Las sondas se refieren al nivel medio de la bajamar más acentuada. Las cartas españolas están referidas a la bajamar escorada.

Niveleta: En la construcción de embarcaciones de madera, listón vertical, graduado a lo largo del cual corre otro horizontal, que los carpinteros de ribera usan en dividir visuales, tomar el arrufo de las cubiertas, etc.

NNE: Abreviatura del viento y rumbo *nornordeste*.

N1/4 NE: Abreviatura del rumbo y viento *norte cuarta al nordeste*.

NNO: Abreviatura del rumbo y viento *nornoroeste*.

N1/4 NO: Abreviatura del rumbo y viento *norte cuarta al noroeste*.

NNW: Abreviatura del rumbo y viento *nornoroeste*.

N1/4 NW: Abreviatura del rumbo y viento *norte cuarta al noroeste*.

NO: Abreviatura del rumbo y viento *noroeste*.

NO1/4N: Abreviatura del rumbo y viento *noroeste cuarta al norte*.

NO1/4O: Abreviatura del rumbo y viento *noroeste cuarta al este*.

Noray: Piezas situadas en los muelles de forma parecida a los bolardos para que las embarcaciones puedan amarrar en ellas.

Nordestada: Dícese del viento fuerte del nordeste.

Nordestal: Que está en nordeste o que viene de dicha parte.

Nordestazo: Viento muy duro del nordeste.

Nordeste: Cuarto rumbo y viento del primer cuadrante, intermedio entre el norte y el este. En el Mediterráneo se llama *griego*.

Nordestear: Se dice cuándo la declinación o variación de la aguja náutica es el nordeste. También declinar hacia este rumbo o tocar en él la dirección del viento reinante.

Nordeste cuarta al este: Quinto rumbo y viento del primer cuadrante, intermedio entre el norte y el nordeste. En el Mediterráneo también se dice griego cuarta a levante.

Nordeste cuarta al norte: Tercer rumbo y viento del primer cuadrante, intermedio entre el nordeste y el nornordeste. En le Mediterráneo también se dice griego cuarta a tramontana.

Nordeste-Sudeste: Es la expresión que se usa para designar la dirección de estos dos rumbos tan opuestos.

Noriega y picón: La noriega *(raia ox hyrinchus)* son las dos grandes rayas que se pescan en nuestras aguas. Su calidad es inferior a la de la raya común. Se caracterizan por tener una enorme nariz puntiaguda.

Son peces de gran profundidad y son pescados por los profesionales únicamente, que van a buscarlos muy a alta mar. No ofrecen pesca posible al pescador aficionado.

La raia batis, además de noriega, recibe el nombre de eiroga, eiroga, eiroga, en Galicia; caputxo, caputxa y romaguerra, en Cataluña; clavell y morell en Baleares.

Norillo: Aparejo de pesca desde tierra que se emplea con la técnica del curricán que se hace con un cordel y varios anzuelos cebados o con señuelo artificial, que se lanza lo más lejos posible, y enseguida se cobrar para llamar la atención de los peces de ataque y que se enganchen en los anzuelos.

Nornoroeste: Segundo rumbo y viento del cuarto cuadrante, intermedio entre el norte y el nordeste.

En el Mediterráneo se llama *maestro tramontana o maestral y tramontana*.

Noroestrada: Viento duro del *noroeste*.

Noroeste: Cuarto rumbo y viento del cuarto cuadrante, intermedio entre el *norte* y el *oeste*.

Noroestear: Se dice de la aguja magnética que tiene variación hacia el noroeste.

También declinar hacia este rumbo o tocar en la dirección del viento reinante.

Noroeste cuarta al norte: Tercer rumbo y viento del cuarto cuadrante, intermedio entre el noroeste y el nornoroeste. En el Mediterráneo se llama también *mestral cuarta a tramontana*.

Noroeste cuarta al oeste: Rumbo y viento del cuarto cuadrante, intermedio entre el noroeste y el oesnoroeste. En el Mediterráneo se dice también *mestral cuarta al poniente*.

Nordeste –sudeste: Expresión con la que se indica la dirección determinada por estos dos rumbos completamente opuestos.

Norske veritas: Se trata de la sociedad noruega de clasificación de buques fundada en Oslo a mediados del año I800.

Nortada: Se dice cuando hay temporal del norte.

Nortazo: Viento muy duro del norte.

Norte: Nombre del polo geográfico elevado para los habitantes de Europa y otras regiones hacia esa misma parte del ecuador o en el hemisferio del mismo nombre.

Norte magnético: El señalado por la aguja magnética en lugar desprovisto de turbaciones o materiales magnéticos, formando con el norte verdadero un ángulo igual a la declinación o variación magnética local.

Norte cuarta al nordeste: Primer rumbo y viento del cuarto cuadrante, intermedio entre el norte y el nornordeste. En el mediterráneo también se dice *tramontana cuarta a griego*.

Norte cuarta al nordeste: Primer rumbo y viento del cuarto cuadrante, intermedio entre el *norte* y el *nornoroeste*. En el Mediterráneo se dice *tramontana cuarta a mestral*.

Norte magnético: Es el que señala la aguja magnética, formando con el norte verdadero un ángulo igual a la declinación o variación magnética del lugar.

Norte-Sur: Se trata de la expresión en la que se indica la dirección determinada por estos dos rumbos opuestos, equivalentes a las del meridiano. Se utiliza mucho para anotar situaciones en el diario de navegación, expresando al mismo tiempo la distancia al objeto o punto.

Norte verdadero: Es el que señala el meridiano geográfico en la carta.

Nube: Se trata de una masa de vapor de agua condensado, que se encuentra suspendido en la atmósfera. Existen cuatro tipos principales de nubes: *cirros*, nubes blancas, filamentosas o fibrosas, *cúmulos*, nubes redondeadas; *estratos*, nubes escalonadas y extendidas en capas uniformes, y *nimbos*, nubes negras, sombrías, que producen lluvias.

Nubosidad: Grupo de nubes que se forman en el espacio. La nubosidad se evalúa en décimas, correspondiendo el 0 al cielo completamente despejado y el 10 al cielo completamente cubierto.

Núcleo de la hélice: Se trata de la parte de la hélice por la que esta se acopla al eje propulsor y de la que parten las palas.

Nudo: Cada uno de los puntos de división del cabo de la corredera de barquilla. Medida de velocidad equivalente a una milla por hora.

Lazo hecho de tal modo que contra más se tira de sus chicotes más se aprieta.

Nudo doble o lasca: Se trata de un nudo simple en forma de ocho.

Nudo llano: Se utiliza para unir cabos. Se cruzan los dos chicotes, el derecho sobre el izquierdo; el chicote del derecho se pasa por detrás y debajo del firme del izquierdo y cruzan de nuevo a cierta distancia; a continuación el chicote que está en la derecha se pasa por delante y debajo del seno correspondiente al de la izquierda, se tendrá cuidado de que los chicotes salgan por el mismo seno.

Nudo de pescador: Se hace con dos medios nudos sobre cada cabo y se tira de ellos para azocarlo. Es empleado por los pescadores.

Nudo de tejedor: Se hace pasando el chicote de un cabo por el seno de otro y después alrededor de las dos partes del mismo cabo, se trae por abajo del mismo seno.

NW: Abreviatura del rumbo y viento del *noroeste*.

NW1/4N: Abreviatura del rumbo *noroeste cuarta al norte*.

NW1/4W: Abreviatura del rumbo y viento *noroeste cuarta al oeste*.

O

O: Bandera del Código Internacional de Señales formada por dos triángulos, rojo y amarillo. Izada aisladamente significa: *Hombre* *al agua.*

Obediente: Dícese de la embarcación que obedece con prontitud al timón.

Obencadura: Es el conjunto de obenques de todos y cada uno de los palos de una embarcación.

Obenque: Cada uno de los cables metálicos con que se sujeta un cabo macho o mastelero desde su cabeza a la cubierta, mesa de guarnición o cofa correspondiente, por una y otra banda.

Obenquillo: Nombre que toman los obenques de los mastelerillos por ser de mena inferior a los correspondientes a los palos machos y masteleros.

Obispo. Pez: *(Pteromylaeus bovinus).* Este pez se encuentra en las costas meridionales españolas y sobre todo en las de Marruecos. Pertenece a la familia de los Miliobátidos, y es muy semejante al chucho. El nombre de *obispo*que se le da, es que tiene el rostro prolongado como si llevara una visera, cuyo perfil recuerda la forma de una mitra. Esta especie alcanza una longitud superior a los 2,5 metros.

Oblada: *(Oblada melanura).* Especie muy abundante antes en el Mediterráneo y que actualmente parece más escasa. De forma oval bastante regular, color gris plomo en el dorso, los flancos plateados y el vientre blanco. Tiene una banda negra en la base de la aleta caudal. La oblada es un pez de carne excelente, contra lo que suelen afirmar algunos autores. Circula en bandadas, y se pesca casi todo el año con las artes flotantes. La oblada es un pez cuya pesca es bastante especial. Se pesca a veces con cucharilla. Su talla alcanza los 35 centímetros. Es una especie litoral que vive en los fondos rocosos y de algas, abundando en las escolleras de los puertos y al pie de los acantilados. Se pesca con caña, anzuelo pequeño y cebo de miga de pan amasada con pulpa de sardina salada. Los días mejores para pescarla son aquellos que la marejada azota la escollera.

Obra cerrada: Método de forrar un barco de madera, en el cual los tablones ajustan de plano sobre los miembros del buque con los cantos cortados a escuadra con el costado.

Obra muerta: Dícese de toda la parte del casco de una embarcación comprendida entre la borda y la línea de flotación.

Obra viva: Parte sumergida de una embarcación.

Observación astronómica: Acción de observar un astro para conocer alguna de sus coordenadas u otros datos.

Observación meteorológica: Conjunto de datos meteorológicos en un instante dado durante cierto periodo de tiempo a fin de poder deducir la situación meteorológica del momento o hacer una previsión futura.

Observar: Medir la altura de un astro con un instrumento de reflexión como el sextante.

Observatorio de marina: Institución científica con la misión principal de efectuar el cálculo de las efemérides astronómicas de interés para la navegación, publicándolas anualmente en el Almanaque Náutico. Revisa toda clase de observaciones astronómicas con el fin de formar y corregir las tablas de posición y movimiento de los astros. Su ubicación es en San Fernando (Cádiz).

Ocaso: Puesta de sol u otro astro, haciendo distinción entre el *verdadero y el aparente*.

Occidente: Parte del horizonte por donde se pone el sol.

Océano: Gran masa de agua interpuesta entre los continentes terrestres, aunque los océanos forman en realidad una masa líquida continuada. Los clásicos son tres: Atlántico, Pacífico e Índico, aunque algunos autores consideran como tales el Artico y Antártico, mientras que otros dan a estos el calificativo de mar.

Oceanografía: Ciencia que tiene por objeto el estudio de los mares, o sea, de los fenómenos físicos, químicos y biológicos que tienen lugar en las aguas marinas y en las costas que las limitan.

Oclusión: Se dice del final de la vida de un ciclón en el momento que la masa de aire caliente deja de subir y va siendo invadida por la de aire frío.

Octante: Instrumento de reflexión para medir las alturas de los astros en el mar, parecido al sextante, pero con el limbo que comprende solo la octava parte de la circunferencia y así permite medir ángulos de 90º.

Ocultación: Desaparición de la imagen de un astro por interposición de otro de mayor diámetro angular.

Ocultaciones. Luz de: La de balizamiento que exhibe una luz continua que a intervalos regulares experimenta un eclipse total.

Ocultaciones. Cortina de: Nube opaca producida por un barco de guerra o agrupación naval para ocultar las unidades propias de la vista del enemigo.

Odontoceto: Se trata de un cetáceo cuya boca está provista de dientes, como el cachalote y el delfín.

Odre: El odre o pellejo hinchado es una de las embarcaciones más antiguas que se siguen utilizando en el Éufrates y en el Tigris.

Oesnoroeste: Sexto rumbo y viento del cuarto cuadrante intermedio entre oeste y noroeste. En el Mediterráneo también se llama *poniente y maestral*.

Oessudoeste: Sexto rumbo y viento del tercer cuadrante, intermedio entre el oeste y sudoeste. En el Mediterráneo se llama *poniente y lebeche*.

Oeste: Punto cardinal del occidente, viento y rumbo de la misma parte, que forma el octavo de los cuadrantes tercero y cuarto. Dícese también *poniente* y esta es denominación popular en el Mediterráneo.

Oeste cuarta al nordeste: Séptimo rumbo y viento del cuarto cuadrante, intermedio entre el oeste y el oes-noroeste, En el Mediterráneo se llama también poniente cuarta o maestral.

Oeste cuarta al sudoeste: Séptimo rumbo y viento del tercer cuadrante, intermedio entre el oeste y el oessudoeste. En el Mediterráneo también se llama poniente cuarta a lebeche.

Ojo: En los antiguos navíos se llamaba *ojo del combés,* o la boca del mismo.

Ojo de buey: Cada uno de los portillos que llevan los barcos en el costado de forma circular.

Ola: Cada una de las ondulaciones de corto periodo o elevaciones de la superficie del mar al ser agitado por los vientos y a veces por la corriente. Siempre que las olas son ocasionadas por un viento lejano la ondulación se alarga y hace regular lo que se conoce por *mar tendida.*

Ola, Altura de la: Distancia vertical existente entre el seno y la cresta.

Ola, Longitud de onda de la: Distancia existente entre crestas y senos adyacentes.

Ola, Periodo de la: Tiempo en segundos entre el paso de cretas sucesivas.

Ola, Velocidad de la: Relación que existe entre la longitud de onda y el período.

Olas progresivas: Olas que han viajado alejándose de su lugar de nacimiento, generalmente siguiendo un patrón regular.

Olas de leva: Son las de viento: se desplazan a grandes distancias y se van amortiguando en el camino, siendo sus formas redondeadas y regulares.

Olayo: *(Pristiurus melanostomus)*. Se trata de una variedad de lija con grandes manchas.

En España recibe los nombres, además de olayo, de *Ychiguiyá* en Cantabria, *colayo, colaina* en Asturias, *gaza* en Pontevedra, *mixina* en Cataluña y *gata mixa* en Baleares.

Olla: Concavidad profunda donde las corrientes al chocar producen remolinos que son muy peligrosos para las embarcaciones menores.

Ollao: Ojete de tamaño proporcionado que se hace en algunos puntos de las velas, toldos, fundas, etc. Ya sea para sujetarlas, como los envergues, ya para disminuir su superficie, como los rizos, o ya para aumentar como las culebras o pasaderas, las badazas, etc,.

Onda: Movimiento de elevación y presión que se produce en la superficie de los mares.

ONO: Abreviatura de rumbo y viento *oesnoroeste*.

O1/4NO: Abreviatura del rumbo y viento *oeste cuarta al noroeste*.

Oposición: Un barco se encuentra en una oposición cuando se encuentra entre dos puntos conocidos de la costa.

Optimist: Monotipo para regatas a vela con un solo navegante de edades entre 7 y 15 años. Tiene una eslora de 2,31 metros; manga, 1,13 metros; peso, 35 kilos; y una superficie vélica de 3,35 m2.

Oraje: Dícese del tiempo malo, con lluvias, viento, granizo, nieve, etc.

Oreja: Es la quijada más larga del gaviete de una lancha.

Oreja de mulo: Expresión con que se designa por semejanza de imágenes, la posición de las velas de una embarcación latina de dos palos cuando navega en popa y lo mismo se aplica a otras clases de embarcaciones cuando las velas de un palo van amuradas a banda distinta del otro.

Oreja, Puente a la: Se dice a la cubierta completamente corrida.

Orientar: Disponer el aparejo o las velas, o cualquiera de estas, del modo más conveniente para la marcha de la embarcación.

Orientarse: Conocer la situación propia y la de los objetos o lugares a la vista con relación a los puntos cardinales.

Oriente: Lugar por donde sale el sol.

Orilla: Ribera. Cada uno de los lados de una vela, lonas, etc.

Orincar: Colocar un orinque a un ancla.

Orinque: Cabo grueso que por un extremo se amarra a la cruz del ancla y por el otro a la boya que se tiene que balizar.

Orinquear: Probar o tantear si el ancla está agarrada en el fondo, tirando para ello del orinque.

Orto: Salida de un astro por el horizonte, distinguiéndose el *aparente y el verdadero*.

Ortodrómica: Arco de círculo máximo de la esfera terrestre, Llamándose derrota ortodrómica al buque que navega siguiendo uno de estos círculos.

Orza: Acción de orzar. Parte fija o móvil que llevan los veleros debajo de la quilla para contrarrestar el abatimiento.

Orza abatible: Tiene distintas formas y va sujeta por un perno a la parte de proa de la caja sobre la que gira. Para calarla se utiliza un cable que permite regular la superficie sumergida.

Orza de deriva: Tablón ovalado con la extremidad superior más delgada que la inferior y situado en condiciones de poder girar verticalmente sobre un eje que lleva en el centro del costado.

Orzada: Acción y efecto de orzar.

Orzar: Dar al timón el ángulo suficiente para que la embarcación disminuya el que forma su proa con el viento.

Osa mayor: Es la constitución que está siempre visible en el hemisferio boreal y fácil de reconocer por el brillo de siete de sus estrellas, cuatro de las cuales forman un cuadrilátero.

Osmosis: Defecto que aparece en las embarcaciones de plástico consistente en un escamado en el gelcoat y en algunos casos en el laminado.

O1/4SO: Abreviatura del rumbo *oeste cuarta al sudoeste.*

OSO: Abreviatura del rumbo y viento *oessudoeste.*

Ostra: Molusco bivalvo, conocido universalmente y muy apreciado.

Existen varias especies:

Ostra plana *(ostrea edulis),* de concha regular, y circular, que es, con mucho la mejor.

Ostra portuguesa *(gryphea angulata),* Importada de Portugal y ahora aclimatada en todas partes; en algunos lugares viven grandes colonias de ella en bancos naturales. La ostra de banco es generalmente alargada, de borde muy festoneado y de forma irregular. Las procedentes de cultivo son de forma circular y con el borde menos recortado. El cultivo ha mejorado hasta tal punto, que hay quien prefiere la ostra portuguesa a la ostra plana.

Ostra americana *(ostrea virginica),* Importada de América, se parece a la ostra portuguesa, pero su concha es más plana y de contorno más regular. Es bastante apreciada.

Reproducción: Cuando la ostra, que es muy prolífica, pone, el agua se llena de millones de larvas nadadoras; estas permanecen libres, hasta que encuentran un obstáculo, piedra, roca, madera, al cual se fijan. A partir de ese momento, no tardan en tomar su forma definitiva.

En la costa gallega, y en especial en las rías, existen importantes bancos de ostra plana. El lugar es tan favorable, que alcanzan su talla comercial a los dos años, en lugar de tres que tardan en otros lugares.

P

P: Bandera del código Internacional de Señales, de color azul con rectángulo blanco en el centro. Izada aisladamente significa: En puerto: *Todo el personal debe volver a bordo; el buque tiene que hacerse a la mar.*En el mar. Puede ser usada por pesqueros para significar: *Mis redes se han enganchado en una obstrucción.*

Pabellón: Bandera nacional.

Pacotilla: Pequeña cantidad de mercancías que pueden llevar los tripulantes de los barcos para negociar por su cuenta.

Pacotillero: Es el tripulante que en los barcos mercantes embarca mercaderías por su cuenta para venderlas en los puertos a donde arriba.

Pagaya: Remo corto en forma de pala que se utiliza en impulsar ciertas piraguas tales como las esquimales y filipinas.

Pagel, Coeficiente: Corrección que se aplica a la longitud observada por cada minuto de diferencia entre la latitud estimada y la verdadera.

Pagel. Pez: La familia de los Espáridos presenta el género de *Pagellus,* del que se conocen varias especies.
Pagellus acarne. El aligote, de coloración rojiza, muy común en el Mediterráneo y muy rara en el Atlántico.
Pagellus erythinus. Es el verdadero pagel, de color rojo. Magnífico espárido, desgraciadamente bastante raro, por lo que no tiene una pesca especializada. Se le captura pescando el abadejo o el besugo. Su coloración es fantástica. Cuando es pequeño, es de color rojo vivo, presentando a veces una o dos manchas azules cerca de la cabeza. Al crecer, el color se

hace más oscuro en la región dorsal, girando hacia un tono verde botella. Los flancos permanecen rojos y el vientre blanco. Muy vigoroso, ofrece en el enganche una resistencia tremenda que, cuando se tiene en la mano una liña de besugo, produce muchas veces la rotura.

En el Mediterráneo existen bastantes variedades, confundiéndose alguna de ellas con el *Besugo de Laredo.* Su distinción es difícil, puesto que sus formas y costumbres son muy similares.

Los profesionales lo pescan con artes de red: trasmallos y palangre.

Su pesca deportiva se hace con volantín. Los cebos más convenientes son el gusano llamado morro duro, la gamba y el mejillón. Vive en fondos mixtos de algas y arena. Su defensa es muy fuerte, y la acción de cobrarlo desde unos 50 metros de profundidad proporciona varias emociones. La especie es muy estimada.

En Andalucía el pagel recibe el nombre de *breca.*

Palangre: Gran aparejo de fondo utilizado para la pesca del *congrio, la raya, la solla,* etc.

Nombre dado en el Mediterráneo a los aparejos de fondo o de superficie, llamados en el océano cuerdas.

Existe un palangre de altura, pesca practicada durante el otoño y parte del invierno con el que se captura la merluza, congrio, corvina, mero, lija, raya, cazón, besugo, palometa, castañeta, etc., y otro tipo de palangre costero con el que se capturan, rubios, róbalo, doncellas fanegas, sargos, besugos, etc.

Pairear: Ponerse o estar al pairo.

Pairo: Una de las clases de *capa* que puede hacerse al navegar de bolina con viento bonancible y todo el aparejo, si quiere detenerse la marcha de una embarcación de vela por poco tiempo, maniobra que *se* expresa con la frase de hacer y *ponerse al pairo*.

Paja: Perno de hiero que se introduce verticalmente por un taladro hecho en la cabeza del timón para sujetar la caña. Eje de hierro que gira en el carrete de hacer meollar.

Perno de hierro de quita y pon que se pasa por los agujeros taladrados a propósito en el extremo superior o cabeza de algunas bitas, para que no se desencapille el cabo amarrado a ellas.

Pajaril: Es el cabo que sujeta hacia abajo el puño de una vela, en particular la trinqueta, cuando se navega con viento de entre 90 y 100º. También la posición misma que resulta en navegar a este rumbo y que se expresa con la frase de *navegar al pajaril*.

Pala: Es la parte más ancha del remo en el extremo opuesto al guión y que se introduce y apoya en el agua al bogar o ciar.

Palada: Acción de meter en el agua la pala del remo y halar de este al bogar, o cada golpe que se da en el agua con la pala del remo.

Rotación breve de la hélice de un barco o cada una de sus revoluciones.

Espacio que adelanta una embarcación cada dos golpes de remo.

Pala de la hélice: Cada una de las aletas propulsoras que componen la hélice.

Pala del timón: Superficie de acción del timón.

Palanca: Palo largo con un extremo herrado y el otro terminado en redondel, que se emplea en fincar, apoyando en el fondo el extremo herrado e impulsando con el hombro sobre el redondel.

Cabo grueso que se pasa por un motón en el puño de la vela y por otro en el tercio de la verga, sirviendo para izarla.

Arte de pesca llamado balenzuela que se empleó en las costas de Alicante para la pesca de la lisa.

Palangre: Aparejo formado por un cordel o hilo de nailon, con ramales y un anzuelo en cada uno de ellos. El cordel principal se llama *madre* y cada ramal *brazola*.

Paleontología marina: Ciencia que estudia el desarrollo de la vida marina en tiempos remotos.

Paleta: Dícese de las piezas curvas o aletas que unidas a un núcleo central forman la hélice de propulsión de las embarcaciones, su nombre más corriente es el de pala.

Paletazo: Golpes que dan las palas de las hélices al entrar en acción en el agua.

Paletear: Meter y sacar la pala del remo sin avanzar por no hacer fuerza para halar de éste.

Palillo: En las costas atlánticas de Andalucía, nombre que recibe el volantín.

Palmejar: En las embarcaciones de madera, madero más grueso que el forro interior de ligazones, que con otros iguales se afirma de popa a proa en la bodega sobre la unión de las varengas y genoles formando dos filas de hiladas por cada banda. En la construcción metálica, se trata de un refuerzo longitudinal que unido a las cuadernas impidiendo que se doblen hacia el interior al realizar los esfuerzos de flexión.

Palmo: Antigua medida de longitud, cuarta parte de la vara, equivalente a 21 centímetros.

Palo: Cada uno de los mástiles de madera o metálicos colocados verticalmente en el plano longitudinal de un velero. Se utilizan para sostener las vergas, picos, puntales, botavaras. Y demás aparejos propios para largar velas y mover la carga etc. Cuando se encuentran en función completamente vertical se dice que están *en candela*, y cuando están un poco inclinados se dice que tienen *caída*. Los palos se mantienen arbolados por medio de estayes dirigidos hacia proa; obenques, obenquillos y burdas, hacia las bandas y contra estayes hacia popa.

Palo bauprés: Es aquel que sale de la proa hacia fuera con más o menos inclinación con relación al horizonte.

Palo enterizo: Reciben este nombre cuando son de una sola pieza.

Palo macho: Es el que penetra en el casco y se afirma a la sobrequilla o a una cubierta interior.

Palo mayor: Es el del centro en un velero de tres o el más alto en otro caso.

Palo mesana: Es el que está más próximo a popa.

Palo trinquete: Es el más cercano a proa.

Palo seco, A: O a la bretona, cuando por la fuerza del temporal no nos permite llevar ninguna vela largada.

Palometa: Especie de la familia de los Carángidos.
Se puede pescar a curricán con cucharilla. Su pesca es muy interesante, puesto que a pesar de no pasar de los 50 centímetros de largo ofrece una resistencia muy notable.
En el Levante recibe el nombre de palomida.

Palometa roja: *(Berys decadactylus).* Se parece a una dorada que tuviera el opérculo espinoso y el ojo enorme. Pez excelentes raro en nuestras costas atlánticas.
Se captura con artes de arrastre en grandes fondos.

Palometón: Este pez carángido se encuentra abundantemente en el Mediterráneo, y se prende alguna vez en el curricán. A veces se vende como atún en los mercados costeros. No tiene pesca especial.
El palometón corresponde al género Lichia amia, y en Levante recibe el nombre de *serviola.* Se pesca con trasmallos, palangre, lienzas, y cazonales. En Melilla llaman *dorado* al

joven y *serviola* al adulto.

Pallete: Tejido hecho con cordones de cabo; se hace liso o acolchado.

Pallete de colisión: Es un cuadrado hecho de lona con una cara afelpada que se utiliza para taponar provisionalmente las vías de agua.

Pampero: Viento de la región de las pampas en Argentina, que va acompañado de sensible descenso de la presión atmosférica. A veces se deja sentir con gran violencia en las costas de Brasil y en particular en el golfo de Santa Catalina.

Pan. Pesca con: El pan constituye en el Mediterráneo, un cebo muy estimado para ciertas pescas. Se emplea para cebar las gambinas y otras nasas, donde se pescan mújoles, bogas y a veces doradas, y para la pesca de la lisa con aparejo. La miga de pan en papilla es un material excelente para el grumeo de los mújoles.

Pantalán: Muelle sobre pilotes, colocado por lo general, perpendicularmente a la costa.

Pantasana: Arte de pesca que se emplea en el mar Menor, para la pesca de la lisa.

Tiene 1,80 metros de largo por 12 de alto.

Pantocazo: Golpe fuerte que da el barco sobre el agua en las cabezadas de cierta amplitud.

Pantoque: Parte curva del forro o carena, que une la vertical de los costados con la casi horizontal del fondo de la embarcación.

Paño: Se dice a todas y cada una de las partes o anchos del tejido de lona, que unidas o cosidas por sus orillas, forman una vela.

Velas que larga una embarcación.

Conjunto de la tela de toda la vela.

Pañol: Cualquiera de los compartimentos de reducidas

dimensiones donde se guardan los víveres, pinturas, jarcias, respetos etc.

Papo: Se llama *papo de viento o de una vela,* al bolso de una de estas.

Paquebote: Barco correo y de pasajeros que hace un servicio regular.
Embarcación muy similar al bergantín, pero no tan fina; además llevaba mayor redonda, como las fragatas, y mesana en lugar de cangreja, envergada en el husillo. Se utilizaron como correos.

Par de escora: Es el que trata de adrizar la embarcación cuando ha sufrido una escora por alguna circunstancia.

Par de estabilidad: Es el que está formado por la fuerza que representa el peso del barco, aplicada en el centro de gravedad, y la fuerza del empuje del agua, aplicada en el centro de carena.

Par de evolución: Es el que se forma por la presión del agua, aplicada en la pala del timón, o en el centro de gravedad de la embarcación.

Paral: Cada uno de los trozos de maderos sobre los que se varan y deslizan las embarcaciones en las playas, rozando la quilla por encima.

Paralaje: Ángulo con que se ve, desde un astro, el radio terrestre que termina en el observador.

Paralelo: Círculo menor de la esfera terrestre o celeste, paralelo al ecuador. Los de la esfera celeste se llaman *paralelos de declinación.*

Parche: Pedazo de lona o encerado conque se tapan agujeros.

Pardo: Se dice del aspecto que tiene el cielo u horizonte entre el estado fosco y oscuro.

Pargo: *(Pagrus pagrus).* Espárido que alcanza a veces una gran talla. Se nutre de moluscos que rompe gracias a su potente dentadura compuesta de grandes molares.

Es una especie casi exclusivamente mediterránea; su rareza en el Atlántico impide que se le haga objeto de pesca especial.

Sin ser abundantes, los pargos son, sin embargo, una presa corriente en el Mediterráneo. Se cuentan dos especies en este Mar: el *sama* y el *pargo*. Se pesca con palangres cebados con camarones o gambas.

A veces al pescar el *pagel* se tiene la sorpresa de coger uno con el volantín. Dado que existen ejemplares de hasta 8 kilos, si uno tiene que luchar con un individuo así, es raro que las cosas salgan bien, para el pescador al menos. Pero ¡vaya emoción!.

Pareja: Dícese de la costa que presenta un aspecto uniforme, y del fondo cuando su profundidad no varía en una gran extensión.

Partida: Rumbo en que se divide por igual cada cuadrante: NE, SE, SO y NO.

Pasacabo: Polea sencilla o doble, y también anilla o cáncamo, fijos en un punto por el que se quiere pasar un cabo.

Pasador: Herramienta de hierro o madera de forma cónica y terminada en punta por un extremo que se utiliza para abrir los cordones de los cabos o cables cuando se quiere hacer un ayuste, costura, gaza, piña, etc.

Barrena delgada con que se taladra primeramente una pieza para pasar después con más facilidad, otras barrenas más gruesas.

Pasaje: Estrecho entre dos islas o entre dos islas y un continente. Conjunto de viajeros que van en un barco.

En los ríos, lugar donde hay barca para trasladarse de una orilla a otra, así como el acto de pasar.

Pasamanos: Cabos, cadenas, cables, piezas de madera que

sirven para sujetarse en una embarcación.

Paso: Estrecho, quebrado, pasaje, canal, etc.

Cada una de las maderas enjaretadas o rectángulos metálicos puestos horizontalmente entre las gualderas de una escala para que sirvan de apoyo a los pies...

Cada uno de los palos, tablas, o pedazos de cabullería que se afirman de un cabo a otro para el apoyo sucesivo de los pies en una escala de mano.

Paso de hélice: Avance axial en una revolución completa.

Pastinaca: *(Trygon pastinaca).* Pez del grupo de los Batoideos. Es una especie de raya parda, cubierta de un espeso mucus viscoso y tóxico.

En lugar de presentar en la cola un esbozo de aleta, como tienen las otras rayas, tiene un apéndice caudal filiforme, con un aguijón hacia el origen del segundo tercio, aguijón ofensivo del que se sirve con habilidad para herir a quienes les atacan. La picadura de este aguijón, que mide a veces hasta 10 centímetros de largo, es muy peligrosa, pues en algunos casos es preciso llegar a la amputación del miembro herido. En los lugares en que acostumbra a encontrarse la pastinaca conviene estar alerta e ir provisto de una botella de amoníaco, cuyas propiedades básicas son un excelente antídoto a la acidez del veneno. Hay que lavar la herida y hacerla sangrar lo más posible, friccionando después con el amoníaco. Si no se tiene a mano este remedio, es preciso matar la pastinaca, abrirla, aplastar el hígado, y hacer con el una compresa para pegarla a la herida, pues contiene un contraveneno. En todos los casos hay que ir al médico. Cosa curiosa, la fiebre consecutiva a la picadura sube en cada marea.

La pastinaca es una gran destructora de moluscos, particularmente de las ostras jóvenes, por lo que es muy temida por los ostracultores.

Se pesca con arte de red, o bien con palangres. El mejor cebo son trozos de anguila. Esta pesca no ofrece ninguna particularidad. La pastinaca se encuentra solo accidentalmente en el Mediterráneo.

Pata: Uña, en su primera acepción.

Pata de gallo: Rabiza doblada en U amarrada por los extremos a la relinga y formando una gaza para el doblez que llevan el arte de cerco de la jareta para sujetar las anillas, el de fondo en el extremo de las piezas terminales, y el de arrastre en el extremo anterior de cada banda.

Pata de ganso: Figura que forman las poas de las bolinas.

Patente: En la armada, documento acreditativo del empleo de su titular a partir del grado de teniente de navío.

Patente de corso: Autorización que concedía el Jefe del Estado a un barco para apresar a otros de países enemigos.

Patente de navegación: Es el documento que acredita la nacionalidad de una embarcación.

Patente de sanidad: Documento que servía para acreditar el estado sanitario del puerto de salida o procedencia de un barco.

Patín: Catamarán o deslizador construido por dos flotadores unidos por tablas transversales a modo de baos y que se impulsa por medio de un canalete doble o una vela triangular. El patín de vela, nació en las costas de Barcelona como embarcación de regatas, tiene las siguientes características: eslora 5,50 metros; altura del palo 6,50 metros; vela de pujamen al aire con 6,10 metros en ambas caídas y 3,60 metros en el pujamen.

En máquinas de vapor y motores, se trata de la pieza que deslizándose sobre otra llamada corredera, hace que esta absorba los esfuerzos laterales procedentes de la descomposición en la cruceta de las fuerzas transmitidas por el vástago a la biela o viceversa.

Patrón: Persona práctica en la maniobra que con algunos conocimientos teóricos de navegación, ha sido declarado apto, previamente mediante examen, para mandar una embarcación de hasta determinada eslora, tonelaje, etc. y en navegación más o menos restringida de acuerdo con el título obtenido.

Pecio: Parte de un barco perdido y su contenido.

Pedestal: Cada uno de los travesaños que se colocan sobre el plan del bote, delante de las bancadas, para apoyar los pies al bogar.

Pedir: Tirar, o actuar con potencia o en alguna forma una cosa cualquiera, como lo da a entender una frase muy corriente de *arriar lo que pida,* refiriéndose a un cabo o hacer sentir su tirantez.

Pedregoso: Dícese del lugar que tiene muchas piedras.

Pegarse: Arrimarse a una costa todo lo que permita su naturaleza. Se puede entender de esta forma, frases tan corrientes como *pegarse al viento*, al ceñir, o *pegarse a un cabo*, para hacer la maniobra.

Pejerrey: *(Atherina presbyter).* Son unos pececillos magníficos, de color verde claro, vientre plateado, flancos brillantes, vivaces, bulliciosos, inquietos, que entran en los puertos en apretados bancos, procurando al pescador deportivo uno de los mejores ranchos que el mar puede darle. Su pesca es fácil no hace falta aparejos especiales y constituye para los niños una diversión de primer orden.

El aparejo será una caña. Montado con el tipo ametralladora. Los cebos mejores son la cabeza de sardina triturada, raba, cangrejo crudo machacado, quisquilla pequeña, etc.

Pelaya: Nombre que se da en Cataluña y Baleares a diversas especies de platijas *(Pleuronéctidos)*.

Peligro: Cualquier escollo, banco, bajo, roca, etc., y todo aquello que deba evitarse en la navegación.

Peligro, Señal: Llamada en demanda de socorro. Por radiotelegrafía comprende por tres veces la palabra SOS y el indicativo de llamada del buque también repetido tres veces. La señal radiotelefónica de peligro es la palabra*Mayday,* repetida tres veces en la frecuencia internacional de socorro (2182 kHz) o en la frecuencia de seguridad (156 MHz).

Pena: Extremo más delgado de una entena, cangrejo o de las vergas de mesana antiguas. El del cangrejo se llama más corrientemente *pico*.

En los faluchos y demás embarcaciones latinas se llama también *pena* a la pieza misma que contiene el extremo de aquel nombre, de las dos que forman la entena.

Puño alto que se hace forme a la driza, en las velas triangulares y tropezoidales, como son los foques y velas de stay.

Pendol: Inclinación que se da a una embarcación cargando pesos por una banda para que descubra sus fondos por la otra parte a fin de limpiarlos o con otro objeto.

Pendura: Dícese de la parte de seno que forma el pujamen de una vela sobrancera o faldona, después de izada.

Pendura, A la: Se dice del ancla que se ha destrincado y bajado de su lugar, quedando en posición para poder ser fondeada con rapidez. Y también de todo aquello que pende en forma semejante.

Parte de seno que forma el pujamen de una vela sobrancera o faldona, después de izada.

Penol: Cada una de las puntas o extremos de toda verga de cruz, y también el extremo más delgado de un botalón.

Percebe: *(Pollicípes cornucopia).* Crustáceo cirrípido, que posee cirros en vez de patas, y por su forma en nada recuerda un crustáceo. Está formado por dos valvas montadas sobre un largo pedúnculo gris oscuro, apergaminado. Vive en colonias de numerosos individuos, sobre las rocas que descubren rara vez. Este pedúnculo está lleno de una materia rosada que, cocida, posee un excelente sabor.

Percha: Denominación de todo tronco de un árbol. Cuando su tamaño es pequeño recibe el nombre de *arbolillo y berlinga.* Su aplicación general es en piezas de arboladura, vergas, botalones, etc.

Perchel: Palo en posición vertical con motones en un extremo, que se emplea en algunos puertos y playas pesqueras para colgar de él el arte, para que se seque, cuando se vuelve de la pesca.

Perderse: Encallar, sumergerse una embarcación dar a la costa. Cuando se refiere a una embarcación que se tenía a la vista en la mar es dejar de verse por alejamiento, etc.

Perico: Vela de juanete de sobremesana, reciben también este nombre su respectiva verga y su mastelerillo.

Perlas: Las ostras perlas (género Meleagrina) son atacadas por infinidad de gusanos parásitos. Para defenderse de estos molestos huéspedes, los encierran en una perla, que tiene como núcleo el cadáver del parásito. Alrededor del núcleo primitivo se depositan capas y más capas, que engruesan sus paredes y aumenta su tamaño.

Las perlas ocupan posición muy variable en el cuerpo del molusco, debiéndose distinguir las perlas soldadas a la cara interna de la concha y las que están libres en el manto. Unas y otras son las llamadas *perlas de nácar*, por estar cubiertas de esta sustancia, en tanto que las denominadas *perlas finas* son las que se alojan en el interior del cuerpo del molusco. Las

perlas de mejor oriente son las que se hallan en el interior
del manto, en la proximidad de la charnela, en las glándulas
genitales, en el hígado o cerca del corazón.

Perilla: Remate superior de cualquier palo con o sin roldana o
herraje para la driza.

Periodo: Tiempo que tarda una cosa a volver al estado o
posición que tenía al principio.

Período de balance: Tiempo empleado por una embarcación en
un balance de una a otra banda.

Período de una ola: Espacio de tiempo comprendido entre el
paso por un punto de las crestas de dos olas sucesivas.

Período de silencio: En radio telefonía se emplean los tres
primeros minutos de cada hora y de cada media hora durante
los cuales existe prohibición absoluta de hacer cualquier
transmisión.

Periscopio: Aparato óptico que permite la exploración desde un
lugar oculto, como es el caso de un submarino en inversión.

Perno: Especie de clavo largo y grueso de hierro. Sirve para
afirmar y unir diversas piezas de una embarcación o de una
máquina.

Persistencia del viento: El número de horas durante las cuales
se mantiene la misma dirección del viento.

Pertrechos: Conjunto de aparatos, instrumentos, aparejos,
y demás efectos necesarios par el funcionamiento de una
embarcación.

Pesca: Acción de pescar.
Oficio y arte de pescar.
Producto obtenido.

Pesca de altura: La que se practica a grandes distancias de la
costa.

Pesca de bajura: La que se practica muy cerca de la costa en pequeñas embarcaciones.

Pesca de luz: Atraer los peces a una red o zona de pesca utilizando luces.

Pescado al "Allioli": Preparación en muchas partes del Mediterráneo del pescado al "Allioli".

Es menos exigente que la bullabesa en la selección del pecado. La preparación es parecida e intervienen los mismos ingredientes con la importante excepción del azafrán aromático que se reemplaza por el perfume del ajo, bajo la forma del "allioli".

El "allioli" se prepara triturando en un mortero de 6 a 8 dientes de ajo para 2 kilos de pescado. Cuando se ha obtenido un fino puré de ajo, se va vertiendo un hilo de aceite de oliva hasta llegar a los 200 centímetros cúbicos aproximadamente, removiendo regularmente, como si se tratase de una mayonesa. Se le echa sal y pimienta.

Cuando el pescado está cocido, al estilo de la bullabesa, se añade el "allioli", fluidificado por un poco de caldo de pescado. Se procede luego como con la bullabesa, echando unos trocitos de pan.

Pescado blanco: Se clasifica en esta categoría, en el litoral mediterráneo, a los peces de escamas plateadas: lubina"llobarro", dorada, sargos, etc. Se debería de llamar pescado noble.

Pescado fresco: El frescor del pescado es esencial para mantener sus cualidades. Se emplean varios procedimientos para su conservación... El primero consiste en desviscerar el pescado; no obstante, al hacer esta operación debe de tenerse en cuenta que la descomposición empieza por el peritoneo, por lo que la cavidad abdominal, una vez vaciada, debe frotarse bien con un paño rugoso, arpillera por ejemplo, para arrancar esta membrana que la tapiza.

Otro procedimiento consiste en colocar en la boca de cada pez un trozo de pan impregnado en aguardiente. El alcohol impide durante cierto tiempo la fermentación.

El tercer procedimiento consiste en colocar a los peces boca abajo, apretados en un cesto. La descomposición también se retrasa.

El frescor del pescado se conoce por algunos signos. El más conocido es el color de las branquias: cuando son muy rojas, el pez presenta garantía de frescor.

Pero hay otro medio mejor; el examen de los ojos. Estos son muy claros y transparentes cuando el pescado es fresco; pero cuando el cristalino se torna opaco, la descomposición se ha iniciado. Cuanto menor es el brillo de los ojos, menos fresco es el pescado.

Pescador: Dícese de aquel que se dedica a la pesca.

Pescar: Dedicarse a la pesca con redes, cañas, y otros artes de pesca.

Pesquero: Embarcación acondicionada para la pesca, en cualquiera de sus modalidades.

Petate: Lío de ropa y cama de un marinero.

Petifoque: Vela triangular más pequeña que el foque, que se amura en la extremidad de la espiga del botalón del bauprés y se iza en la encapilladura del mastelerillo de juanete de proa.

Petrolero: Barco cisterna de grandes dimensiones y construcción especial destinado al transporte de combustibles líquidos.

Pez de limón: *(Seriola dumerilli).* Pez de la familia de los Carángidos, que aparece irregularmente sobre nuestras costas, a las que no se acerca si no es impulsado por el hambre.

Es un pez bello y curioso; su porción anterior, sobre todo la cabeza, recuerda la de un pargo, mientras que la parte posterior es netamente escombreroide.

Azul oscuro en el dorso, argentado e irisado sobre los flancos y el vientre, su porte recuerda algo al jurel.

Sobrepasa el metro de longitud, en Francia le llama *seriola* y *aliccosa* y en Italia le llaman *arricinata.*

Lástima que su captura sea solo accidental y no se haya podido organizar su pesca, pues su carne rojiza, parecida a la del atún, es de gran finura. El pez de limón frecuenta la orilla y se pesca con trasmallos, palangres, jábegas y boliche. Se le llama verderol en valencia palomida en Barcelona y sirvia en Mallorca.

Pez de San Pedro: *(Zeus fabre).* Este pez delicioso, que hoy es especie rara, fue muy abundante en época no muy lejana, tanto que se pescaba con aparejos de liña en las escolleras. Los pescadores de aquella época cebaban el anzuelo con un besugo vivo y el pez de San Pedro era capturado rápidamente. Hoy en día, los arrastres han perpetrado tales estragos sobre esta especie poco prolífica y sobre otras, que uno puede pasarse mucho tiempo sin atrapar un solo ejemplar. Es lástima grande pues era sin discusión uno de los mejores pescados existentes.

Cuenta la leyenda que San Pedro pescó un ejemplar de esta especie, pero el pez empezó a quejarse de tal forma, que San Pedro complació al animal y cogiéndolo entre sus dedos lo devolvió al agua. Dios permitió que este acto de piedad quedase rememorado, y desde entonces todos los individuos de esta especie presentan a ambos flacos dos manchas negras que son la huella de los dedos de San Pedro.

Lo cierto es que cuando se pesca un pez de San Pedro el animal lanza unos gruñidos tan vigorosos y constantes como lo haría un cerdito.

Es relativamente común en el Mediterráneo, donde de vez en cuando se prende a los palangres.

Se le llama también pez de San Martín, y se encuentra con frecuencia en los mercados litorales. Es la especie típica de la familia de los Zaidos.

Pez- espada: *(Xihpias gladius).* Es el único representante de la familia de los Xifidos. En algunas regiones se encuentran ejemplares que sobrepasan los 4 metros de longitud. El nombre le viene del apéndice espadiforme que prolonga su mandíbula superior. Adversario temible y temido de los cetáceos, aun para los de mayor talla. Se sirve de su apéndice, no como estoque, sino segando. Es distinto cuando, presa de una furia tan ciega como incomprensible, se las emprende contra las embarcaciones; se sirve entonces de su espada atacando de punta, disparándose como una catapulta.

Su cuerpo es más fusiforme y alargado que el del atún. Su color es negro en el dorso y plateado en los flancos y el vientre. Es más frecuente en el Mediterráneo que en el Atlántico.

Como en el caso del atún, su crecimiento es muy rápido; a la edad de un año, su peso oscila entre los 20 y 30 kilos; a los dos años su peso puede alcanzar los 200 kilos.

La pesca del pez espada es aún más deportiva que la del atún, puesto que su defensa es todavía más movida. Si se pesca desde una embarcación pequeña, hay que desconfiar de la aguzada espada con que va armado. El material a emplear es el mismo que se utiliza para capturar el atún.

Bastante común en el Mediterráneo, sobre todo en su porción oriental, Notablemente en las costas de Córcega. Su longitud corriente es de 1,5 a 2 metros, aun cuando algunos sobrepasan los 3 metros. Su carne es muy apreciada, y para algunos es más fina que la del atún.

Se le captura en las almadrabas, si bien se le retiene con dificultad, pues mientras que el atún no regresa sobre su recorrido y va a parar indefectiblemente a la *cámara de la muerte,* el pez- espada sabe encontrar la salida. A veces, y por efecto del parasitismo de ciertos crustáceos, se desespera y emprende alocadas carreras, que en ocasiones le conducen a la misma playa donde queda varado.

Aunque puede ser pescado al curricán, con cucharilla o pez artificial, prácticamente no se le pesca en el Mediterráneo.

Pez-luna: *(Orthagoriscus mola).* Este pez enorme presenta la forma de un gran disco aplastado del que no sobresalen ni la cabeza ni la cola. Delante, una boca minúscula; A derecha e izquierda, unos ojos diminutos. Una gran aleta dorsal triangular tiene su antagonista en la región ventral, viniendo a reunirse las dos en la región caudal por una ancha franja que hace las veces de cola.

Las dos aletas pectorales, pequeñas, parecen orejas más que aletas. Sus ojos, redondos y dorados, con la pupila parda, le dan un aire de azoramiento que concuerda muy bien con la estupidez de su comportamiento ante el pescador. Algunos pretenden que es fosforescente.

Este pez lento llega a pesar más de100 kilos. A veces, con mar calma se observa un gran triángulo que se balancea indolentemente fuera del agua; se trata de una luna, que dormita en la superficie. Si no se hace ruido, cabe entonces acercarse hasta tocarlo, y arponearlo. Por lo demás, esto no ofrece interés alguno, pues su carne no es comestible.

El pez luna, aun no siendo muy frecuente, lo es más en el Mediterráneo que en el Atlántico. Es realmente un pez curioso que en su aspecto justifica su nombre. Lástima que no es comestible su carne; a pesar de su fuerza, su captura no puede ser más fácil.

Pez-martillo: *(Zygoena malloeus)*. El pez-martillo es uno de los grandes escualos que suelen encontrarse en nuestras costas; pasa por ser uno de los más temibles, aunque no sabemos de ningún accidente provocado por este pez. No ocurre lo mismo en los mares cálidos, donde parece que son de veras peligrosas.

Los ojos de este escualo están situados en los extremos de un largo pedúnculo cúbico. Su color es rojo obscuro; su talla máxima es de 2.50 metros.

Raro en el Mediterráneo, se le señala a veces rondando la costa durante el verano. En las redes de los bonitos se han cogido ejemplares de más de 2 metros. Su carne carece de valor.

Picón: *Raia oxyrynchus)*. Es una de las mayores rayas que se capturan en nuestras costas. Tiene el rostro alargado y estrecho. Frecuente en el Mediterráneo.

Abunda mucho en nuestras costas, en fondos de cierta consideración, donde se pesca con el arte del bou, y los ejemplares mayores, con los palangres. Es poco apreciada. En Galicia le llama *ferreiro:* en Andalucía *peje mahoma, machuelo y raya negrita;* en Valencia *corretja;* en Cataluña, *caputxa* y en Baleares, *càvec.*

Picada: Dícese de la mar cuando se encuentra movida.

Picar: Cortar cualquier cosa a golpes de hacha como una estacha o un palo.

Enmendar las anclas que están fondeadas con el fin de mejorar la situación del barco.

Cuando se trata de la acción del viento sobre la mar, es empezar a levantar aquellas olas. En sentido neutro y hablando

en absoluto de la acción del viento, es comenzar este a soplar.
Cuando se refiere a la situación de la nave, es llegar a la
determinación un tanto relativa de ella por medio de una sonda,
y encontrar fondo con unos veinte metros de sondaleza.

Ceñir mucho una embarcación, o sea, en menos de seis
cuartas.

Entre carpinteros de ribera se dice que la operación de tirar un
poco hacia arriba y soltar de pronto el hilo empleado enmarcar
la línea por donde se ha de labrar una pieza.

Morder el pez el cebo que hay puesto en el anzuelo.

Pico..: Proa del barco.

Pena de un cangrejo.

Remate o cúspide de una montaña.

Pedazo de hierro afilado y saliente en el remate de proa de las
galeras, con el que se abordaba y ofendía al enemigo.

Vértice del ángulo de una pieza curva.

Picudo: Palangre para la pesca de la merluza utilizado en
Andalucía.

Pie: Unidad de medida de longitud equivalente a 0,3048 metros,
que se utiliza mucho en náutica.

Nombre vulgar de cada una de las contramechas, porque
abrazaban la mecha desde la cubierta a las cacholas y llegaban
al pie del palo.

Pie de cabra: Pequeño molusco mediterráneo que tiene la forma
indicada por su nombre. Visto de perfil, la concha representa el
casco; el resto, formado de pelos enmarañados, está fijo a la
roca. Abriéndolo, se puede aprovechar el interior, que parece un
minúsculo pulpo.

Pie de gallo: Figura de un cabo al quedar sujeto por sus
chicotes y teso por un punto del seno.

Pie de roda: Pieza que une la quilla y la roda.

Pieza intermedia. Bajo-liña: Parte del aparejo intermedia entre la línea y la tanza (que sirve para montar el anzuelo).

La pieza se construye casi siempre: primero en cordel; segundo en nylon; y tercero en hilo de acero inoxidable.

En el mar, la tanza se monta directamente sobre la línea madre, con o sin intermedio de grilletes. Se utiliza, en cambio, en la pesca al *curricán;* la pieza es entonces bastante larga: entre 5 y 7 metros. Para el curricán de caballa se emplea como pieza un nylon de 50/100, y para el curricán de lubina o abadejo, será de 70/100, pues el ataque de estos peces es muy violento. La pieza suele adoptar otros nombres, tales como el píe, la cameta etc.

Pilotaje: Ciencia náutica que enseña a determinar la situación de un barco en el mar y el rumbo que tiene que seguir para trasladarse de un punto a otro.

Practicaje o derecho que pagan los barcos por los servicios de un practico a al entrada o salida de un puerto, canal bahía, etc.

Pilotar: Dirigir una embarcación en su navegación de un punto a otro y también en su entrada y salida de canales, puertos bahías, etc.

Pilote: Estaca o columna hincada en el fondo de un puerto, Que sirve para soportar estructuras de pantalanes, muelles, etc.

Piloto: Persona que se ocupa de dirigir un buque, determinar su situación y los rumbos que debe seguir para llegar al punto de su destino.

Piloto automático: Aparato electromecánico que acciona automáticamente el timón y permite prescindir del timonel.

Pincharte: Palangre muy usado en Andalucía.

Pincho: Palangre para pescar en mucho fondo, empleado en Galicia.

Pinnípedos: Orden de mamíferos acuáticos que comprende las focas.

Los pinnípedos proceden de los carnívoros por adaptación al régimen marino, y tienen con ellos numerosos caracteres comunes (Dentificación, garras). Aun cuando en tierra son muy pesados, acuden a ella con frecuencia. En las regiones boreales viven la foca y la morsa.

Pintar: Se dice cuando el viento al actuar sobre el mar, en forma de ventolina, produce un cierto sombreado que empaña el espejo que producía la mar en calma, producido por el conjunto de ondas pequeñas que produce el débil viento. Es la acción primera que produce el viento sobre la superficie de la mar, y a la cual siguen las de *rizar y cabrillear.*

Pinto: Nombre con que se le nombra al salmón joven, nacido en el agua dulce, y que va descendiendo hacia el mar.

Pínula: Sistema de observación empleado en algunos instrumentos náuticos, sin objetivos ni oculares, sino que está compuesto por una abertura a través de la cual se mira un hilo u otra cosa colocada a cierta distancia y que se hace coincidir con el objeto que se dirige la visual. Se emplean por lo general para la toma de demoras y marcaciones.

Pinzas: Organos de aprehensión de la mayor parte de les crustáceos. Mientras son minúsculas en las quisquillas, son enormes y temibles en el bogavante. En este crustáceo, así como en el langostino, suelen ser diferentes las dos pinzas; una de ellas, la izquierda, está armada de tubérculos para triturar, mientras que la derecha es cortante.

Ciertos crustáceos, como el ermitaño, tienen pinzas minúsculas, pero tan cortantes que cada golpe de ellas hace sangrar. Las del buey, que este animal maneja con lentitud, tienen una fuerza considerable, capaz de aplastar un dedo.

Hay que tomar precauciones ante tales armas.

Pinzote: Se dice de la caña del timón cuando es de hierro y se usa en una embarcación menor. También es el eje que al girar el casquillo fijo en el codaste, hace que se mueva el timón. Pieza de acero en el tope del pie de la madre de los cabrestantes antiguos sobre los que giraban estos. pernos de acero, u otro metal, que se encaja por un extremo en el punto de una pieza por donde debe girar.

Piña: Nudo en forma de piña que se hace en el chicote de un cabo con sus propios cordones, y que sirve para asegurarlo en una argolla cáncamo, etc.

Piola: Cabo delgado de tres hilos colchados o torcidos a la izquierda, o sea al revés que el vaivén y de unos doce milímetros de mena.

Pipa: Tonel más bien grande hecho con madera u otros materiales y que se utiliza para guardar líquidos.

Pique: Se dice de las varengas en forma de Y que van puestas hacia el extremo de proa de la quilla para formar los delgados de esa parte; en general se llama así, indistintamente, a los de proa y popa. Refiriéndose a la posición de un barco respecto a las ancla es hallarse verticalmente sobre alguna de ellas.

Pique, A: Forma de expresión dada a un barco u objeto cuando se va al fondo del mar.

Pirata: Es aquel que ejerce la piratería, Persona que dirige o forma parte de la tripulación de una embarcación que se dedica a capturar otro barco por el móvil del robo.

Pitada: Sonido o silvo de pito. Las pitadas pueden ser largas o cortas con una duración de seis y dos segundos respectivamente.

Placer: Banco llano compuesto de arena, fango etc., en el que hay muy poca profundidad de agua.

Plan: El piso más bajo de un barco o la parte superior del forro interior que limita horizontalmente el doble fondo.

Plancton: En general, cualquier organismo grande o pequeño, que flota o es transportado a la deriva en los movimientos del mar. Las plantas se denominan fitoplancton, y los animales zooplancton. La mayoría de los organismos que pasan toda su vida formando parte del plancton son de tamaño microscópico.

Planeo: Dícese del aumento notable de la velocidad de una embarcación cuando por su potencia, peso y forma logra una sustentación hidrodinámica, elevándose parcialmente fuera del agua y obteniendo una reducción en la resistencia al avance.

Plano: Representación gráfica.

Plano base: Es el que pasa por la línea base de trazado y es paralelo a la flotación del mismo. Este plano es tomado como origen de todas las ordenadas y de más medidas verticales de la embarcación.

Plano de construcción: Es el referido a una determinada parte del barco que da las características, dimensiones, disposición y modo de unión de los perfiles, planchas etc., que son necesarios para la ejecución de la obra.

Plano de flotación: Es el definido por la intersección del casco de la embarcación con la superficie de la mar y separa la obra viva de la obra muerta. Este plano es variable y dependerá en cada caso de la cantidad y distribución de la carga que haya a bordo.

Plano de formas: Es aquel que contiene las tres proyecciones ortogonales del casco de la embarcación desprovisto de forro y las intersecciones del mismo con planos equidistantes y paralelos a los planos longitudinal, horizontal y transversal, así como de otros diagonales y de comprobación.

Plano diagonal: Es aquel que corta el casco oblicuamente con respecto a los planos longitudinal y horizontal. La sección obtenida tiene el nombre de vagra plana y sirve para comprobar la continuidad de forma de la embarcación.

Plano diametral: Es el vertical que pasa por centro de la roda, quilla y codaste. Sobre este plano el único de simetría del barco, se proyecta el perfil y las secciones verticales longitudinales del barco así como la intersección de las cubiertas con el costado.

Plano horizontal: Es el perpendicular al plano diametral y sobre el que se proyectan las líneas de flotación y los contornos de las cubiertas, así como las diagonales abatidas a vagras planas. Este plano puede no ser paralelo a la quilla, principalmente cuando se trata de barcos diseñados con u n cierto asiento.

Plano transversal: Es el perpendicular a los planos horizontal y longitudinal y que pasa por la cuaderna maestra, sobre el que se proyectan las secciones transversales, llamadas cuadernas ficticias o de trazado. A esta representación se le conoce también por caja de cuadernal.

Plano de velamen: Es el del aparejo de la embarcación con las medidas y formas de cada vela, así como las clases de paño a emplear.

Plano de estiba: Es el plano que señala los lugares que ocupa la carga, su naturaleza, marcas y números.

Plantarse: Se dice la frase *plantarse en la virada*, que indica que una embarcación de vela se ha quedado parada al virar por avante, cuando tiene el viento a fil de roda o muy cerca de esta posición.

Plataforma continental: Parte del suelo marino que se extiende desde la marca de bajamar hasta la abrupta pendiente que existe a una profundidad de aproximadamente 200 metros. Los bordes del lado marino de la plataforma continental constituyen los verdaderos límites de los continentes.

Plática: Voz que se usa en la expresión *a libre plática* que expresa que una embarcación es admitida a comunicación con tierra y en la de *pedir plática,* cuando solicita un barco permiso para poder comunicarse con tierra.

Platija: *(Pleuronectes flesus).* Pleuronéctido muy común en los puertos y estuarios; a veces remonta los cursos fluviales. Pez de buena calidad.

Equivocadamente se le llama *solla.*

No es muy común en el Mediterráneo.

En Cataluña y Baleares se le llama *pelaia.*

Playa: Ribera del mar o de los ríos grandes formada por arenales de superficie plana o con poco declive.

Pleamar: Estado de la mar al conseguir su máxima altura.

Pleuronéctidos: Familia de los peces teleóseos, planos, que en su primera fase larvaria tienen la forma normal de los peces, o sea: estación vertical, un ojo a cada lado de la cabeza, etc. Cuando el estado larvario ha sido superado, el pez se apoya sobre un costado y uno de los ojos pasa al otro lado de la cabeza, o la atraviesa, quedando un flanco ciego. Este flanco es el que la gente toma erróneamente por el vientre. Esta disposición justifica el nombre que se les da: *pleuron*=lado; *neo*= nadar.

Ejemplo de pleuronéctidos: el lenguado, el rodaballo, la solla, etc.

Plomada: Es el conjunto de plomos que se emplean en una red de pesca.

Sonda o cuerpo de plomo empleado por los pescadores en determinar la profundidad del agua y poner por ella la boya.

Plomo: Cada un de las piezas de este metal, que se pasan o aprietan por la relinga que debe quedar más baja en cualquier arte de pesca de red o en el aparejo para que esta se hunda.

Pluma. Pesca a la: Es un viejo método para la pesca del *llobarro*. Consiste en arrastrar lentamente a una distancia de 70 a 80 metros detrás de una embarcación silenciosa, un anzuelo de buena talla y bien afilado, provisto de una o dos plumas de gaviota. La liña debe ser fina (nylon de 35/100), pero larga.

Esta pesca se practica al alba, durante el verano, por las cercanías de diques y escolleras.

Polo terrestre: Cada uno de los dos puntos de intersección de la superficie terrestre con el eje de rotación de la tierra. El extremo del eje que se dirige hacia la estrella es el llamado Polo Norte, ártico o boreal, y el opuesto Polo Sur antártico o austral.

Poas: Cada uno de los dos ramales de cabo que agarran por tres puntos una buena extensión de la relinga de caída de las velas cuadras, y de la proa de las velas de tercio, en uno de los cuales actúa el chicote de la bolina, a fin de que esta tire de todo el plano de la vela cuando se hala para ceñir el viento.

Polea: Es lo mismo que motón, cuadernal, o garrucha, pero entre la gente de mar, motón doble con las roldanas en un mismo plano.

Poliacril: Es una fibra artificial, un poco menos fuerte que la poliamídica (nylon), pero más resistente a la acción solar. Comercialmente se puede ofrecer con los nombres de dralon, acrilan, odelon, etc.

Poliamida: Fibra que tiene muchas aplicaciones a bordo, en especial para amarras y cabos de fondeo. Es elástica y absorbe muy poca agua, y tiene el inconveniente de que no soporta el sol durante mucho tiempo.

Polietileno: Termoplástico obtenido por polimerización del etileno, cuya densidad es distinta según la presión con que se haya efectuado.

Poliester: Resina termoestable que se obtiene por condensación de poliácidos con polialcoholes.

Polipropileno: Compuesto químico sintético obtenido por polimerización del propileno en presencia de un catalizador como el ácido fosfórico.

Poliuretano: Variedad de poliester, muy mejorado y casi incoloro, que puede elaborarse a menor temperatura que aquel.

Póliza de fletamento: Documento en que se otorga un contrato de fletamento.

Póliza de seguros: Documento en que se otorga el contrato de seguros.

Polizón: Persona que se embarca clandestinamente a bordo de un barco mercante con el propósito de hacer el viaje sin pagar el pasaje.

Polo acuático: Deporte que se juega entre dos equipos de siete jugadores todos ellos nadadores, y que luchan por introducir una pelota en el marco contrario todo ello dentro de una piscina de una longitud entre 20 y 30 metros.

Poner: En su acepción común tiene mucho uso a bordo en frases como: *Poner a flote, a la vela, a proa,* etc.

Ponientada: Viento fuerte de poniente.

Poniente: Oeste o punto cardinal del horizonte por donde se oculta el sol.

Pontón: Embarcación con el fondo plano, la proa y popa cuadras y sin lanzamiento, que armado con cabrestantes y otras máquinas es usado en limpiar puertos, canales, ríos, etc.

Popa: Parte posterior de una embarcación.

Popa continua: Es la de borda recta y remata en un espejo plano y ligeramente inclinado que llega hasta el agua.

Popa cuadrada: Es la que tiene una superficie transversal plana llamada espejo que sale fuera del codaste.

Popa de culo de mona: Es la alargada y recogida y que desde el coronamiento vuelve en sentido contrario marcando un ángulo agudo.

Popa de crucero: Es la que no tiene lanzamiento de bovedilla sobre la línea de flotación presentando una vuelta hacia adentro.

Popa de falucho: Es al que termina en la roda de popa en forma parecida a la de proa, quedando el timón por fuera.

Popa llana: La que tiene la aleta caída como ocurre con las lanchas.

Popa redonda: Es la que desde la limera del timón para arriba termina en una superficie curva y saliente.

Popa de remolcador: Es aquella que tiene el espejo invertido.

Popel: Se dice de todo aquello que está más a popa de la embarcación u con el objeto que se compara.

Popés: Popel. Cualquiera de los dos cabos más gruesos que los obenques que eran colocados en ayuda de estos, uno por cada banda del palo mayor y del trinquete y más separados hacia popa que el resto de la obencadura.

Porreto: Grandes hierbas marinas en forma de largas y estrechas cintas verdes, que forman a veces bajo las aguas inmensas pradera. Se les designa también con el nombre de *várec*, y se usaban para rellenar jergones baratos.

El porreto o zostera ofrece refugio a gran número de peces y crustáceos, sobre todo quisquillas y nécoras.

Los pescadores llaman porredonas a los lábridos, por vivir en estas praderas.

Portaaviones: Barco de guerra especialmente diseñado para llevar aviones y que puedan despegar y posarse en él.

Portahelicópteros: Barco preparado y dedicado al transporte, abastecimiento, maniobras, etc. de helicópteros.

Portar: Cuando se habla de velas o de aparejo, es ir en viento el uno o cualquiera de las otras. Cuando el aparejo porta una buena forma se dice que *porta bien* y que porta mal si es mala.

Porte: Desplazamiento útil de una embarcación o diferencia entre el desplazamiento total y el desplazamiento en lastre, expresado en toneladas métricas, dotación, agua, combustible, pertrechos, etc.

Porte neto: Peso total de toneladas métricas de carga y pasajeros con sus equipajes que puede admitir una embarcación que tiene a bordo la dotación y todos los pertrechos necesarios para hacerse a la mar, al sumergirse desde la línea de flotación sin carga hasta el máximo calado permitido.

Portilla: Abertura hecha en los costados o mamparos de una embarcación con el objeto de que pase la luz y la ventilación,.

Portulano: Libro de planos de los puertos de una costa o lugar determinado.
Cartas de compás o antigua carta náutica trazada solo a base de rumbos y distancias, sin estar sujeta a sistemas de proyección alguna.

Potera: Aparejo para la pesca de calamares, pulpos y sepias.

Pozo: Parte de la sentina de un barco o fondo de un bote donde se acumulan las aguas que puedan hacerse y donde se halla el chupador de la bomba de achique.
Compartimento o depósito que llevan algunos barcos para conservar vivos los peces. Lugar del fondo de mar, en las proximidades de bajos, en el que hay mucha profundidad.

Práctica: Ejercicio. *Practicas de mar.* Días de navegación que se deben de realizar para la obtención de algunos de los títulos náuticos.

Practicable: Es lo mismo que navegable cuando hace referencia a un río, paso o canal.

Practicaje: Ejercicio de la profesión práctico de puerto o de costa y también, derecho que pagan los barcos por la utilización de un práctico.

Práctico: Se trata de un hombre de mar, con grado importante en la Marina Mercante, buen conocedor del puerto y costa donde presta su servicio, que dirige los movimientos de los barcos en sus maniobras de entradas, salidas y de fondeo, atraque y desatraque, sin perjuicio de la responsabilidad del capitán, al que asesora, aunque sobre este punto existen reglamentaciones especiales.

Predictor de mareas: Aparato para el cálculo anticipado de las horas y alturas de las mareas.

Prensacabos: Mordaza empleada en las embarcaciones que sirve para aguantar un cabo, pudiendo cobrar o amollar con facilidad.

Prensaestopa: Mecanismo que tiene por objeto impedir el paso de fluidos a través de orificios por lo general en piezas fijas, atravesadas por otras móviles o también fijas.

Préstamo a la gruesa: Crédito sobre el barco o su cargamento que pide el capitán en caso de fuerza mayor cuando por encontrase alejado de él no puede atenderlo el armador.

Prioridad: Derecho al paso que tiene una embarcación sobre otra según el reglamento de abordajes o en su caso el reglamento de regatas.

Prismáticos: Instrumento óptico para ver objetos lejanos.

Proa: Parte delantera de un barco, comprendida entre la última cuaderna y el tajamar.

Proel: Es aquello que está más a proa del punto u objeto con que se compara, *obenque proel* de una tabla de jarcia.

Marinero que en los botes, lanchas, etc., boga el último remo de proa y maneja el bichero en las atracadas y desatracadas.

Profundidad: Distancia existente desde la superficie del mar, río, lago, etc. hasta el fondo de la misma.

Prolongador: Barra artificial que se pone al extremo de la caña del timón para que se pueda gobernar por fuera de la borda.

Propao: Barandilla colocada al píe de los palos de los barcos de vela para amarrar cabos y resguardo de la gente.

Propulsión: Acción de producir el traslado por el agua de una embarcación, venciendo la resistencia opuesta a su avance, lo cual puede realizarse aprovechando *el viento, por un remolque o a la sirga,* o por fuerzas desarrolladas en el interior del propio barco, como los motores de combustión interna.

Entre los órganos de propulsión figuran el remo, la vela, las ruedas de paletas, los propulsores helicoidales y cicloidales.

Los medios de propulsión pueden ser: Máquinas de vapor alternativas, motores de combustión interna, propulsión eléctrica, turbinas de gas, sistemas mixtos de motores diesel, etc.

Protesta: Comunicación del capitán de un barco mercante al juzgado en la que da cuenta de acaecimientos que pueden haber ocasionado daños al barco o a su carga.

En regatas de barcos, denuncia de una infracción de reglamento cometida por algún principiante.

Proyección: Las dos proyecciones empleadas en usos náuticos son la *mercatoriana* y la *gnomónica,* la primera para la navegación loxodrómica y la segunda para la ortodrómica.

Figura que resulta en una superficie de proyectar en ella todos los puntos de un sólido u otra figura.

Arrastre de gran cantidad de agua de la caldera mezclada

con el vapor, fenómeno que puede ser debido a ebulliciones tumultuosas o a un exceso de altura de nivel del agua de la caldera.

Proyectarse: Concurrir dos o más objetos en una misma enfilación.

Proyector: Aparato que emite una luz muy potente que se utiliza para hacer reconocimientos de otros barcos o de la costa.

Psicrómetro: Aparato destinado a medir la humedad atmosférica y el punto de rocío. Consta de dos termómetros, uno con bola seca y otro con bola húmeda.

Puerto: Lugar en la costa abrigado natural o artificialmente, en donde los barcos pueden permanecer seguros y efectuar operaciones. Se clasifican en comerciales, pesqueros, deportivos, de refugio y militares.

Puerto franco: Es aquel donde pueden descargarse y almacenarse toda clase de mercancías y que no pagan derechos de aduana.

Pujamen: Orilla inferior de una vela, contada desde el puño de amura hasta el de escota en las de cuchillo y en las cuadras, de puño a puño.

Pulpo común: *(Octopus vulgaris)*. El pulpo abunda en todas las costas, donde hace destrozos considerables. Ordinariamente mide de 30 a 60 centímetros, aunque puede pasar de 1 metro de longitud; en este caso el animal posee una fuerza considerable y es peligroso.

Sus 8 brazos llevan cada uno dos filas de ventosas, que le permiten pegarse a los brazos del pescador, lo que causa una sensación desagradable en extremo.

Para matar un pulpo no hay otro medio que volverle la bolsa. Esta bolsa es el saco que contiene algunas vísceras y que, al llenarse de agua y vaciar la presión, le sirve de órgano locomotor. Se coge el pulpo con la mano izquierda, y se mete el pulgar derecho en el fondo de la bolsa, y el dedo índice y el medio en los dos orificios que se encuentran en la base, y se gira bruscamente al revés, a la manera de un guante. Mientras se practica esta operación, hay que tener mucho cuidado de que el animal no se pegue al brazo por su parte central, ya que en el centro de los 8 brazos se halla la boca, provista de un pico de loro que puede provocar grandes mordeduras.

Púlpito: Barandilla metálica que llevan los veleros para proteger a la persona que realiza las maniobras de proa.

Puntal: Altura medida en el centro de la eslora del barco, desde la quilla hasta la cubierta. Cualquiera de los maderos o barras metálicas verticales que sostienen por los baos las cubiertas. Cualquiera de los maderos que en los diques o gradas sirven para aguantar derecho el barco que se encuentra en ellos.

Puntear: Ir orzando cuanto se pueda para aprovechar el viento, cuando este es escaso.

Punto: Lugar donde se halla o supone hallarse el barco por observaciones de los astros, estima, marcaciones a objetos conocidos o bien por un sistema radioeléctrico. En el primer caso se llama *punto observado,* en el segundo *punto de estima,* en el tercero, *punto marcado* y en el cuarto *punto determinado.* Con respecto a su colocación en la carta náutica se llama *punto de escuadra o de escuadría* el que sitúa por medio del rumbo y diferencia en latitud, *punto de longitud o punto fijo* el que determina mediante observaciones de longitud.

Punto de bigorra: Puntada redonda que se da al coser dos paños unidos por sus orillas.

Punto de espadas: Conjunto de puntadas largas que para zurcir provisionalmente un desgarrón en una vela se van pasando alternativamente con una aguja por debajo y por encima de las orillas o cantos de la tela en dicho desgarrón.

Punto de telar: El que se usa para las costuras, y consiste en coser la orilla de uno de los dos paños con el doblez del ancho de la costura que se ha hecho en el otro, repitiendo la misma operación por el reverso de la lona o paño.

Punto de vaina: El que se hace sobreponiendo una orilla a la otra, en la cantidad de ancho que ha de tener la costura, y cosiendo también por encima, picando siempre en el paño, y metiendo la aguja por debajo de la orilla.

Punto en zigzag: Punto de máquina en línea quebrada, muy usado en las velas.

Puño: Cualquiera de los puntos o picos de una vela y especialmente los dos inferiores en donde van las escotas y amuras de las velas bajas y los escotines de las gavias, juanetes, etc.

Puños altos: Los dos del grátil en las velas cuadras.

Puño de amura: Es el bajo que en las velas de cuchillo, se sujeta en la parte baja del stay, y en las velas Marconi en la coz de la botavara.

Puño de boca: Es el que va sujeto muy cerca de la boca de cangrejo, en las velas cangrejas.

Puño de escota: Es el de cualquier vela al que va sujeta la escota.

Puño de pena: Es el alto de las velas triangulares, al cual se afirma la driza, y en las trapezoidales, el alto de la baluma.

Puño de pico: Es el puño alto de las velas cangrejas que se afirma en la extremidad del pico.

Purga: Grifo o válvula mediante la que se realiza la operación de purga de un tanque, tubería, etc.

Purgar: Abrir un grifo o válvula que comunica el interior del cilindro con la atmósfera, para que se verifique la combustión en un motor de combustión interna.

Q

Q: Bandera del Código Internacional de Señales color amarillo, izada aisladamente significa: *Mi buque está sano y pido libre plática*.

Quebrado: Abertura o falta de continuidad que presenta un arrecife por la cual se puede pasar de una banda a otra.

Quebranta olas: Rompeolas. Boya pequeña unida a otra más grande, cuando el orinque de ésta no es bastante largo para llegar a la superficie del agua.

Cuando se refiere a un barco cualquiera, encorvarse o hacer arco la quilla hacia abajo, y cuando esto ocurre, presenta igual deformación de la línea de la orla, perdiendo la proa y la popa el arrufo que pudieran tener.

Quebranto: Curva que forman la quilla y el casco de un barco cuando se deforma, de tal forma, que quedan más bajos los extremos que el centro del mismo.

Queche: Embarcación de dos palos, el de mesana bastante a la popa. Antes izaba velas cangrejas en la mayor y mesana, además de un par de foques. Hoy lleva un tipo de aparejo con velas Marconi: Mayor, mesana, trinqueta, foques, etc. Un barco se clasifica como queche si tiene el palo de mesana más a proa que la extremidad popel de la línea de flotación. Si el palo de mesana está más a popa se clasifica como yol y de esta forma del palo es menor.

Originalmente el queche era un barco con aparejo de cruz. A finales del siglo XVII y comienzos del XVIII izaban una mayor y una gavia, y en el palo de mesana una vela cuadra y una latina. Mas tarde la mayor fue cambiada por cangreja, aunque continuaría usándose en los queches mercantes y pesqueros una gavia volante.

Quedada: Acción de quedarse la mar o el viento. Guarda relación con *caer*, *abonanzar*, *ceder, calmar,* etc. También se dice que un objeto u otra cosa se queda es cuando el barco lo deja por la popa y se aleja de él aumentando progresivamente la distancia.

Quedarse: Cuando se refiere al viento o la mar, es disminuir fuerza el viento y de volumen las olas.

Querer: Dícese del *barco o del viento no quieren una vela,* según el barco pueda o no llevarla, dada la fuerza del viento.

Quichemarina: Vela al tercio parecida a las usadas por los quechemarines y que con malos tiempos acostumbraban a largar los faluchos grandes.

Quijada: Cada uno de los lados entre los que se encuentra la cajera de un motón o cuadernal.

Cualquiera de las dos piezas laterales de que se compone la boca de un cangrejo.

Quilla: Primera pieza que se coloca al construir un barco. Según sea de madera o metálico consistirá en una gruesa viga rectangular o en la traca central del fondo del barco. Sobre la quilla se sientan las cuadernas y varengas del barco perpendicularmente a su longitud, siendo como su espina dorsal.

Quilla a perilla, de: Frase que significa la totalidad de un barco.

Quilla al sol. Poner la: Hacer tumbar un barco sobre uno de sus costados, hasta que por el lado opuesto se descubre la quilla por encima del agua, con el fin de limpiar fondos, carenarla, etc.

Quilla de balance: Estructura de sección triangular unida al pantoque en los dos tercios de la eslora del barco, con objeto de reducir la amplitud de los balances.

Quillote: Lastre externo del casco, de plomo o hierro fundido colocado en una quilla profunda.

Quimera: *(Chimaera monstruosa)*. Este pez, al que le encaja perfectamente su nombre latino, vive en las grandes profundidades. Es notable por las dimensiones de sus ojos, de sus aletas pectorales y por su cola filiforme.

No es muy frecuente en el Mediterráneo, pero es el lugar donde más se le captura. Sus huevas tienen gran fama gastronómica y pasan por tener ciertas virtudes afrodisíacas.

Quintalada: Tonelaje de una embarcación en quintales, como se hacia antiguamente en el Mediterráneo.

Quintante: Instrumento parecido al sextante, cuyo arco es la quinta parte de la circunferencia y se utiliza para medir ángulos de ciento cuarenta y cuatro grados.

Quisquilla y camarón: Pequeños crustáceos comunes en nuestras costas de muy buena fama gastronómica.

Quitavueltas: Grillete giratorio utilizado en las artes de pesca en el extremo más cercano del anzuelo o cordel, con objeto de que ni una ni otro se retuerzan sobre sí mismos.

R

R: Bandera del Código Internacional de Señales, de color rojo con cruz amarilla. Izada aisladamente significa: *No tengo arrancada*.

Raba: Cebo que se emplea para la pesca de la sardina *al caldeo* y se compone de huevas de bacalao.

Rabear: Movimiento que hace la popa de una embarcación al cambiar bruscamente el rumbo o iniciar una virada.

Rabera: Red que se coloca transversalmente a la costa, con el fin de cerrar el paso al atún y conducirlo al cuerpo principal de la almadraba. Según la dirección a que se dirija de la costa al cuerpo de la almadraba o de éste a mar a dentro, su nombre será de *tierra* o de *dentro*.

Rabiza: Cabo delgado, unido por una de sus extremidades a varios objetos, para sujetarlos o manejarlos en cualquier forma, como la de un motón, boya o campana.

Tejido que se hace al extremo de un cabo para que no se descolche.

Extremo de la caña de pescar de donde pende el cordel.

Rabo de rata: Rabiza en disminución que se hace con el chicote de un cabo con sus mismas filásticas peinadas, retorcidas dándole la forma parecida a un rabo de rata.

Rabos de gallo: Ramos de nubes blancas vistas en tiempos bonancibles.

Raca: Anillo grande de hierro que sirve para que alguna cosa sujeta a él pueda correr fácilmente por el palo o la percha a que deba estar unida, como en el caso de la verga de un bote con vela de tercio.

También reciben el nombre de raca cada uno de los garruchos de madera usados en envergar las velas cangrejas a sus palos.

Racha: Movimiento violento del aire y comúnmente de poca duración.

Racha. Arte de pesca: Se usa en el sur de España para la pesca de la lisa, el róbalo, el pajel, etc.

La racha es de forma rectangular, con altura y largura muy variable, y malla pequeña.

Este arte se cala de noche y al fondo.

Rachear: Ráfaga violenta del viento que es de corta duración.

Rachera: Arte de pesca usado generalmente en el sur de España, para la pesca del jurel.

Tiene forma rectangular, y mide de 80 a 100 metros de largo por 5 metros de lato y malla de 2 centímetros.

Racón: Baliza de radar que emite una señal al recibir una pulsación de radar.

Rada: Paraje en el mar, generalmente a muy poca distancia de la costa, en que pueden dar fondo las embarcaciones con resguardo de algunos vientos.

Rada abierta: Es aquella que está frente de una costa sin abrigo ni resguardo.

Radar: Sistema de radiolocalización por la reflexión de los objetos de ondas electromagnéticas, centimétricas o decimétricas, que se propagan de modo semejante a las luminosas.

Radarfaro: Aparato que se basa en la técnica del radar. Funciona por emisión de uno o varios impulsos breves de energía de radiofrecuencia al ser excitado por la recepción de una señal exterior.

Radio: Apócope de radiotelegrafia y radiotelefonía.

Radiobaliza: Baliza que está provista de un emisor radioeléctrico de baja potencia, que emite unas señales determinadas, que tienen un alcance de unas 10 millas y que se pueden sintonizar con los aparatos de abordo. Se puede identificar por su frecuencia de funcionamiento. Se utiliza para señalizar puntos peligrosos para la navegación.

Radiobaliza de localización de siniestros: Radioblaiza de socorro que se ponen en funcionamiento emitiendo una señal de emergencia en caso de naufragio. Esta señal es enviada vía satélite a una estación costera para que la remita al centro

de salvamento más cercano. Emite también otra señal que
ayuda a las fuerzas SAR a determinar la posición exacta de la
embarcación siniestrada. Es obligatoria para las embarcaciones
que naveguen en la zona 2.

Radiocompás: Aparato radiogoniométrico que señala
automáticamente el rumbo de una embarcación o
avión respecto al sentido de propagación de las ondas
electromagnéticas de un emisor.

Radiocomunicación: Emisión o recepción de signos, señales,
textos, imágenes, sonidos y cualquier clase de información por
medio de ondas hertzianas.

Radiodemora: Demora obtenida por una radiomarcación.

Radiofaro: Emisor que funciona como ayuda radioeléctrica a
la navegación marítima y aérea, permitiendo determinar la
demora del mismo respecto al buque o aeronave que recibe
sus señales.

Radiogoniometría: Proceso para determinar la situación de una
embarcación fundada en la propiedad que tienen las ondas
electromagnéticas de propagarse siguiendo la dirección de un
círculo máximo.

Radiogoniómetro: Receptor de gran sensibilidad que nos
permite hallar la dirección de un emisor, sea a bordo de una
embarcación o aeronave o en tierra.

Radiomarcación: Marcación obtenida por medio de un
radiogoniómetro.

Radionavegación: Conjunto de sistemas radioeléctricos con las
propiedades de propagación de las ondas electromagnéticas
que sirven al navegante para determinar la situación de la
embarcación.

Estos sistemas pueden ser *radiogoniométricos,* en
los que obtiene la situación por ángulos o demoras,

o *hiperbólicos,* basados en la diferencia de distancias entre el observador, barco o avión, y dos puntos fijos, que son las estaciones entierra. Estas estaciones emiten ondas que sirven para determinar la diferencia, el navegante sabe ya que se halla en la *hipérbola* constituida por todos los puntos cuya diferencia de distancias a las estaciones sea igual a la determinada. El corte con otra hipérbola correspondiente a un segundo par de estaciones, da la situación. Se han construido cartas especiales con las hipérbolas de las dos bases o pares de estaciones. Las diferencias entre las distancias se pueden determinar por dos sistemas: 1º por las diferencias en los tiempos empleados por las señales en llegar al receptor habiendo partido sincrónicamente de las dos emisoras. 2º Por las diferencias de fases con que los dos fenómenos armónicos alcanzan el receptor, después de salir exactamente en fase de las emisoras. El primer sistema es el empleado en el *loran* y el *Gee;* el segundo en el *Decca.*

Radiorreceptor: Aparato empleado en radiotelegrafía y radiotelefonía para recoger y transformar en señales o sonidos las ondas emitidas por el radiotransmisor.

Radiotelecomunicación: Comunicación radiotelegráfica o radiotelefónica.

Radiotelefonía: Sistema de radiocomunicación que permite conversaciones, envío de mensajes hablados o de otros sonidos.

Radiotelegrafía: Sistema de radiocomunicación para transmitir mensajes por medio de un código de señales.

Ramalazo: Viento fuerte y de poca duración.

Rall: Arte de pesca con forma de paraguas con malla muy tupida que se emplea por lo general en el sur, Levante y Baleares. Se utiliza para la pesca de la lisa.

Esta compuesto de muchos plomos con el fin de que baje rápido y bolinas para cerrarlo.

En el Cantábrico este arte lo llaman *esparavel*.

Rampa: Pendiente suave que en algunos muelles baja y entra en el agua facilitando el embarco y desembarco.

Raña: Arte de pesca hecha especial para jibias y pulpos que se compone de una cruz de madera llena de garfio y lastrada con pesos o bien toda de hierro sin lastrar.

Raño. Pez: Es una variedad de escórpora, de un bonito color rojo. Alcanza una talla superior a la escórpora común. Su captura se realiza con redes de arrastre y palangres.

Rape: *(Lophius piscatorus)*. Curioso pez, de una gran cabeza, que el nombre científico lo recibe por su modo de pescar sus presas ya que lo hace pescando con su propia *liña*. Se entierra en el fondo entre el fango y la arena, dejando fuera solamente los ojos y un largo apéndice provisto de un engaño, que mueve constantemente por delante de su boca y, arrastrado por la corriente que forma, los peces es comido de una sola vez.

Los rapes alcanzan dimensiones muy considerables, llegando hasta los 2 metros largos.

Solamente se utiliza la cola para cocinar, su enorme cabeza, solo sirve para hacer caldo.

Es muy común en el Mediterráneo y se captura con redes de arrastre.

Además de rape, recibe el nombre de sapo.

Rascacio: *(Scorpena porcus)*. Su pesca se realiza con trasmallo, que se cala, generalmente en verano, muy cerca de la costa, donde los rascacios vienen a desovar. También se pescan con redes de arrastre.

Se tendrá especial cuidado al cogerlos, pues su picadura al estar sus espinas bañadas de una mucosidad tóxica pueden causar muchas molestias.

Raspallón: *(Diplodus annularis).* Espárido muy similar al sargo, con una mancha negra muy poco pronunciada, en la parte superior de la raíz de la cola.

Rating: Voz inglesa empleada para designar el arqueo de regata que se calcula para cada embarcación que guarda relación con sus medidas.

Rayas: Son peces planos, que componen numerosas especies.

Raz de marea: Expresión formada del bretón francés, conocida internacionalmente para designar el levantamiento potente repentino, de las aguas de marea a su paso por un canal angosto.

Real, Viento: Cuando se refiere a su dirección es la verdadera de donde sopla, y *viento aparente* es el que indican las bandearas o el que sentimos en el rostro cuando la embarcación navega.

Reaseguro: Contrato de seguro por el cual un asegurador toma a su cargo todo o una parte del riesgo ya cubierto por otro asegurador.

Rebasar: Pasar navegando por delante de un cabo, escollo, barco, puerto etc.

Reboque: Cambio producido por el viento que sopla por encima de una tierra alta.

Recalar: Llegar una embarcación a la vista de un cabo u otro punto de tierra, y a la distancia proporcionada, para reconocerlo y marcarlo con seguridad.

Recalmón: Disminución repentina, considerable y más menos duradera de la fuerza del viento y en cuanto es posible de la mar.
Llegar el viento o la mar al punto en que se halla el barco o cualquier otro lugar determinado.

Receptor de la carga: Persona o entidad a la cual va destinada la carga. El Código de Comercio la llama Consignatario.

Recodo: Vuelta que forma una costa o un río.

Reconocimiento: Inspección de todo o parte de una embarcación así como de las instalaciones para comprobar su estado y si es necesario o no su cambio o reparación.

En un sentido naval, es la acción de ponerse en contacto con el enemigo para observar la cuantía de sus fuerzas.

Recostarse: Se dice cuando un barco se tumba por efecto de la carga o de la mar.

Recta de altura: Lugar geométrico deducido astronómicamente, de las posiciones de la embarcación o aeronave.

Rectificar: En acepción común se usa en las frases *rectificar el sextante, rectificar el arrumbamiento de una costa o la situación de alguno de los puntos, rectificar una marcación, etc.*

Reducir trapo: Rizar, colocar velas más pequeñas o ambas cosas a la vez.

Reflector de radar: Tetraedro recto de caras equiláteras o rombos montados en ángulo recto, de cualquier clase de metal, para reflejar la onda radar.

Reflujo: Descenso de la marea. Durante el reflujo, y en las grandes mareas, se dé la posibilidad de coger grandes capturas en las playas.

Refrescar: Refiriéndose al viento, es aumentar éste en intensidad.

Refugio: Puerto, bahía, etc. protegida del mar, del viento y en general de las condiciones meteorológicas que sirven de resguardo y abrigo a las embarcaciones que estén en dificultades.

En su acepción común, dícese del que ofrece una costa, bahía, puerto, etc.

Regala: Tablón que cubre las cabezas o extremos de los reveses de las ligazones y forma la parte superior de la borda.

Regata: Competición deportiva entre embarcaciones que compiten de acuerdo con unos reglamentos.

Registro: Acto de registrar.

Acción y efecto de registrar géneros en la Aduana.

Libro que en las embarcaciones mercantes contenía todas las partidas de su cargamento.

Historial de los buques de su matrícula, etc.

En las embarcaciones de madera, cualquiera de los varios claros que se dejan de popa a proa entre los tablones de forro de bodega desde la cabeza de los planes para arriba, y que se cubren con listones levadizos, para reconocer las cuadernas cuando conviene.

Abertura hecha en los tablones del fondo o costados de un barco para reconocer el estado en que se hallan las ligazones.

Registro de buques: Negociado de las comandancias de marina en donde constan los datos y el historial de los barcos de su matrícula.

Relinga: Cabo que cosido a las orillas de las velas sirve para reforzarlas. Toma el nombre de la orilla correspondiente, como *relinga de gratil, del pujamen, de la caída, etc.*

Relingar: Operación de izar una vela hasta que sus relingas de caída queden muy tirantes.

Tratándose de cómo las velas reciben el viento, es lo mismo que flamear.

Escasear el viento hasta hacer tremolar las velas, o buscar la relinga de barlovento. También se entiende por orzar hasta que flameen las velas.

Reloj de bitácora: El que existe en el puente o caseta de derrota, por el que se rigen las guardias y servicios de abordo.

Remar: Bogar, manejar el remo, trabajar con él para que una embarcación se traslade por el agua de un punto a otro.

Remo: Instrumento de madera de un largo proporcionado que por un extremo termina en forma de pala larga y estrecha, que sirve para impulsar las embarcaciones haciendo fuerza en el agua.

Remol: *(Rombus loevis)*. Uno de los mejores pleuronéctidos; es casi tan grande como el rodaballo y de la misma exquisitez. Se captura con redes de arrastre y con jábega. Es un pez del mar del norte.

Remolcador: Embarcación especialmente dispuesta y con potencia de máquina suficiente para poder remolcar a otros barcos...

Remolcar: Llevar un buque u otra cosa sobre el agua tirando de ella por medio de un cabo o cable.

Remontar: Bordear con objeto de ganar distancia a barlovento. Aumentar en latitud.

Repuesto: Aprovisionamiento que se hace de víveres, pertrechos, herramientas, etc.

Repuntar: Se dice cuándo comienza la marea ascendente o descendente.

Resaca: Movimiento de retroceso o reflujo de las olas del mar después de haber chocado contra la costa, una escollera u otro obstáculo, así como también por roce de las olas con el fondo.

Resguardo: Distancia prudencial que toma una embarcación al pasar cerca de un bajo u otro punto peligroso, acción que se expresa con la frase de *dar resguardo o hacer resguardo*.

Respaldar: Sostener la corriente al buque en su deriva y llevarlo hacia barlovento.

Respeto: Denominación que se da al repuesto de efectos de maniobra, máquinas, etc.

Respiradero: Lumbrera.

Abertura por donde entra y sale el aire por sí mismo.

Respirador de superficie: Tubo metálico o de otro material ligero que permite la respiración manteniendo la cabeza bajo el agua; uno de sus extremos va provisto de una boquilla que se introduce en la boca de la que lo utiliza y el extremo que va fuera del agua lleva un tapón boya que impide la entrada tanto de aire como de agua.

Restinga: Punta o lengua de arena o piedra debajo del agua y con poco fondo que sale del mar a fuera.

Restringido por su calado: Buque restringido por su calado.

Retenida: En general todo cabo o aparejo y a veces palo, que sirve para contener la caída, resbalón o roce y el balance u oscilación de cualquier cosa.

Retroceso de la hélice: Diferencia existente entre la velocidad teórica y la velocidad real de avance de una hélice.

Reverar: Dícese cuando la corriente remueve a una embarcación encallada en arena o fango en que está sentada, por cuyo medio sale de la varadura.

Revesa: Porción de agua que se mueve en distinto sentido que el curso de la marea o de la corriente principal.

Revestimiento: Forro exterior del casco y la acción de colocarlo.

Revirar: Dar vuelta a una cosa o hacerla girar en redondo sobre un eje horizontal imaginario.

Rezón: Ancla pequeña de cuatro uñas y sin cepo, propia de embarcaciones menores.

Rezón, Vuelta: Se hace dando dos vueltas redondas con el chicote del cabo alrededor de la verga, gancho o palo, y enseguida un cote alrededor del firme; también se puede hacer mordiendo el chicote con las vueltas redondas.

Ría: Brazo de mar, embocadura de río o canal.

Ribereño: Se dice de aquel que habita en alguna ribera y del lugar o cosa cercana a un río.

Riesgo de abordaje: Cada buque hará uso de todos los medios de que disponga a bordo y que sean apropiados a las circunstancias y condiciones del momento, para determinar si existe riesgo de abordaje. En caso de abrigarse alguna duda, se considerará que el riesgo existe.

Rinconada: Ensenada pequeña dentro de un puerto o bahía y que esté alejada de la boca.

Rizada: Estado de la mar correspondiente al grado 1 de la escala de Douglas, con altura de las olas de 0,25 metros que son producidas por las ventolinas o viento fresquito de 1 a 6 nudos de intensidad...

Rizo: Trozo de cabo delgado, hecho a propósito, que pasado por ollaos en las velas, sirve como de tomador para aferrar una parte de éstas y de envergue para las restantes, disminuyendo así su superficie y que pueda resistir la fuerza del viento, maniobra que se expresa con la frase de tomar rizos, y su contraria es la de largarlos.

Rizo bajo: Es el próximo a la relinga de pujamen de una vela Marconi y que se usa para aplanarla.

Rizo chico: La más alta de las fajas de rizos de una vela Marconi o cangreja que se usa para reducir al máximo su superficie.

Rizos, Tomar: Disminuir lo máximo la superficie de la vela plegando parte de ella y sujetando con rizos lo plegado.

Roción: Salpicadura copiosa o violenta de las aguas del mar que se produce, al chocar las olas contra un obstáculo cualquiera, como las amuras o costados del barco.

Roda: Pieza, la más saliente de la proa del barco, para darle forma en esta extremidad.

Rodaballo: *(Rhombus maximus).* Es el mayor y de mejor calidad de los pleuronéctidos que frecuenta nuestras costas.

Como todos los pleuronéctidos, cuando es joven tiene la posición vertical, con un ojo a cada lado de la cabeza. Más tarde, el ojo derecho va remontando y sube hasta ponerse ceca el ojo izquierdo, y el pez se acuesta sobre su lado derecho. Alcanza un gran mimetismo. Los rodaballos alcanzan tallas de unos 80 centímetros de longitud y hasta 20 kilos de peso.

El rodaballo mediano, que oscila entre l y 2,5 kilos es el que se acerca a la costa y los aparejos que se utilizan para pescarlos son el palangre y redes de arrastre.

Es muy común en el Mediterráneo.

Rol: Libro oficial en el que se hace constar la tripulación del barco, características de este, cambios de nombre, propiedad, matrícula, lista y sucesivas entregas a los capitanes que asuman el mando.

Rolar: Ir el viento variando constantemente de dirección. Dícese también *declinar, rondar, girar y rotar* y equivale o guarda relación con *rendir, cambiar, saltar* y en sus casos con *alargarse o escasearse.*

Roldana: Rueda de madera, metal u otros materiales, sobre cuya periferia gira el cabo de los cuadernales o motones y en cualquier otra cajera destinada al laboreo de un cabo.

Rombo, A parejo: Recibe este nombre el usado por algunos yates en los cuales los obenquillos van de los topes de los palos a los penoles de cruceta alta, volviendo luego a afirmarse en el palo a la altura, más o me nos, de la cruceta baja, adoptando una forma romboidal.

Rompehielos: Se trata del espolón que llevan algunos barcos para abrirse paso a través de los hielos y también el propio barco cuando está preparado expresamente para ello.

Rompeolas: Muro que tiene por objeto producir la rotura de la ola, anulando de este modo la fuerza de la misma.

Rompiente: Bajo, arrecife o costa donde cortado el curso de las olas, rompe y se levanta la mar.

Roncar: Dícese cuando la mar y el viento hacen ruido bronco y sordo.

Roncador: *(Pomadasis incisus).* Pez que vive en las costas de Marruecos, Canarias y Sahara. Tiene una talla de unos 30 centímetros. Produce en el agua un ronquido especial al que debe su nombre. Vive en los fondos rocosos del litoral y su pesca se hace con caña, jábega, trasmallo y boliche.

Ronza, A la: Ir la embarcación de través, tener mucho abatimiento, navegar de costado, etc.

Roqueño: Se dice del lugar que está lleno de rocas.

Rosa de los vientos: Círculo dividido en 32 partes iguales por radios llamados *rumbos o vientos*. Es el círculo representativo del horizonte y se emplea en las agujas y cartas náuticas.

Rosca, En: Estado del barco acabado de construir o sea, considerado solo su casco, máquinas y calderas, sin palos, jarcias, combustibles y efectos de consumo.

Rueca: Sujeción que se da a un palo o verga, rendida, rodeándolo por el punto de la rendidura mediante unas cuantas tablas que se clavan y aseguran con muchas vueltas de cabo bien apretadas.

Rueda: En acepción común se dice de la empleada en hacer girar el timón hacia una u otra banda.

Rueda de timón: Rueda de tamaño generalmente grande, metálica o de madera, que se emplea para mover la pala del timón. En las embarcaciones grandes la rueda sustituye a la caña.

Rugientes, los cuarenta: Entre los 40º y los 50º sur, donde los vientos dan la vuelta a la tierra sin encontrar ningún obstáculo.

Rugir: Cuando hace referencia al viento o a la mar, es lo mismo que *bramar*.

Rumbo: Ángulo formado por la dirección de la proa de un barco con el meridiano, que recibe los nombres de *rumbo verdadero, magnético o de aguja,* según el meridiano de estos a que se halle referido. La representación gráfica de los rumbos la constituye la rosa de los vientos círculo dividido en cierto número de ángulos iguales. Los rumbos cardinales son norte, sur, este y oeste. Cada cuadrante se divide en dos partes iguales y de ahí los ocho rumbos *colaterales u octantales.* El arco de 45° entre cada punto cardinal y cuadrantal se divide en dos partes iguales y de ahí los ocho rumbos *colaterales* u *octantales.* Y de nuevo cada uno de estos rumbos interiores de 22,5° se divide en dos partes y resultan las cuartas. Y esta es la tradicional rosa de los vientos dividida en 32 rumbos o cuartas.

Rumbo circular: El rumbo es de 0 a 360° en grados circulares o sexagesimales.

Rumbo cuadrantal: Es aquel expresado en uno de los cuatro cuadrantes que van de 0 a 90° desde el norte hacia el este y el oeste, y desde el sur hacia el este y el oeste.

Rumbo de aguja: Es el que se mide tomando como referencia el rumbo de aguja o el que va llevando el timonel.

Rumbo de carta: Es aquel que se marca en la carta y que es el rumbo verdadero si no hay viento o corriente que nos desvíe. Se llama rumbo de superficie si hay viento y rumbo efectivo si hay corriente o viento y corriente.

Rumbo de la corriente: Es aquel que marca la dirección de una corriente.

Rumbo de superficie: Es el rumbo directo que se traza en la carta cuando hay viento.

Rumbo efectivo: Es el rumbo directo trazado en una carta cuando existe una corriente de rumbo e intensidad conocidos.

Rumbo magnético: Es el que toma el norte magnético.

Rumbo verdadero: Es el rumbo que se traza en la carta cuando no hay ni viento ni corriente.

Ruta: Derrota.

S

S: Bandera del Código Internacional de Señales de color blanco con rectángulo azul en el centro. Izada aisladamente significa: *Mis máquinas van a tras a toda fuerza.*

Abreviatura del rumbo y el viento del sur.

Sabalar: Arte de pesca rectangular que se emplea en Sevilla, en el río Guadalquivir, para la pesca del sábalo.

La pesca de estos peces, así como en el de la sabaga, se emplean muchos pescadores de Sevilla, Coria del Río, Trebujena, Alcalá del Río, Lebrija y Coria del Río.

Sabalera: Arte de pesca empleado en el río Guadalete, del Puerto de Santa María para la pesca del sábalo.

La sabalera es un arte de arrastre parecido a la jábega.

Sábalo: *(Clupea alosa).* Pez que vive en el mar, pero cuando llega la época del desove remonta los ríos, donde hace la puesta. Este pez pertenece a la familia de los Clupeidos. La buena calidad de su carne y las dimensiones de su talla hace que sea muy buscado por los buenos catadores; de aquí que sea tan perseguido en el instante que remonta los cauces fluviales.

Su pesca se realiza con arte de arrastre llamado *alferife,* artes

de deriva y esparavel, así como artes fijas que cierran pequeños espacios del río. Pero el pescador deportivo puede pescar el sábalo al lanzado con cucharilla brillante; el pez ofrece una defensa muy violenta y prolongada...
La nomenclatura moderna le asigna el nombre científico de *alosa alosa*...
En España recibe los siguientes nombres: en Santander se llama *arencón;* en Pedreña *pez-sable,* y en San Sebastián, *coyaca.*

Saboga: *(Clupea finta o alosa finta, según los autores).* Es una especie más pequeña que el sábalo, y su carne menos sabrosa. No obstante, al remontar los ríos va a menudo en grandes bandadas y es objeto de una pesca activa. Los procedimientos de pesca son los mismos que el sábalo, pero con las redes más pequeñas.

Sable: Pieza de madera o plástico de forma, rectangular, que es introducido en fundas en la baluma de las velas Marconi y cangreja de los veleros y que sirven para aguantar el alunamiento.

Sacada: Arte de cerco y arrastre que se emplea en el río Miño, para la pesca del múgil la solla y el salmón.

Saco: Ensenada o bahía de boca muy estrecha.
Nombre que recibe una vela después de unir todos los paños y antes de hacer todas las vainas, coser relingas, etc.
Nombre que recibe el copo del arte de pesca en atención a su forma.

Sacudida: Es la que da un palo en una cabezada o balance violento, también se dice *latigazo.*

Safina: Red que forma el fondo de copo en una almadraba de buche. Según el tipo de malla que lleve se dice: safina clara o espesa.

Sagaria: Parte de que consta la red de bou, que se pone entre la manga y la corona. Su malla es muy espesa.

Sal. Peligro de la: La sal, si bien tiene la ventaja de conservar el pescado, presenta el gran inconveniente de destruir por oxidación a la mayor parte de los metales.

Es conveniente lavar con agua dulce todos los metales tocados por el agua de mar para poder protegerlos y que tengan más duración.

Sala de gálibos: Departamento del astillero donde se trazan las plantillas de las piezas del barco que se va a construir.

Salabre: Manga de red montada en un arco con mango.

Se emplea para extraer la pesca de las redes grandes o directamente del agua.

Salar: Curar con sal para conservar, las carnes y los pescados.

Saliente: Se dice de la punta, cabo, arrecife etc. que sale notablemente de la costa.

Salina: Lugar donde a través de las aguas del mar, se extrae la sal.

Salinidad. Del agua: Cantidades de sales, medida en gramos, que tiene el agua por litro.

El grado de salinidad del agua tiene mucha influencia en la migración de los peces. En efecto, el grado de salinidad, unido a la temperatura, condiciona el desarrollo del plancton. Ahora bien, la persecución del plancton (migración trófica) es una de las causas del desplazamiento de los peces.

La salinidad media del Mediterráneo se establece alrededor de los 40 gramos por litro.

Salinómetro: Aparato que se emplea en medir el grado de concentración de sales disueltas en el agua.

Salir: Alejarse una embarcación de un puerto u otro lugar,

También tiene el significado de *andar, salir a navegar, etc.*

Refiriéndose a la marea es que esté esta en el reflujo.

Salmón: *(Salmo salar)*. Es el mayor de los Salmónidos, es universalmente conocido. Es considerado por muchos, equivocadamente, por un pez de agua dulce, por realizarse su pesca en aguas dulces, siendo un pez marino que vive en las grandes profundidades y solo es posible pescarlo con redes de arrastre en el océano.

Se han obtenido grandes ejemplares fondeando liñas a profundidades de 500 metros.

No existe en el Mediterráneo.

Los salmones nacen en los ríos de aguas frías, corrientes y puras durante los meses de noviembre a enero. Cuando han cumplido de un año a dos alcanzan una longitud de unos veinte centímetros. Entonces es cuando descienden del río al mar, encontrando en sus aguas tal cantidad de alimento que al año pueden tener medio metro de longitud y a los dos 80 centímetros, siendo a los tres años cuando alcanzan una longitud de 120 centímetros. Cuando sexualmente están maduras es cuando vuelven al río a reproducirse, teniendo lugar la llegada a los cauces fluviales de enero a junio.

Salmonera: Arte de enmalle usado en la pesca de los salmones en los ríos del norte de España.

Salmónidos: Familia de peces que se caracteriza por la presencia, entre la dorsal y la anal, de una aleta adiposa. A esta familia pertenecen: el salmón la trucha y el aperlán. En el Mediterráneo el pez-plata o bocón.

El pez plata recibe el nombre de sula de altura en, en Santander; chaclet, en Valencia y polidó en Baleares.

Salobre: Se dice del agua que tiene una mezcla de agua marina y dulce que se encuentra en las lagunas litorales.

Saltar: Cambio repentino del viento al soplar de otra dirección.

Saludar: Hacer las señales establecidas por las normas de cortesía naval.

Salvamento: Maniobra efectuada por una embarcación con objeto de ayudar a otra o a un náufrago que se encuentre en peligro.

Salvar: Librar un peligro, poner a salvo o en seguro.

Salvavidas, Chaleco: Chaleco salvavidas. Prenda de lona u otro tejido sin mangas, con una serie de placas de corcho, material sintético flotante o bolsas de capoc (miraguano) que puede mantener a flote una persona.

Sama de pluma: *(Dentex filosus)*. Pez de la familia de los Espáridos muy parecido al dentón. Se encuentra en el sur de España, hasta las costas del Sahara.

Sándwich: Voz inglesa con la que se conoce un sistema de estructura generalizado ahora en la construcción de embarcaciones de plástico expandido.

Sangrar: Cuando se refiere a la brisa, volver a refrescar ésta con pequeños aguaceros que suceden a la caída o calma de su intensidad.

Sardina: *(Clupea pilchardus)*. La sardina es la reina del pez azul. Desde el punto de vista económico es el pez más importante del Mediterráneo.

Su cuerpo es de forma ovalada, sus escamas son muy gruesas. El dorso y el costado son de color azul verdoso y el vientre son plateados.

Forma grandes bancos y realiza grandes migraciones... En la época de reproducción que va de noviembre a marzo, emigra a aguas más profundas y se alimenta muy poco. En la primavera los adultos se acercan a las costas buscando alimentarse. En esta época es cuando se realiza las mayores pesqueras.

Son peces filtradores, se alimentan de plancton. Por la noche suben a al superficie para poder alimentarse, momento que aprovechan los pescadores de luces para capturarlas.

Se les puede encontrar hasta 150 metros de fondo.

Este pez mide unos 25 centímetros de largo.

Se les puede encontrar: en el Mediterráneo, mar Negro, mar del Norte, y Atlántico.

Sardinal: Arte de deriva formado por redes que se colocan en posición vertical entre dos agua, con el fin de que se enmallen las sardinas.

Sargo: *(Sargus sargus).* Espárido, de cuerpo alto, con una banda negra en la base de la cola, y con franjas horizontales de tono más oscuro que el resto del cuerpo.

El Sargo *(sargus rondaletti),* blanco es la especie mediterránea, aunque también se encuentra en el golfo de Vizcaya, en su parte sur. Se alimenta de moluscos; como la dorada, tiene una boca provista de una potente dentadura, con la que corta fácilmente las liñas.

Su pesca se realiza con las liñas cebadas con gusano o con moluscos.

Cuatro especies son comunes en el Mediterráneo:

El pequeño sargo llamado *respallón (esparrall y vidriada* en Cataluña y Baleares). No sobrepasa los 20 centímetros y sus características son una mancha negra en la base de la cola. También se encuentran el sargo común, que alcanza unos 30 centímetros que tiene un color gris oscuro plateado. El sargo picudo que tiene los dientes incisivos mucho más salidos hacia delante y el sargo blanco, que alcanza la mayor talla unos 35 centímetros. Está caracterizado por sus dientes derechos y muy semejantes e incisivos humanos. Todos estos peces se les pescan con el mismo cebo, gusano y crustáceos y se pescan especialmente en los rompientes.

SAR: "Search And Rescue" (Búsqueda y Salvamento). Siglas también del Servicio Aéreo de Rescate. Todo ello forma parte del Convenio de Hamburgo.

SE: Abreviatura del viento y rumbo del sudeste, sureste o sueste.

Sebo: Grasa animal usada para untar la cavidad del extremo inferior del escandallo para poder tomar muestras del fondo marino.

Secante de altura: Recta que sustituye, en el cálculo de la situación astronómica, a la curva de altura, con un error admisible.

Sección: Dibujo del perfil o figura resultante de cortar una máquina, una barca, etc. por un plano.

Sección horizontal: Corte del barco correspondiente a un plano paralelo a la quilla.

Sección longitudinal: Es la que resulta de cortar un casco por un plano vertical que pasa por el eje de la quilla, de la roda y del codaste.

Sección transversal: Plano vertical que corta el barco en el sentido de su manga máxima.

Sección maestra: Es la transversal de la que resulta el gálibo de la cuaderna maestra.

Seca: Nombre con que se conoce la *verga seca que es la que se cruza en el* palo de mesana con objeto de cazar en ella la sobremesana.

Seco: Se dice del palo o verga que no tiene envergadura o no lleva mareada vela alguna.

Parte de playa que cubre la mar en las grandes mareas o fuertes temporales y que después queda en seco.

Seco, En: Se dice cuando la embarcación está varada totalmente descubierta por falta de agua. También se dice del barco que se encuentra en dique.

Sector atenuado: Sector de una luz o faro que se ve más tenue.

Sector de oscuridad: En un faro es el arco del horizonte en el que no es visible su luz.

Sector de visibilidad: En un faro es el arco del horizonte que es visible su luz. Se utiliza sus luces para señalizar posibles peligros como; bajos naturales naufragios, etc.

Sector del timón: Pieza de hierro o de acero de sector circular de 90º, montada sobre la cabeza del timón en vez de la caña, en los buques de algún porte y al cual por medio de los guardines se les imprime el giro conveniente para orientar el timón en el sentido deseado.

Sedal: Hilo de pesca fabricado en la actualidad con fibra sintética.

Sellado: Se dice de la situación de los efectos precintados por la aduana durante la estancia en puerto.

Sellar: Marcar o poner una se&ntil de;al entre los cordones de un cabo de labor, para poder saber cuando está halado o arriado lo suficiente, según la maniobra a ejecutar.

Semáforo: Telégrafo de banderas o luminoso que se sitúa en un lugar bien visible de la costa para establecer comunicación con los barcos.

Semicircular: Se dice del desvío de la aguja náutica, siendo positivo en un semicírculo y negativo en el otro con dos puntos neutros opuestos de desvío nulo en las proximidades del rumbo de la grada de construcción.

Semidiámetro: Se trata del ángulo bajo del cual un observador ve el radio de un astro. Se consideran estas clases: *Semidiámetro aparente, geocéntrico, horizontal y en altura*.

Semiduplex: Modo de explotación que permite transmitir en uno u otro sentido de un canal de comunicaciones.

Seno: Es la curvatura del cabo entre los extremos.

Sensibilidad: Dícese de la calidad de una aguja náutica para acusar los menores giros del barco y con la estabilidad, son las dos condiciones esenciales.

Seno de un cabo: Es la parte del cabo entre el chicote y el firme.

Sentina: En los barcos de madera parte inferior donde se depositan las aguas filtradas por los costados y cubiertas, también ocurre igual en los barcos metálicos y de plástico.

Señal: Código Internacional de Señales. El de banderas adoptado por la mayoría de países marítimos.

La señal que hacen las embarcaciones entre sí y con tierra se clasifican en dos grupos principales: *Señales visuales y señales acústicas, y señales radiotelegráficas y radiotelefónicas.*

Señal de adelantamiento por babor: Cuando dos buques se encuentran a la vista el uno del otro en un canal angosto, el buque que pretende alcanzar al otro por su banda de babor, deberá indicar su atención haciendo dos pitadas largas seguidas de dos cortas.

Señal de adelantamiento por estribor: Cuando dos buques se encuentran uno a la vista de otro en un canal angosto, el buque que pretende alcanzar al otro por su banda de estribor, deberá indicar su atención haciendo dos pitadas largas seguidas de una corta.

Señal de atención o duda: Cuando varios buques a la vista unos de otros se aproximen, y por cualquier circunstancia alguno de ellos no entiende las acciones o intenciones del otro o tenga dudas de que el otro está efectuando la maniobra adecuada para evitar el abordaje, el buque en duda indicará inmediatamente esa duda emitiendo cinco pitadas cortas y rápidas. Esta señal se podrá completar con una señal luminosa de un mínimo de cinco destellos cortos y rápidos.

Señal de conformidad al adelantamiento: Cuando dos buques se encuentren en un canal o paso angosto a la vista uno del otro, el buque que va a ser alcanzado indicará su conformidad haciendo una señal con el pito consistente en una pitada larga, una corta, una larga y una corta.

Señal de visión obstruida: Los buques que se aproximen a un recodo o paso a un canal en donde, por estar obstruida la visión, no puedan ver a otros buques, harán sonar una pitada larga. Esta señal será contestada con otra pitada larga por cualquier buque que se aproxime, que pueda estar dentro del alcance acústico al otro lado del recodo.

Señal fumígena: Se trata de una señal visual que se hace con humo. El reglamento Internacional de Abordajes en su anexo IV, cita una señal fumígena que indica peligro y necesidad de ayuda, consistente en una señal de humo que produzca una densa humareda de color naranja.

Señales acústicas: Son aquellas hechas por medio de sirena, bocina de niebla, silbato, etc.

Señales de maniobra: Son las que se emiten con un pito por un buque a la vista de otro, para indicar: *caigo a estribor* hará una pitada corta; *caigo a babor* hará dos pitadas cortas; *estoy dando atrás* hará tres pitadas cortas.

Señales de pirotecnia: Son las que se hacen con cohetes, bengalas etc.

Señales de temporal: Son aquellas reconocidas internacionalmente que están indicadas para izar en los semáforos de puertos con el fin de tener informados a los navegantes de la existencia de un temporal y de la naturaleza del mismo.

Señales fónicas: Son aquellas que se utilizan en tiempo de niebla o con visibilidad muy reducida, también existen las de maniobras que son hechas a la vista de otros buques. Los buques de propulsión mecánica utilizan la sirena y los veleros con aparatos de aire comprimido.

Señales para llamar la atención: Cualquier buque, que necesite llamar la atención a otro, podrá hacer señales luminosas o acústicas que no puedan confundir con ninguna de las señales autorizadas en cualquier otra de las reglas indicadas en el Reglamento Internacional de Abordajes.

Señales visuales: Son las que se hacen por cualquier procedimiento de comunicación, cuya transmisión pueda ser captada visualmente.

Señales visuales de temporal y puerto: Se hacen de distintas formas, con los semáforos del puerto, por medio de banderas luces, objetos en forma de conos, cilindros y esferas. Son utilizables en todo tiempo, pudiendo ser de auxilio de navegación y de maniobra.

Sepia: *(Sepia officionalis)*. Molusco cefalópodo decápodo. Tiene, como el pulpo, ocho brazos armados de ventosas, y otros dos, más largos, que puede proyectar lejos para captuarar el alimento. Estos dos brazos, a diferencia de los otros, son delgados, y solo tienen ventosas en una zona más ancha en su extremo.

La sepia nada de dos formas: hacia delante, mediante su aleta (especie de repliegue de la piel que forma un reborde), con un nadar muy lento; hacia atrás, proyectando con violencia un chorro de agua, que actúa por reacción y la hace retroceder rápidamente. Cuando se sabe perseguida, proyecta un líquido negruzco, que se esparce por el agua, despistando a su adversario.

La sepia es comestible y cuando es mejor es cuando es de

pequeña talla. Se llama entonces choquito.

La sepia adulta tiene numerosos nombres. Jibia, chopo, choco, cachón, etc.

La sepia es un cebo muy bueno. Cuando es grande, se le corta en trozos para cebar las líneas de congrio, raya, corvina grande, etc. Si es una sepia pequeña, sus trozos se emplean para pescar los Espáridos, la baila y muchas clases de peces. Si se puede guardar viva, puede servir para pescar una corvina que le atrae machismo.

La sepia tiene la propiedad, como el pulpo, de cambiar de color. Bajo la influencia de sus reflejos nerviosos, miedo, mimetismo, los cromatóforos entran en acción, y la sepia puede pasar por toda la gama de tintes.

La sepia no tiene pesca especial, Se pesca con arte de red junto con otros peces.

Es muy común en el Mediterráneo. Sele pesca además de con arte de red, con potera.

También se le puede capturar arrastrando una liña con una sepia hembra desde una embarcación durante la época de puesta, mes de marzo, Los machos acuden a ella y son capturados.

Sepiera: Trasmallo tupido que se emplean en las costas de Levante español en la captura de sipias.

Serpentear: Se dice de la costa que a distancias cortas forma varias entradas y salidas.

Serrano imperial: *(Paracentropristis atricauda).* Es una especie parecida al serrano, pero más bonita y de mayor talla. Abunda en las costas de Marruecos y Canarias.

Serranos: Serránidos de pequeña talla, de aproximadamente 30 centímetros, que poseen la particularidad de ser *Hermafroditas*. Hay tres especies que frecuentan nuestras costas:

La cabrilla, La vaca serrana y el serrano.

Tan solo uno de estos se encuentra en el Atlántico: la cabrilla; los dos restantes son exclusivos del Mediterráneo.

No tiene pesca particular; se prende a la línea como otros peces de fondo.

La especie más abundante es la cabrilla. Es la presa más frecuente de los aficionados al volantín.

El serrano se caracteriza una mancha de un color azul violáceo en la parte posterior de los flancos, a la altura de la aleta anal. Su talla está entre los 20 y 25 centímetros.

Servimar: Organismo que dicta las normas de seguridad y significa "Seguridad de la Vida Humana en la Mar.

Servicio marítimo de la guardia civil: Tiene asignadas determinadas misiones entre las que se encuentra una labor de policía administrativa y controles relativos a la seguridad marítima.

Servicio radiomédico: Servicio de consultas radiomédicas que facilita el Ministerio de Trabajo y Seguridad Social a través del Instituto social de la Marina. Este servicio es permanente y gratuito y se realiza a través de las estaciones costeras de Telefónica.

Servicio Móvil Marítimo: Servicio móvil entre estaciones costeras y de barco y entre estaciones de barco.

Servicio Radiomédico: Servicio de consultas radiomédicas que facilita el Ministerio de Trabajo y Seguridad Social a través del Instituto Social de la Marina. Este servicio es permanente y gratuito.

Servomotor: Aparato empleado en los barcos para acondicionamiento hidráulico, eléctrico o por aire comprimido del timón, cambios de marcha de motores diesel y máquinas de vapor alternativas.

SE1/4S: Abreviatura del rumbo y viento *sureste cuarta al sur o sueste cuarta al sur.*

Sevimar: Que significa *Seguridad de la Vida Humana en la Mar.* En inglés es SOLAS.

Sextante: Instrumento de reflexión empleado en los barcos y aviones para poder obtener la altura de los astros. En los barcos también se usa en navegación costera, para poder medir los ángulos horizontales formados por puntos en tierra.

Silbar: Se dice cuando el viento es muy fuerte y silba en las jarcias, con un ruido agudo como el del silbido.

Sincronismo: Concordancia de los periodos de las olas con el de cabezada o balanceo de la embarcación.

Singar: Hacer navegar un bote u otra embarcación menor por medio de un remo que se coloca en el centro de la popa, moviéndolo alternativamente a uno y a otro lado.

Singladura: Camino del barco o navegación del mismo en un día civil. También considerado como singladuras, aunque incompletas, los intervalos desde la salida del puerto hasta la media noche siguiente y desde la media noche hasta la llegada a puerto.

Sirena de niebla: Instrumento usado a bordo para hacer señales fónicas con niebla o visibilidad reducida. Las embarcaciones menores usan bocinas de viento, aire comprimido o eléctrico.

Sirga: Cabo delgado y resistente que lleva una piña lastrada en su chicote, que se envía a tierra para que, unido por el firme a una amarra pueda ser arrastrado desde tierra.

Sirgar: Llevar una embarcación navegando por la orilla del agua tirando de ella con una cuerda desde tierra.

Siroco: Viento que sopla del sureste y que también se llama jaloque.

Sisal: Fibra blanca de distintas clases de pitas que se utiliza en la fabricación de jarcias a pesar de que sus condiciones de resistencia algo flojas.

Situación: Punto que en la carta señala la situación de una embarcación.

Situación de cruce: Cuando dos buques de propulsión mecánica se crucen con riesgo de abordaje, el buque que tenga al otro por su costado de estribor se mantendrá apartado de la derrota de este otro y, si las circunstancias lo permiten, evitará cortarle la proa.

Situación de vuelta encontrada: Cuando dos buques de propulsión mecánica naveguen de vuelta encontrada a rumbos opuestos o casi opuestos, con riesgo de abordaje, cada uno de ellos caerá a estribor de forma que pase por la banda de babor del otro.

Sloop: Voz inglesa usada internacionalmente para designar el aparejo de balandro, se trata de una mayor y un foque que se enverga al único estay del palo.

Sobordo: Revisión de la carga de una embarcación para confrontarla con la documentación. Documento análogo al manifiesto, en el que además de los datos consignados en éste figura también el flete.

Sobreboya: Quebranta olas, en su acepción de casco viejo o barco inservible que se echa a pique para formar obra de defensa contra la marejada.

Sobrecargado: Se dice del barco que está cargado más allá de la marca de francobordo o de los calados correspondientes a su máxima carga.

Sobrecargo: Oficial que en los barcos mercantes, tiene a su cargo funciones administrativas y la jefatura de servicios.

Sobredurmiente: La tabla inferior que de popa a proa va sobre los bancos y cuyos cantos inferiores van colocados sobre los superiores de los durmientes, en las embarcaciones menores.

Sobremallero: Nombre que se da a una de las cuatro especies de red que se emplea en el Cantábrico en pescar la sardina.

Sobremesana: Gavia del palo de mesana, llamada por muchos contramesana.

Sobreperico: Vela cuadra que se larga por encima del perico o juanete de mesana.

Sobrequilla: Viga colocada en un barco de madera encima de la quilla y paralela a ella; su objeto es sujetar todas las cuadernas y dar el barco resistencia longitudinal.

Sobrerroas: En las embarcaciones de madera, piezas que se endentan y empernan por una y otra cara de los piques, y forman en los extremos de proa y popa la continuación de la sobrequilla.

Sobrestadia: Cada uno de los plazos concedidos al fletador para la carga y la descarga, así como las cantidades abonadas a título de indemnización por el transcurso de dichos periodos.

Sobretrancanil: En las embarcaciones de madera, primera hilada interior de tablones situada encima del trancanil y que suele ser más gruesa que las tablas del entrepunete.

Socaire: Abrigo que ofrece una costa por sotavento o el lado opuesto al viento.

Resguardo que presta al marinero que aguanta un cabo en cualquier faena, la vuelta que con él toma en una cabilla o bita, para que no escurra. También se llama socaire a la parte que no trabaja en cualquier cabo.

Socorro: Asistencia a barcos o personas en peligro. Las señales de socorro que puede hacer un barco en peligro son:
Cañonazos u otras señales detonantes a intervalos de un minuto aproximadamente.

Solano: Viento del este o de levante.

Solas: En inglés *Safety of Life at Sea*. En español *Sevimar*.

Solla: *(Platessa platessa)*. Especie que suele confundirse con la platija, más pequeña, pero más carnosa y de mejor calidad que la solla.
Tienen las siguientes diferencias: La solla tiene el cuerpo con pintas de color blanquecino, amarillento y anaranjado. La platija no los tiene... La solla posee tubérculos óseos en la cabeza. La platija no los tiene en la cabeza y los tiene en la base de las aletas.
La solla puede alcanzar mayor talla que la platija. La solla permanece siempre en agua salada, mientras que la platija vive bien en agua salobre y puede remontar hasta cierta altura los cursos fluviales.
La pesca se puede hacer con caña. Como cebo se la pueda capturar con cangrejo blando, gusano, tripas de sardinas, etc.

Somero: Dícese de aquello que tiene poco fondo.

Son de mar, A: Dícese de la colocación más adecuada de un objeto, carga, aparejo, etc., para la navegación a fin de que no se corra con los movimientos del barco ni sufra daños.

Sonar: Ecogoniómetro aparato para la localización, escucha y comunicación submarinas.

Sonda: Acción y efecto de sondar.
Profundidad del agua en lugar y tiempo determinado.

Sondaleza: Cordel largo y delgado en cuyo extremo se amarra el escandallo para sondar.

Sondar: Medir la profundidad del agua y determinar la naturaleza del fondo.

Sos: Señal de repetición de socorro adoptada en la Conferencia Radiotelegráfica Internacional celebrada en Berlín en 1906.

SO1/4S: Abreviatura del rumbo y viento *sudoeste cuarta al sur*.

Sotavento: Parte opuesta a aquella de donde viene el viento.

Spinnaker: Nombre ingles conocido internacionalmente de una vela de tejido muy fino, algo así como de 60 gramos el metro cuadrado, muy grande y con mucho bolso, como de un globo, muy usada en los veleros de regatas, sobre todo con vientos flojos y largos. En España también se le llama balón.

Spring: Voz inglesa muy usada en todas las marinas para designar el cabo o cable de amarre de un barco, dado hacia popa si el punto firme a bordo está a proa, y al revés, hacia proa, cuando el firme se halla a popa, género de codera que trabaja en sentido contrario al de los cabos denominados *largos*, o sea, más a popa o a proa del firme en los propios puntos.

SSE: Abreviatura del rumbo y viento *sursueste*.

SI1/4SE: Abreviatura del rumbo y viento *sur cuarta al sureste*.

SSO: Abreviatura del rumbo y viento *sursudoeste*.

SO1/4SO: Abreviatura del rumbo y viento *sur cuarta al sudoeste*.

SSW: Abreviatura internacional del rumbo y viento *sursudoeste*.

Sudestada: Collada de vientos del sudeste o continuación del viento de esa dirección.

Ventarrón del sudeste.

Submarino: Embarcación que puede sumergirse y navegar bajo el agua.

Subsecretaría de la Marina Mercante: Organismo del Ministerio de Comercio que tiene las siguientes misiones: El tráfico de las comunicaciones marítimas; el régimen de puertos en relación con la anterior; las actividades de las empresas navieras y de las industrias de construcción naval; la construcción, abanderamiento, registro, matrícula, lista, nombre e inscripción de la propiedad de los barcos, etc.

Sudestada: Viento fuerte del sudeste o continuación del viento de esa dirección.

Sudeste: Punto del horizonte entre el sur y el este, equidistante de ambos.

Sudeste cuarta al oeste: Rumbo y viento del tercer cuadrante intermedio entre el sudoeste y el oessudoeste. En el Mediterráneo también se dice lebeche cuarta al mediodia.

Sudsudeste: Rumbo intermedio entre el sur y el sudeste. Sursueste.

Viento que sopla de esta parte.

Sudsudoeste: Rumbo intermedio entre el sur y el sudoeste. Sursudoeste.

Viento que sopla de esta parte.

Sueste cuarta al este: Rumbo y viento del segundo cuadrante intermedio entre el sueste y el essueste. En el Mediterráneo también se dice jaloque cuarta a levante.

Sueste cuarta al sur: Rumbo y viento del segundo cuadrante intermedio entre el sueste y el sursueste. En el Mediterráneo también se llama jaloque o cuarta al mediodía...

Suministro: Provisión de víveres y pertrechos. En las embarcaciones se sobreentiende que es el necesario para todo un mes o un viaje, en particular cuando es largo.

Suplemento: Se llama *suplemento* a la madre del tajamar, a la pieza que lo liga a la roda cuando la madre no tiene suficiente longitud.

Sur: Punto cardinal del horizonte opuesto diametralmente al norte y situado frente al observador que tiene a su derecha el oeste.

Rumbo a 180° del norte y desde el cual en las antiguas rosas de los vientos, empezaban a contarse o tenían origen, los rumbos del segundo y tercer cuadrante.

Surada: Ventarrón del sur.

Surcar: Caminar el barco sobre las aguas, hendiéndolas con su tajamar y con la parte de su casco sumergido en ellas.

Sur cuarta al sudeste: Sur cuarta al sueste.

Sur cuarta al sudoeste: Rumbo y viento del tercer cuadrante, intermedio entre el sur y el sursudoeste. En el Mediterráneo también se dice mediodía cuarta a lebeche.

.

Surfing: Deporte que consiste en dejarse llevar de pie sobre una tabla arrastrada a gran velocidad por una ola rompiente. La tabla tiene distintas medidas y pesos. Procede de las islas Hawai, donde esta costumbre tiene un fondo religioso.

Sursudoeste: Rumbo y viento del tercer cuadrante intermedio entre el sur y el sudoeste. En el Mediterráneo también se dice mediodía lebeche.

Sursueste: Rumbo y viento del segundo cuadrante intermedio entre el sur y el sueste. En el Mediterráneo también se acostumbra a decir mediodía jaloque.

SW: Abreviatura internacional de rumbo sudoeste.

SW1/4W: Abreviatura internacional de rumbo y viento sudoeste cuarta al oeste.

T

T: Bandera del Código Internacional de Señales con tres franjas verticales, roja, blanca y azul (rojo al lado de la vaina). Izada aisladamente significa: *Manténgase alejado de mí: Estoy pescando al arrastre en pareja.*

Tabal: Dícese del barril de madera que se emplea en guardar y exportar arenques.

Tabla: Pieza de madera plana, de forma rectangular, delgada y de caras paralelas.

Tabla de aparadura: Traca de tablones de forro que se encuentran en contacto con la quilla y cuyo canto encaja en el alefriz.

Tabla de grátil: Pieza de plástico, metal o madera, en el puño de driza de las velas bermudianas o Marconi, que se usan para ayudar en los sables a que se mantenga plana la parte alunada de aquellas correspondiente a la baluma o caída de popa.

Tabla de jarcia: Conjunto de obenques de cada banda que sujetas a cualquier palo o mastelero, cuando se encuentran colocados y tesos en su sitio y con la flechadura hecha.

Tabla deslizadora de vela: Plancha fabricada con resina sintética y reforzada con fibra de vidrio, muy pulida por abajo a la que se le coloca un palo con una botavara. Lleva orza y sobre la tabla navega una sola persona.

Tablas náuticas: Nombre corriente de varias publicaciones con datos numéricos para abreviar la resolución de los problemas usuales de la navegación.

Tablazón: Conjunto de tablas que componen el forro exterior del casco y cubierta de las embarcaciones de madera.

Tablero: Mamparo utilizado para la división interior de una embarcación.

Tablilla de desvíos: Se llama tablilla de desvíos al cuadro donde se anotan los desvíos que tiene una aguja náutica en los distintos rumbos.

Tajamar: Tablón grueso, que en las embarcaciones de madera prolonga el lanzamiento de la roda, sirviendo de apoyo a las trincas del bauprés y del mascarón. Se compone de tres partes: *Madre, perdigueta y tajamar o frontal.* También se le conoce por el nombre de *espolón.*

Talasa: Divinidad griega y personificación del Mediterráneo.

Talasarquía: Imperio de los mares.

Talasocracia: Supremacía o poderío marítimo.

Talasofobia: Miedo morboso a todo lo relacionado con la mar o a los viajes por ella.

Tallada: Arte fijo que se emplea en algunos puertos de Galicia para capturar la pesca a la salida de los ríos... Se emplea sujeta a estacas que se clavan en el fondo. Este arte se conoce también con el nombre de cercote.

Tallboy: Vela de proa empleada por los yates de regatas de crucero. Se trata de un foque largo y estrecho que se iza a proa del palo cuando el balón está dado y permite aprovechar el viento entre el palo y el balón. Cuando se navega con viento largo este foque canaliza la corriente entre la mayor y el balón consiguiendo aumentar la velocidad.

Talón: Extremidad de popa de la quilla o codaste que sirve de alojamiento al tintero, en el que se mete el extremo inferior de la mecha del timón.

Tambor. Nasa: Nasa fabricada de junco fuerte, de forma ovalada, que se emplea en las islas Canarias para la pesca de congrios, meros, brecas, besugo, etc.

Tambucho: Pequeña caseta o cierre de la cubierta superior, para resguardar la abertura de una bajada.

Tangón: En los grandes veleros, botalón rastrero que desde el costado o desde la mesa de guarnición de proa salía paralelamente a la verga de trinquete.
Percha que en los veleros va enganchada por la coz en un cáncamo u otro herraje por la cara anterior del palo de más a proa, a fin de amurar en el otro extremo el balón.

Tanque: Depósito para llevar líquidos que puede tener formas diversas y se adapta a la forma del casco de la embarcación.

Tanza: Hilo del que cuelga el anzuelo en el aparejo de caña y de mano que va unido al cordel.

Tapa de regala: Pieza que cubre la regala y que puede sustituirse si sufre algún daño.

Tapa-estereos: Arte de pesca de forma rectangular, que se utiliza en algunos puertos del sur de España para atajar la pesca en los brazos de ríos.

Tapacete: Cubierta provisional protectora que se utiliza para proteger parte de la bañera de los barcos.

Taponar: Tapar con cemento, tablas, tornillos, turafallas, etc., una vía de agua producida en la obra viva.

Taquilla: Pequeño armario empleado para guardar ropa o efectos personales.

Tarrafa: Arte de cerco de grandes dimensiones (en algunos casos tienen más de 1 kilómetros de longitud), que se emplea para la pesca de la sardina, jurel, caballa, boquerón, etc.

Tasarte: *(Sarda unicolor)*. Es una especie de bonito, muy abundante en la costa del Sahara.

Taxímetro: Instrumento que sirve para tomar marcaciones.

Tecnología naval: Conjunto de los conocimientos propios de la arquitectura y construcción naval.

Telecomunicación: Toda transmisión, emisión o recepción de signos, escritos, señales, sonidos, imágenes o información de cualquier naturaleza, por hilo radioelectricidad, medios ópticos u otros sistemas electromagnéticos.

Telefonía: Forma de telecomunicación para la formación de la palabra, o, en algunos casos, de otros sonidos.

Telégrafo: Aparato o conjunto de aparatos empleados en transmitir y recibir señales y mensajes.

Telémetro: Aparato para medir la distancia a un objeto lejano que sea visible.

Templar: Es dar igual grado de tensión a dos o más cables, cabos, etc., que trabajen, pero en rigor, debe entenderse que los cabos sean de la misma mena y la misma longitud. Poner en tensión un cabo o un cable hasta que desaparezca el seno que forme.

Tendencia barométrica: Variación que sufre la presión atmosférica en las tres horas anteriores al momento de la observación.

Temporal: Es el nombre que recibe el grado 8 de la escala de Beaufort para medir el viento, cuya velocidad en nudos es de 34 a 40 y el estado de la mar es de gruesa.

Temporal fuerte: Es el nombre que recibe el grado 9 de la escala de Beaufort para medir el viento, cuya velocidad en nudos es de 41 a 47 y el estado de la mar es de olas gruesas.

Temporal duro: Es el nombre que recibe el grado 10 de la escala de Beaufort para medir el viento, cuya velocidad en nudos es de 48 a 55 y el estado de la mar es de olas muy gruesas.

Temporal muy duro: Es el nombre que recibe el grado 11 de la escala de Baufort para medir el viento, cuya velocidad en nudos es de 56 a 63 y el estado de la mar de completamente cubierta de espuma y no se divisa nada.

Temporal huracanado: Es el nombre que recibe el grado 12 de la escala de Beaufort para medir el viento, cuya velocidad en nudos es de más de 64 y el estado de la mar es de mar completamente blanca y sin visibilidad.

Temporal, Señales: Son aquellas de carácter internacional que deben izar los semáforos de los puertos o de cualquier lugar donde los haya, para tener informada a la navegación de un temporal y de la naturaleza del mismo.

Temporejar: Mantenerse a la capa de noche para no ir más allá a sotavento del punto de destino. Tiene relación con *capear y* *aguantar.*

Tendencia barométrica: Se dice a la variación que experimenta la presión atmosférica en las tres horas anteriores al momento de la observación.

Tendida: Se dice del estado de la mar con gran longitud de olas y que no rompen. Estas olas se mantienen cuando calma el viento después de un temporal o recalan como anuncio de otro temporal lejano. También se llama *mar de leva.*

Tender: Comúnmente se dice en muchas frases como: *Tender las redes, tender las galgas, tender un ancla, etc.*

Tenderse: Se dice de la mar cuando se alargan los senos de sus olas y de ahí el nombre de *mar tendida.*

Tenedero: Lugar bueno para recalar los barcos y fondear en él y que la calidad del fondo es buena para que las anclas se agarren en él diciendo por ello que es *fondo de buen tenedero.*

Tener: En acepción común de *sostener, mantener, etc.,* se dice a bordo de los barcos de vela: Tenerlo *en la orzada, en la arribada, en la caída,* etc.

Tensor: Es la combinación de dos tornillos de paso encontrado y un cuerpo de unión, que sirve para unir dos partes y producir una tensión importante. Son de muy distintas clases: *De cuerpo abierto y cerrado, doble grillete, doble ojo, doble gancho, etc.*

Terciar: Cuando hace referencia al viento, es llamar más largo cuando está escaso respeto al rumbo directo que debe seguir un barco para trasladarse a un lugar determinado desde el de la situación.

Tercio: Unidad militar del cuerpo de Infantería.

Tercio, Vela al: Vela de forma trapezoidal que va envergada a una percha que se suspende con la driza del tercio de su longitud a contar desde el penol correspondiente a la relinga de caída que va al puño de amura, la cual tiene casi la misma dimensión que la baluma.

Teredo: Músculo de cuerpo largo y delgado que ataca a la madera, siendo un verdadero azote para los cascos de este material.

Tergal: Nombre usado en distintos países para la fibra sintética de poliéster. Tiene gran resistencia, es indeformable, poca elasticidad inalterable a la humedad, su secado es rápido, pero no es sensible al rozamiento por desgaste.

Término: Se llamaban términos de navegación a la longitud, latitud, rumbo y distancia.

Termógrafo: Termómetro que registra la temperatura del aire.

Termómetro: Aparato utilizado para medir la temperatura del cuerpo.

Termómetro de alcohol: Basado en la dilatación térmica del alcohol, Consta de un pequeño bulbo que contiene alcohol, conectado a un tubo graduado. Este tipo de termómetro se utiliza para temperaturas muy bajas, ya que se mantiene líquido hasta los 117º C a la presión normal.

Termómetro de onda: Se trata de un pequeño termómetro de mercurio provisto de una funda metálica, cuya parte superior termina en una anilla a la que se le ata un cordón. Para medir la temperatura, el observador se coloca cara el viento, hace voltear al termómetro como si fuera una onda.

Termómetro de máxima: Es el que deja señalada la máxima temperatura medida en un intervalo de tiempo. Es de alcohol y se basa en el arrastre de un índice que sube marcando la máxima temperatura marcada y después no baja dejándola registrada.

Termómetro de máxima y mínima: Es el que indica la temperatura máxima y mínima que se produce en una jornada. Está formado en un tubo en forma de U con mercurio y alcohol y dos índices de acero que son arrastrados por dentro. Las dos graduaciones están invertidas una con respecto a la otra. Los índices vuelven a su posición inicial por medio de un imán.

Terral: Viento flojo que sopla durante la noche de tierra a la mar.

Terylene: Fibra textil sintética empleada en hacer tejidos para velas de barcos y cabullería dadas sus excelentes cualidades entre las que destacan su resistencia a los ácidos y su insensibilidad al agua. En otros lugares se le conoce con el nombre de Dracon.

Tesar: Halar o cobrar de un cabo o cable que laborea o trabaja de algún modo, hasta ponerlo más o menos rígido, según los casos.

Teso: Dícese del cable o cabo que está tirante.

Testa, A: Se dice a la unión de dos piezas, *a tope o a paño,* o sea, con las superficies exteriores planas.

Tiburón: *(Carcharhinus commersonii).* Famoso escualo, que puede alcanzar hasta 4 metros de longitud. Ha sido citado en muchas costas de la Península Ibérica. Su voracidad y su dentadura hacen que sea un pez muy peligroso para el hombre.

Tiburón boreal: *(Laemargus borealis).* Gran escualo que, como su nombre indica, frecuenta sobre todo los mares nórdicos. Desciende, no obstante, hasta el golfo de Vizcaya. Se nutre de focas y ballenas, y perjudica a los balleneros al atacar las ballenas que han cazado. No ataca al hombre.

Tiempo: Estado atmosférico.

Temporal en el mar. También se usa esta voz en frases como: *Tiempo regular, bonancible, duro, furioso, malo,* y en las de *calmar el tiempo, ceder y o ceder el tiempo aguantarlo, capearlo,* etc.

Tiempo universal: La hora estándar mundial o tiempo medio del meridiano de Greenwich.

Tierra: Llámase tierra con respecto al navegante, cuando se encuentra en la mar, la costa de un continente o isla, o el bajo que vela y puede ser visto de alguna distancia.

Tifón: Ciclón que se da con bastante frecuencia en los mares de China y Japón. Entre los mese de mayo a octubre, coincidiendo con la época del cambio de los monzones.

Timón: Pieza de madera o metálica que convenientemente articulada, puede girar alrededor de su eje cierto ángulo para dar al barco la dirección deseada.

Timón compensado: En el timón compensado la pala está a ambas partes del eje de giro.

Timón ordinario: En este tipo de timón toda la superficie de la pala se halla a popa del eje de giro.

Timón de quilla: Timón suplementario que se monta en la cara de popa de la quilla, más a proa del timón principal. Es muy práctico cuando se navega de bolina por que puede mantenerse fijo, metido pocos grados a barlovento o de orza, con lo que se consigue reducir el ángulo de ceñida. Cuando se navega con vientos frescos y llevando puesto el balón, se puede utilizar como auxiliar del timón principal para aguantar mejor el rumbo. En algunos medios el efecto de este timón es discutido hasta tal punto que el IOR lo ha prohibido.

Timón de rueda o de caña: Recibe uno u otro nombre dependiendo que la pala esté accionada por una rueda o por la palanca denominada caña.

Timón de viento: Veleta de gobierno.

Timonel: Marinero que gobierna, o maneja el timón de un barco.

Tinglado: Almacén empleado en los puertos para resguardo de las cargas de los buques.

Tintero: Taco pequeño con una escopleadura en cada extremo que sirve a los carpinteros de ribera para la almagra con que tiñen el hilo de marcar las piezas.

Tintorera: *(Carcharias glaucus)*. Escualo muy vigoroso que alcanza longitudes superiores a los 2 metros y que frecuenta nuestras costas.

Vivaz y rápido; tiene unas mandíbulas muy bien armadas. Capaz de ofrecer al pescador deportivo una pesca de emoción. Ataca sobretodo de noche. Es un gran consumidor de caballas, agujas y papardas.

Se encuentra en el Mediterráneo y se pesca como todos los escualos.

TMG: Iniciales españolas para designar el tiempo universal o tiempo medio del meridiano de Greenwich.

Tocar fondo: Dar algunos golpes en el fondo con la quilla o con alguna otra parte del casco.

Todo atrás: Una de las posiciones de los mandos de un motor.

Todo avante: Una de las posiciones de los mandos de un motor.

Tolete: Cabilla de metal o madera que se coloca a la borda del bote, donde juega el remo con un estrobo.

Toma de mar: Abertura con una válvula que a través del casco permite tomar agua del mar.

Tomadores. De rizos: Pequeños trozos de cabos que se anudan en los ollaos de una vela para poder fijar la parte arrollada de ésta.

Tomar vueltas: Se dice cuando tomamos dos vueltas en una bita o cornamusa.

Tonaria: Es un arte de red fija, empleado para la pesca del atún en el Mediterráneo. Consta de uno o varios paños de red y gruesa malla, que los pescadores calan en los lugares de paso del atún.

Tonina: *(Thunusthynnus)*. Nombre que se le da al atún en el Mediterráneo. En Cataluña y Baleares, se le da el nombre de *tonyina*.

Tonelada: Unidad de peso empleada para expresar el desplazamiento de una embarcación. En el sistema métrico decimal equivale a, 1.000. Kilogramos.

Tonelada Moorsom: Unidad de capacidad o arqueo, que equivale a 100 pies cúbicos o 2.83 metros cúbicos.

Tonelaje: Es la capacidad de un barco o de parte de sus compartimentos. La unidad de medida es la tonelada Moorsom, que equivale a 100 pies o 2,83, m3.

Tonelaje bruto: Capacidad cúbica total de la embarcación comprendida entre el plan y la cubierta superior y de todas las superestructuras cerradas que lleve el mismo.

Tonelaje neto: Diferencia entre tonelaje bruto y la suma de todos los espacios habitables del barco.

Tordo: *(Labrus virides)*. El tordo es un pez básicamente mediterráneo, donde se llama *grivia* en Cataluña y Baleares. Su color dominante es el verde, oscuro luminoso, que le cubre la cabeza y el dorso hasta la cola, y que se hace más claro a medida de que desciende hacia los flancos, hasta alcanzar el amarillo pálido en la región ventral. Sobre los flancos hay una serie de franjas con reflejos pardos y pintas pequeñas anaranjadas y amarillas. Los opérculos están bordeados de vivos colores: contraste de verde, azul y amarillo verdoso. El ojo, negro, está inyectado de rojo escarlata. Las aletas pectorales son de un verde claro; la dorsal y la caudal son verdes en la base y se rematan en amarillo. La cola termina en un amarillo de botón de oro. Su forma, con un pico más bien alargado, le da el aspecto de lucio. Se pesca como los demás lábridos.

Tordo negro, merlo: *(Labrus merula)*. Especie de lábrido, de coloración muy oscura, casi negra, a lo que debe su nombre.

Se pesca con artes de red y con volantín.

Tormenta: Perturbación atmosférica de carácter local y corta duración, viene acompañada de aparato eléctrico y abundantes lluvias.

Tormentin: Mastelero que se ponía vertical sobre la cabeza del bauprés y en el que se izaba y mareaba la sobrecebadera. Foque pequeño y muy resistente que se utiliza en caso de mal tiempo.

Tormentoso: Que produce tormenta. Tiempo que hay o amenaza tormenta.

Tornado: Borrasca de corta duración de la clase de chubascos tempestuosos, típica en la costa occidental de Africa.

Tortuga boba: *(Thalassachelys imbricata).* Gran tortuga de mar, cuyo caparazón, de calidad inferior al carey, se utiliza para la fabricación de objetos de concha.

Tortuga carey: *(Chelone imbricata).* Tortuga de mar, de talla media de 1 metro, cuyo caparazón sirve para la fabricación de diversos objetos de concha. Carece de interés para el pescador aficionado.

Tortuga Verde: *(Chelone viridis).* El mayor de los quelonios marinos. La tortuga verde puede sobrepasar los 2 metros y pesar media tonelada. Tiene interés por su valor alimenticio. Es casi exclusivamente vegetariana, comiendo por las praderas de zosteras, al igual que una vaca pasta en un prado. Se llama también tortuga comestible.

Tosca: Fango duro en el fondo del mar que resulta mal tenedero para fondear las anclas.

Tráfico: Acción o efecto de traficar con alguna cosa.

Tráfico marítimo: Movimiento de embarcaciones y navegación comercial.

Tráfico portuario: Operaciones que se realizan en los puertos, muelles e instalaciones para la carga, descarga y transbordo de mercancías.

Tragaluz: Lumbrera pequeña.

Trainera: Embarcación muy fina y plana en la cuaderna maestra. Su construcción es de madera con poco calado, que es usada en las costas de Vizcaya y Guipúzcoa en la pesca de la anchoa, sardina y merluza. En esa zona del Cantábrico se celebran todos los años competiciones con este tipo de embarcaciones, que han hecho muy célebres a los remeros de esta zona.

Traíña: Arte de cerco empleado especialmente para la pesca de la sardina, anchoa, caballa y jurel.

Tralla: Se llama tralla al cabo que compone las relingas de corchos y de plomos; al que sirve para sostener las boyas y a las que sostiene el lastre para fondear las artes. También se llaman trallas a las tiras de red, de lona o de cabo, que se usan en algunas artes, como por ejemplo, la jábega.

Tramontana: Punto cardinal norte. En algunas regiones principalmente en las llanuras del Ampurdán y del Rosellón meridional, viento huracanado y seco que sopla del norte, cuando se forma un ciclón en el Mediterráneo.

Trancanil: Serie de maderas o planchas de acero, corridas de proa a popa por ambas bandas, que forman la primera hilada de la cubierta a partir del costado, o, también, pieza que une la cabeza de los baos de las distintas cubiertas con las cuadernas.

Transatlántico: Barco de grandes dimensiones destinado a efectuar viajes a través del Atlántico y también se aplica a los barcos de pasajeros de gran tonelaje que se dedican a travesías largas.

Transbordador: Barco destinado a una travesía corta entre ambas orillas de un estrecho, que puede transportar mucho pasaje de cámara y cubierta, y también vehículos.

Transductor: Es el aparato que en las sondas electrónicas se ocupa de mandar la onda sonora para medir la profundidad y en el caso de la corredera, permite colocar la misma en el agua para que al moverse el barco, nos de la velocidad medida en metros, nudos, etc.

Transmediterráneo: Se dice de las regiones situadas más allá del Mediterráneo y de lo perteneciente o relativo a ellas.

Transmisor: Dispositivo radioeléctrico destinado a proporcionar la energía suficiente para efectuar una radiocomunicación.

Transoceánico: Perteneciente o relativo alas regiones situadas allende el océano.

Transportador: Instrumento para medir ángulos sobre un papel o una carta náutica. Se emplea en la navegación para trazar rumbos, demoras y ángulos en general.

Trapa: Cabo provisional con que se ayuda a cargar y cerrar una vela cuando hay mucho viento. Vulgarmente se le llama *apagavela*. En los veleros, pequeño aparejo guarnido a botavara cerca de su medianía para doblarla hacia abajo y aplanar así la vela en las circunstancias que lo requieran.

Trapecio: Cable firme por un chicote al palo de una embarcación de regatas a vela a modo de amantillo y por el cual, enganchando el cinturón del tripulante, éste se mantenga fuera de la borda para aumentar la estabilidad.

Trapisonda: Agitación del mar que forma una multitud de pequeñas olas cortas en distintas direcciones haciendo mucho ruido que se oye a bastante distancia.

Trapo: Dícese del velamen de un velero.

Trasluchar: Cambiar de una banda a otra la escota de una vela de cuchillo, cuando se navega en popa, o sea, disponer la vela de manera que reciba el viento por la cara que antes caía hacia proa.

Trasmallos: Arte de fondo con piezas provistas de matafiones para poder ser empalmadas unas con otras. Está compuesto de tres redes superpuestas, dos de mallas muy grandes y entre ellas una de malla muy tupida y de mayor extensión, por lo que forma numerosas bolsas. Su altura es muy variada y puede ir desde un metro a hasta diez. Se utiliza para pescar toda clase de especies.

El trasmallo es un arte de pesca de origen español.

Traste: Voz usada en la frase de *dar el traste* como equivalente a *encallar, varar, dar al través,* etc.

Través: Dirección perpendicular al costado o línea proa-popa de un barco. De los objetos que se encuentran en ella, se dice que *están por el través,* y también, aunque menos corrientemente, *por el portalón*.

Traveses: Amarras dadas hacia el muelle en una dirección más o menos perpendicular al muelle o a la embarcación.

Tremielga: *(Torpedo marmorata)*. Pez cartilaginoso de la familia de los Torpedínidos, de forma redondeada, pardo, con dos manchas en el dorso. Otra especie de tremielga *torpedo torpedo,* tiene varias manchas en forma de ocelo.

Las tremielgas llevan órganos productores de energía eléctrica de bastante potencia. Por medio de sus descargas, aturden y matan a los peces pequeños, de los que se alimentan. Una tremielga de 50 centímetros de diámetro puede provocar en el hombre dolorosas sacudidas, por lo que es conveniente dejarlas morir antes de tocarlas.

Las tremielgas tienen fama de no ser buenas para comer, lo que es un error, pues son bastante buenas, a condición de quitarles las tripas y los órganos eléctricos que se hallan a ambos lados de la columna vertebral bajo la piel del dorso.

Las tremielgas no tienen pesca especial; se les pesca con artes de red como las rayas. Son bastante escasas.

Tres bolas o esferas negras en triángulos: Es a la señal de día que deben de mostrar los buques dragaminas.

Tres bolas o esferas negras en vertical: Es la señal de día que deben mostrar los buques varados.

Travesía: Espacio que va desde un puerto a otro, y en especial si se pierde de vista la tierra, así como el tiempo que se emplea en dicha navegación.

Viento de dirección perpendicular. El que sigue la de la boca de un puerto, canal, estrecho, etc., en sentido contrario al de la salida.

Trazador de rumbos: Aparato que en conexión con una aguja giroscópica sirve para registrar gráficamente los rumbos seguidos por un barco.

Tremular: Dícese cuando en la vela se siente un ligero temblor, u ondulación suave, cuando se halla próxima a flamear.

Tren de dragado: Conjunto de dragas, remolcadores boyas y demás medios empleados en operaciones de dragado.

Triángulo de fuego: Es el que forman los tres condicionantes para que se produzca el incendio que es: Energía o temperatura, combustible y oxígeno.

Triángulo de posición: Es el formado por la esfera terrestre y que tiene por vértices el polo, cenit y astro. Sus elementos son el azimut, contado sobre el horizonte desde el polo elevado hasta el vertical, en uno u otro sentido; el *ángulo en el polo,* contado sobre el ecuador, desde el meridiano del lugar hasta el círculo horario del astro, en uno y otro sentido, y el *ángulo paraláctico,* formado por el círculo horario y vertical del astro. Los lados son la *colatitud,* la *declinación y la distancia cenital.* Sirve para resolver el problema de la situación del barco.

Triángulo de proa: En los yates, es el que forma el palo (el de proa, sí tiene dos), la cubierta y el estay de cabeza. Tiene gran importancia para determinar el *rating* del yate.

Trimarán: Voz usada, si bien impropiamente, en algunos medios deportivos internacionales, en designar el catamarán de dos cascos y también a otra clase de embarcación cuyas formas le dan la apariencia de tres cascos unidos, forma esta que se está extendiendo mucho para la propulsión a motor como una variante de la forma tradicional.

Trinca: Ligadura con que se amarra o sujeta alguna cosa.

Trincar: Dar trincas, amarras, o sujetar con ellas. Estar a la capa, capear o pairear.

Trinquete: Palo más próximo a la proa en los barcos con más de uno, excepto en casos como el queche y el yol que tienen el mayor a proa y una mesana a popa.

Trinquetilla: Vela triangular, como los foques, que se larga en un nervio paralelo e inmediato al estay del trinquete.

Tripa de sardina: Es uno de los mejores cebos para la pesca marina. Se emplea tal cual, o bien molida y mezclada con harina de cacahuete.

Tromba marina: Meteoro giratorio caracterizado por que la parte inferior de una nube se relaciona con la superficie del mar subyacente, con un violento movimiento de rotación y otro lento de traslación.

Trucha arco iris: Es una trucha procedente de los Estados Unidos de América y aclimatada en España. Parecida a la trucha común, se diferencia de ella por tener el dorso cubierto de manchitas negras y una ancha banda de color anaranjado o rojizo que desde las mejillas a la raíz de la cola.

Trucha marina: *(Salmo trutta)*. La trucha de mar se encuentra en los estuarios, y, como el salmón, remonta los cursos fluviales para efectuar la puesta. Puede alcanzar pesos de 4 kilos.

Se pesca de la misma forma que la trucha de río.

Tsunami: Onda sísmica marina producida por un movimiento súbito del fondo marino. Puede viajar sin ser detectada atravesando el océano a una velocidad de cientos de kilómetros por hora, pero cuando alcanza zonas costeras más someras, puede crear alturas de 30 o más metros.

Túnel del eje de la hélice: Espacio estanco por donde pasa el eje propulsor, extendiéndose desde el mamparo de popa hasta el de bocina donde se coloca el prensaestopas.

Turafalla: Disco de fieltro u otro material, atravesado por un eje roscado con un brazo transversal en un extremo, utilizado para taponar las vías de agua de un buque.

Turboeléctrico: Sistema de propulsión naval en el que la transmisión del movimiento giratorio a la hélice se logra por medio de un generador eléctrico movido por una turbina de vapor o gas y su engranaje de reducción.

U

U: Bandera del Código Internacional de Señales formada por dos rectángulos rojos y dos blancos. Cuando se iza aisladamente significa: *Gobierna usted hacia un peligro.*

UHF: Siglas pertenecientes a ultra alta frecuencia.

Ultrasonido: Son vibraciones de frecuencia entre los 16.000 y 20.000 HZ por lo tanto, situadas por encima de la audibilidad humana. Son utilizadas en los ecosondas.

Ultramar: País o lugar de la otra parte del mar, considerado desde el punto donde se habla.

Ultramarino: Lo que está del lado de allá del mar y lo

procedente o concerniente de un paraje situado a la otra parte del mar.

Ulva: Alga verde, de tallo laminar, que recuerda la hoja de lechuga, por lo que recibe el nombre de *lechuga de mar*.

Unicasco: Embarcaciones de un solo casco.

Unilobulada: Se dice de la aleta caudal de los peces que no está hendida y forma dos lóbulos. Como por ejemplo: la cola de la corvina, del verrugato, del serrano, del mero, etc.

Uña: Extremidad o punta de cada uno de los brazos de un ancla, anclote o rezón. Cuando se refiere exclusivamente a ciertos tipos de anclas, se llama también *pico de oreja, pico de loro y papagayo,* aunque el pico de loro en el ancla almirantazgo se refiere sólo a la punta de la uña.

Uña de la caña: Es el revestimiento metálico en el extremo de algunas cañas de madera. También se les llama *uñas de la caña del timón* a las dos argollas de hierro que tienen en su punta para asegurarla, los aparejos utilizados para gobernar.

Uña del espeque: Chaflán que tiene este en el extremo más grueso.

Uña de píe de cabra: Son las orejas de martillo en que termina esta barra de hierro en su extremo más grueso.

Urgencia, Frecuencia de: La señal de urgencia y el mensaje que le siga, se transmitirán en las frecuencias internacionales de socorro de 2.182 Kc/s o 156 Mc/s, o en cualquier otra frecuencia que se pueda emplear en caso de peligro.

Urgencia, Señal de: En radiotelefonía la señal de urgencia consistirá en transmitir del grupo de palabras *pan pan*, repetido tres veces y pronunciando cada palabra del grupo. Nos indica que la estación que llama tiene que transmitir un mensaje muy urgente relacionado con la seguridad de un barco, aeronave o persona.

Urticante: Hay animales marinos, como las medusas, que provocan efectos parecidos a los de la ortiga. Su piel está provista de células con un fino dardo, bañado en una materia urticante, que sirve para atacar a sus pequeñas piezas.

Utillaje: Utillaje y herramientas destinadas a utilizarlas en las reparaciones de emergencia que se puedan presentar.

V

V: Bandera del Código Internacional de Señales, de color blanco con aspa roja. Izada aisladamente significa *Necesito auxilio*.

V. Casco en: Llamado también *de cuadernas rectas,* es un tipo de casco propio de algunas embarcaciones menores con los fondos en forma de V abierta y el pantoque en ángulo, no curvo. Tiene el plan y las cuadernas rectas y su construcción es muy económica.

Vaciante: Dícese de la marea cuando baja.

Vaciar: Refiriéndose a la marea, es hallarse esta en su movimiento de descenso, lo cual se conoce también por *menguar, salir, bajar.*

Vado: Fondeadero, placer, tenedero, o sea, cualquier sitio en el que se pueda fondear.

Vagra: Son piezas que en sentido longitudinal llevan los barcos de acero en el doble fondo en paralelo a la quilla.

Vaina: Se dice del dobladillo que se realiza en las orillas de las velas para reforzarlas y coser en ellas las relingas.

Vaina de bandera: Dobladillo de lienzo que se cose a la orilla en que va la driza de una bandera para poder pasar un cabo delgado, en cuyos extremos se amarra ésta.

Vano: Marco del codaste de los barcos de una sola hélice para alojamiento de esta.

Varada: Acción de varar una embarcación. Dícese también *varadura,* y tiene relación con *encallada zabordada o zabordo.*

Varadero: Lugar donde se varan las embarcaciones para mantenerlas en seco, para la limpieza de fondos y obras de reparación.

Varadero de la uña del ancla: Forro de madera en la parte exterior de los barcos que usaban ancla de cepo por donde la uña del ancla, pudiera tocar el costado cuando se izara o arriara para dejarla sobre el *capón.*

Varar: Sacar a la playa o poner en seco en varadero, una embarcación, para resguardarla y carenarla. *Enfangarse, clavarse, zabordar,* etc. En sentido absoluto, es llegar un barco con su quilla a tocar el fondo del mar, y quedarse pegado a él por falta de agua. Bajo este significado tiene relación con *embarrancar, encallar, enfangarse, clavarse, etc.,* y en sentido figurado, *fondear y amarrarse con la quilla.*

Varenga: En los barcos de madera, es la primera pieza curva que se coloca atravesada en sentido perpendicular o de babor a estribor, sobre la quilla para formar la cuaderna.

Variable: Se dice del viento que varía su fuerza y dirección, cambiando de un lado a otro, y aumentando o disminuyendo de intensidad con mucha frecuencia.

Variación: Angulo formado por el meridiano *magnético y verdadero* en un lugar determinado, que también se llama *declinación magnética.* A lo largo del año la *variación magnética,* experimenta un incremento o decremento, que se conoce por *variación anual de la declinación magnética.*

Variar: Declinar la aguja náutica del norte o formar ángulo con el meridiano verdadero.

Varilla de sonda: Barra metálica delgada y sostenida por un cordel y que introducida por el tubo llamado de sonda, sirve para poder averiguar la cantidad de líquido que hay en un tanque.

Varillas de los guardines: Son las que a veces se conectan al sector o a la caña del timón en lugar de a los guardines.

Vaso: El barco, aunque lo más corriente es entender por *vaso flotante* solo el casco del mismo.

Vela: Pieza o conjunto de piezas cosidas de lona o tela fuerte de tejido de fibras naturales o artificiales, que se sujeta a una antena, palo, pico o estay, según la clase, para recibir el viento y poner en movimiento una embarcación y hacerla evolucionar.

Velacho: Gavia del trinquete, o sea, la que se iza sobre la de éste nombre; cuando son dos se llaman *velacho bajo y velacho alto*.

Vela de abanico o de concha: Es la que tiene los paños cortados al sesgo y cosidos de forma que cada uno disminuye de ancho hacia el puño donde se reúnen todos. Este corte era usado en algunas velas de cuchillo y foques.

Vela espigada: Es la latina con el puño alto formando un ángulo muy agudo.

Vela cola de pato: Es la que tiene en el pujamen una curva hacia fuera.

Vela faldona: Es aquella que por defecto de corte es demasiado larga.

Vela de proa: Cualquier vela que se iza delante del palo salvo el spinnaker. Una de las velas de proa es la Génova y otra el foque, también puede ser una trinqueta.

Vela latina: Es una vela triangular izada en una verga inclinada de forma que una parte de la vela está delante del palo y el resto, detrás.

Vela maestra: Es la que se largaba en el palo mayor de los barcos latinos, y también recibían este nombre en plural las velas mayores.

Velas mayores: En los barcos de tres palos, el trinquete, la mayor y la mesana.

Velar: Es lo que hace una roca o cualquier otro cuerpo sumergido que apenas sobresale de la superficie del mar.

Vela tormentosa: La que por su situación u otras circunstancias hace trabajar mucho al barco, al palo, etc.

Velamen: Conjunto total de velas de un buque, el parcial que se halla envergado y el que se lleva mareado.

Velejear: Poner a la vela una embarcación, usar o valerse de las velas para navegar, dar, marear y largar vela.

Velero: Persona que conoce y ejerce el oficio de hacer velas. Dícese del barco que anda mucho a vela.

Veleta: Pieza metálica, generalmente en forma de flecha u otra semejante, montada en condiciones de girar en torno a un eje vertical, en lo alto de un palo u otro sitio despejado, para señalar la dirección del viento, como las grímpolas, banderolas o catavientos, más usados a bordo de los veleros.

Vélico, centro: Punto de aplicación de la resultante de los efectos del viento sobre las velas.

Velocidad: Es la relación entre el espacio recorrido y el tiempo empleado.

Velocidad absoluta: Es la que corresponde a una embarcación por su propio andar.

Velocidad, Coeficiente: Es un factor de comparación relativa entre la eslora en flotación y la velocidad de la embarcación. La velocidad de una embarcación varía con relación a la raíz cuadrada de su eslora en flotación.

Velocidad económica: Es la que corresponde a la máxima

autonomía de una embarcación.

Velocidad relativa: Es la de un barco, con relación a otro que también anda.

Velocidad de régimen: Es la normal del barco en navegación.

Velocidad de maniobra: Es la que utiliza el barco en las entradas, salidas y maniobras en el puerto.

Velocidad de seguridad: La velocidad es un factor muy importante para tener en cuenta en la prevención de abordajes, ya que llevando la velocidad adecuada de acuerdo con las circunstancias y condiciones del momento se reducen los riesgos de siniestralidad.

Vendaval: Voz genérica con que se designan los tiempos duros que no llegan a ser temporales declarado. En particular se dice de los vientos fuertes del sursudoeste al oessudoeste, que por lo regular suelen durar tres días y hay veces de seis y nueve días y aparecen en el invierno cuando los ponientes soplan al sudoeste. En la costa occidental de la Península Ibérica se anuncian con grandes nubarrones por el sur.

Vendavalada: Se dice del viento fuerte o de un vendaval muy grande.

Ventar: Soplar un viento fuerte, *ventear*.

Ventolina: Viento muy flojo y dirección variable. Es el nombre que recibe el grado 1 de la escala de Beaufort para medir el viento, cuya velocidad en nudos es de 1 a 3 y el estado de la mar empieza a rizarse sin crearse ninguna espuma.

Ventoso: Perteneciente o relativo al viento.

Se dice de los días de viento fuerte y continuo, de los lugares donde el viento sopla con mucha frecuencia.

Venus mercenaria: *(Venus mercenaria)*. Molusco importado de América y que polula por la costa de Charentes. Alcanza 10 centímetros. No es objeto de pesca especial; se le coge en las playas fangosas como las *mias*.

Este molusco fue empleado por las tribus indígenas de América del Norte como moneda, que recibía el nombre de *wampum*.

Verga: Percha en condiciones de girar alrededor de su centro y por la cara de proa del palo o mastelero correspondiente, la cual sirve para fijar o envergar en ella una vela.

Verga de abanico: Percha que cruza en diagonal una vela de abanico para mantenerla desplegada; es igual que en esta clase de aparejo se denomina botavara.

Veril: Orilla o borde de un bajo, sonda, placer, etc. Línea que une puntos del mar que tienen la misma profundidad.

Verilear: Se dice cuando se navega por un veril o por las inmediaciones de una costa o bajo, en cuyos casos equivale a *bordear* y *orillear*.

Vernal: Picacho delgado que se eleva en la costa y destaca en el horizonte.

Vernal, Punto: Es el de la eclíptica en que se halla el sol el 20 de marzo al ser nula su declinación.

Verrugato: *(Sciena cirrhosa).* Pez teleósteo de la familia de los Scienidos. Semejante a la corvina y al corvallo.

El verrugato es un pez delicioso, que abunda en el golfo de Vizcaya, sobre todo en su zona sur (playas de Landes, barras del Adour, etc,).

El nombre de barrugato es debido a una corta barbilla – a modo de berruga- que tiene en la mandíbula inferior. Puede alcanzar hasta 6 kilos. Por ser especie muy vigorosa, su captura constituye un excelente deporte. Es omnívoro. Todavía es dudoso si se alimenta de algas, pero en cambio se sabe con seguridad que se alimenta de gusanos, moluscos, crustáceos y de pequeños peces.

En lo que se refiere a su pesca nos remitimos a la de la corvina.

Vestir

Aparejos, cebado y operaciones de pesca son iguales.

Dos diferencias importa señalar: El berrugato aborda la costa abiertamente, encontrándose en pequeñas profundidades dedicado a la caza de pececillos; otra característica es su predilección por las quisquillas, razón por lo cual este crustáceo constituye un excelente cebo.

Se le coge con nasas, cebadas con sardinas, y muerde muy bien los palangres cebados con peces vivos calados a 60 metros.

Vestir: Proveer, poner, guarnecer un palo, verga u otro objeto con los cabos y aparejos necesarios para su afirmado o funcionamiento.

VHF: Símbolo internacional para indicar la frecuencia comprendida entre 30 y 300 MHz, o bien ondas electromagnéticas dentro de estos límites, cuya longitud de onda, por tanto, se halla entre 10 y 1 metros. Es la abreviatura de la expresión inglesa *very high fecuency* (muy alta frecuencia).

Las estaciones de VHF son muy apropiadas para embarcaciones de recreo ya que transmiten y reciben con mucha claridad cuando las distancias son pequeñas. La frecuencia llamada de seguridad es de 156,80 MHz. A través de cualquier estación se puede conectar con una línea telefónica.

Vía: Posición del timón en que su plano se encuentra en la prolongación del plano longitudinal del barco que pasa por la quilla.

Vía de agua: Grieta o abertura por donde penetra el agua al interior de la embarcación.

Vía, A la: Voz de mando con la que se ordena al timonel meter caña hasta que el timón se encuentre en su posición central, es decir, quede a la vía.

Viaje: Entre veleros, sesgo o corte diagonal que dan a los paños de cuchillos.

Viaje redondo: Viaje directo de un puerto al otro y la vuelta de este al primero donde se fletó al barco, sin hacer escala, ni a la ida ni a la vuelta.

Vieira: *(Pecten maximus)*. Molusco bivalvo, cuyas conchas lucían los peregrinos de Santiago a modo de insignia o emblema; Esta es la causa de que en el escudo principal de La Coruña figuren varias de estas conchas. En Galicia la concha de peregrino recibe el nombre de *vieira* y de *volandeira,* causa del curioso procedimiento de locomoción que a veces emplean, agitando las valvas de un modo que recuerda el vuelo de un ave.

Viento: Es el aire en movimiento.

Viento aparente: Es el que sentimos a bordo cuando la embarcación está en movimiento que es el resultante entre el viento real y el que produce la velocidad del barco. También podemos decir que es el que señalan los catavientos, las bandeas, etc.

Viento de Euler: Es el gradiente barométrico que hay entre dos lugares, es el viento que sopla perpendicular a las isobaras del lugar de mayor presión al de menor.

Viento real o verdadero: Es el que se siente a bordo cuando la embarcación está fondeada o atracada.

Vientos alisios: Son vientos periódicos y regulares en fuerza y dirección que soplan casi todo el año entre los trópicos y el ecuador, en el hemisferio Norte del NE y en el hemisferio Sur del SE.

Vigía: Piedra o escollo que vela sobre la superficie del agua. Semáforo o torre de señales y también como exploración del horizonte.

Vigota: Especie de motón chato y redondo con tres agujeros por donde pasan los acolladores para tesar las jarcias.

Violín: Nombre que recibe la proa de algunas embarcaciones de vela cuyo tajamar en lugar de llevar mascarón, remata en una especie de arco, muy semejante al extremo del mango de un violín.

Virada: Acción de virar. Cuando hace referencia a la de cambiar el aparejo y formar el rumbo de la otra vuelta se dice virada de bordo.

Virador: Cabo grueso o guindaleza que, fijo por uno de sus chicotes en el cáncamo del tamborete, laborea por la cajera que tienen los masteleros en la coz y después de pasar por un motón cosido al lado arraigado, baja hasta cubierta y va por un motón de retorno a guarnirse a un cabrestante o a una maquinilla.

Virar: Cambiar de rumbo o de bordada pasando de una amura a otra de modo que el viento que antes venia por una banda, después de la virada venga por la banda opuesta del barco.

Virazón: Brisa que sopla durante el día de la mar a tierra, por efecto de la variación diurna de temperaturas y el desigual calentamiento de las superficies de la mar y de la tierra.

Visibilidad: La mayor distancia a la que un observador pueda distinguir e identificar objetos.

Visibilidad buena: Es aquella que se alcanza a ver entre 6 a 12 millas.

Visibilidad de las luces, Buques de eslora igual o superior a 50 metros: La visibilidad para estos buques será:

Luz de tope, 6 millas.

Luz de costado, 3 millas.

Luz de alcance, 3 millas.

Luz de remolque, 3 millas.

Luz todo horizonte blanca, roja, verde, o amarilla, 3 millas.

Visibilidad de las luces, Eslora igual o superior a 12 metros, pero inferior a 50 metros: La visibilidad para estos buques será:

Luz de tope 5 millas, si la eslora del buque es inferior a 20 metros, 3 millas.

Luz de costado, 2 millas.

Luz de alcance, 2 millas.

Luz de remolque, 2 millas.

Luz todo horizonte blanca, roja, verde, o amarilla, 2 millas.

Visibilidad de las luces, En los buques de eslora inferior a 12 metros: Luz de tope, 2 millas.

Luz de costado, 1 millas.

Luz de alcance, 2 millas.

Luz de remolque, 2 millas,

Luz todo horizonte blanca, roja. verde, o amarilla, 2 millas.

Visibilidad de las luces, En buques u objetos remolcados poco visibles y parcialmente sumergidos: Luz blanca, todo horizonte, 3 millas.

Visibilidad excepcional: Es aquella que se puede ver a más de 30 millas.

Visibilidad muy mala: Es aquella que no se consigue ver más allá de los 200 metros.

Visibilidad reducida: Para el Reglamento Internacional de Abordajes significa toda condición en que la visibilidad quede disminuida por tormentas, aguacero, nieve etc. En general se aplica cuando se alcanza a ver entre una y dos millas.

Visibilidad regular: Es aquella que se alcanza a ver de 2 a 6 millas.

Viso: Especie muy parecida a la caballa, tanto que en los mercados se venden juntas ambas especies. Presenta, no obstan te, pequeñas diferencias tanto en sus costumbres como en su apariencia física.

Su dorso es un poco verdoso. Las bandas oscuras que encontramos en la caballa en el viso no son tan definidas, y a demás presenta numerosas manchas negruzcas por los costados y el vientre.

Puede vivir a mayores profundidades que la caballa y es mucho menos abundante. También se reproduce al principio de la primavera, en los meses de febrero y marzo a partir del tercero o cuarto año de vida.

Conviven con otras especies, por tanto no es raro capturarlo a lo largo de todo el año, a pesar de que la época de mejores capturas es la de la primavera y el verano, cuando se acerca a la costa y a la superficie para reproducirse.

Se alimentan de plancton, de sardinas y boquerones etc.

Mide como la caballa entre 30 y 35 centímetros y un peso de hasta 1,5 kilos.

Lo podemos encontrar en todos los mares y océanos de aguas cálidas del mundo.

Vivero: Lugar donde se mantienen o se crían dentro del agua peces, moluscos, crustáceos, etc. Estos viveros pueden ser fijos o flotantes.

Volantín: Aparejo de pesca formado por un cordel que se mantiene tirante por medio de un lastre de plomo, en cuya parte inferior hay uno o dos platillos transversales con una tanza en su extremo y un anzuelo en cada tanza.

Vuelta de maniobra: Cuando se dan vueltas en forma de ocho en una cornamusa.

Vuelta de escota: Es aquella que se pasa el chicote del cabo por dentro de una gaza, y a continuación se da alrededor de esta una o dos vueltas quedando la última mordida. Es muy práctico y fácil de hacer y deshacer.

Vuelta de gancho: Cuando se da la vuelta para sujetar en un gancho.

Vuelta de maniobra: Es al que se da en forma de ocho a las bitas y cornamusas y que la última de ellas es una vuelta mordida.

Vuelta encontrada: Es cuando dos embarcaciones navegan más o menos una frente a la otra.

W

W: Bandera del Código Internacional de Señales formada por tres rectángulos, el interior rojo, el intermedio blanco y el exterior azul. Izada aisladamente significa *Necesito asistencia médica*.

Winche: Anglicismo usado en los veleros para designar cualquiera de los muchos tipos de maquinillas o viradores que en ellos se emplean para cazar escotas, izar velas y relingas, así como para cobrar o tesar, en general, cualquier cabo o cable.

Windsurfing: Deporte derivado del *surfing* que se basa en deslizarse sobre el agua, de pie sobre una tabla provista de palo vela y orza.

WNM: Abreviatura internacional de rumbo y viento *oesnoroeste*.

W1/4NW: Abreviatura Internacional de rumbo y viento *oeste cuarta al noroeste*.

WSW: Abreviatura Internacional del rumbo y viento *oessudoeste*.

W1/4SW: Abreviatura *Internacional* del viento y rumbo *oeste cuarta al sudoeste*.

X

X: Bandeara del Código Internacional de Señales, de color blanco con cruz azul. Izada aisladamente significa: *Suspenda usted lo que está haciendo y atienda a mis señales.*

Xaloc: Voz catalana que corresponde al viento del SE.

Xanguet: Nombre del *chuclet* en Levante.

Xeito: Nombre que se le da al sardinal en Galicia.

Xufanquera: Embarcación pequeña usada en Cataluña, en la pesca de ermitaños, en cuyas costas este crustáceo recibe el nombre de *xufanc*.

Y

Y: Bandera del Código Internacional de Señales, a franjas diagonales amarillas y rojas. Izada aisladamente significa. *Mi ancla está garreando.*

Yachting: Término ingles que su equivalencia es la de navegación de recreo y también deporte náutico de vela y motor.

Yarda: Medida inglesa equivalente a 0,914393 metros.

Yate: Embarcación de recreo o regatas. Puede ser a vela o a propulsión mecánica. Su origen es tan remoto como las más antiguas civilizaciones. Aparte de los puros veleros de regatas y de crucero, en el resto de veleros se está instalando motores en todos, bien sea intra o fuera borda.

Yachting: Término ingles conocidas internacionalmente y con el que se expresa con carácter general la navegación de recreo o deporte náutico, a vela o a motor.

Yebelo: Aparejo de pesca, a modo de lienza de arrastre, que emplean los moros en la costa norte de Africa, entre Melilla y Mar chica.

Yol: Embarcación de dos palos, mayor y mesana, éste de una longitud comprendida entre la mitad y la cuarta parte de la correspondiente al mayor. Es un género de aparejo que se presta a confusión con el *queche,* por que en realidad se trata de queche con vela mesana más pequeña y la mayor de más superficie. El yol se puede montar con aparejo cangrejo o Marconi. A proa, como el queche, usa trinqueta y foques de varios tamaños, según la fuerza del viento.

Yola: Embarcación de regatas a remo, muy ligera, alargada y de poco calado.

Yugo: Cada uno de los maderos que colocados en el sentido transversal están apoyados en el codaste y la última cuaderna de reviro. Dan la forma de la bovedilla en los barcos de madera y toman el nombre que ocupan.

Yute: Fibra vegetal que antes se utilizaba para la fabricación de cabos y otro utensilio del barco.

Z

Z: Bandera del Código Internacional de Señales, formada con cuatro triángulos con los vértices en el centro de la bandera y de color negro, rojo, azul y amarillo. Izada aisladamente significa: *Necesito remolcador.*

Z, transmisión en: Sistema empleado en los motores dentro-fueraborda para transmitir a la hélice el movimiento del motor.

Zaborda: Varada imprevista o voluntaria, en que la embarcación queda completamente en seco.

Zaborra: Es el lastre de una embarcación.

Zafar: Aclarar en su acepción de desembarazar y poner en claro cualquier cosa material así como los cabos que sirven para maniobra.

Zafarrancho: Desembarcar una parte del buque con el fin de dejarla dispuesta para realizar alguna faena.

Zafarse: Escaparse un cabo o cualquier otro objeto del lugar donde está amarrado, o ajustado.

Zaga: En la corredera de barquilla, se trata de la longitud de cordel, más o menos de la eslora del barco, a partir del cual comienzan los nudos que miden la velocidad.

Zagala: Nombre que recibe en las costas cantábricas de Galicia un boliche de malla tupida.

Zagual: Se dice del remo de caña redonda y pala ovalada que sin apoyarlo en parte alguna sirve para impulsar cierta clase de piraguas.

Zamburiña: *(Pecten varius).* Especie de molusco bivalvo, muy parecido a la vieira, con las valvas convexas, con varios colores que van del violado a la rosa pesando por el anaranjado.

Vive sobre terrenos fangosos cubiertos de algas.

Su carne es de muy buena calidad.

Zancadilla: Principio de vuelta que tienen las cadenas de las anclas de un barco fondeado cuando después de formar cruz, continúa su borneo en el mismo sentido.

Zapatazo: Sacudida que da una vela que flamea o está cazando con viento fresco.

Zarpar: Levar anclas.

Refiriéndose a un barco es salir a la mar.

Zig-zag: Sistema de navegación dando guiñadas de banda a banda del rumbo que debe hacerse.

Zona franca: Extensión de terreno existente en el litoral donde hay una aduana aislada donde entren las mercancías sin pagar derechos arancelarios y donde pueden instalarse industrias.

Zona de navegación: Lugar por donde podrán navegar las embarcaciones construidas de acuerdo a los requisitos emanados del Real Decreto 297/1998 de 27 febrero, esto es, embarcaciones con marcado CE.

Zostera: Planta fanerógama, o sea, con flores, de la familia de los Patamogetonáceas, cuyas hojas acintadas, desprendidas, suelen las olas acumular sobre las playas, ya enteras, ya desfibradas y apelotonadas.

La zostera recibe el nombre vulgar de porreto.

Zozobrar: Inclinar o tumbar la embarcación hasta dar la voltereta por cualquier causa.

Zuncho: Abrazadera de hierro, madera o plástico que rodea a un palo, botavara, pico, etc., para su unión con otra percha o como refuerzo.

Barra de acero de sección circular y forma ovalada, que enlaza con otras formando una cadena. Pueden ir reforzada su interior con una barra llamada contrete.